图书在版编目（CIP）数据

房屋买卖案件审判参考 / 于世伟，李营东编著 . — 北京：人民法院出版社，2018.2

（黑龙江法院审判参考丛书 / 石时态总主编）

ISBN 978-7-5109-2033-2

Ⅰ . ①房… Ⅱ . ①于… ②李… Ⅲ . ①房屋纠纷－案件－审判－中国 Ⅳ . ① D925.118.2

中国版本图书馆 CIP 数据核字（2018）第 009780 号

房屋买卖案件审判参考

于世伟　李营东　编著

责任编辑　韦钦平　李安尼　**执行编辑**　刘晓宁
出版发行　人民法院出版社
地　　址　北京市东城区东交民巷27号（100745）
电　　话　（010）67550579（责任编辑）　67550558（发行部查询）
65223677（读者服务部）
客 服 QQ　2092078039
网　　址　http://www. courtbook. com. cn
E－mail　courtpress@ sohu . com
印　　刷　三河市国英印务有限公司
经　　销　新华书店

开　　本　787 × 1092毫米　1/16
字　　数　380千字
印　　张　19.5
版　　次　2018年2月第1版　2018年11月第2次印刷
书　　号　ISBN 978-7-5109-2033-2
定　　价　59. 00元

4

黑龙江法院审判参考丛书

总主编 石时态

房屋买卖案件审判参考

FANG WU MAI MAI AN JIAN SHEN PAN CAN KAO

于世伟 李营东 / 编著

梳理疑难问题
提炼审判经验
阐明裁判思路
规范法律适用
统一裁判尺度

人民法院出版社

黑龙江法院审判参考丛书
编辑委员会

编辑部

总 序

伴随信息时代的到来和经济社会的快速发展，新类型案件不断涌现，司法案件法律关系和表现形态日趋多元复杂，对法官法律适用能力提出了新的更高要求。为更好适应司法办案需要，我们编撰了《黑龙江法院审判参考丛书》，针对同类案件司法实践中的常见、疑难、新型问题，致力于提炼裁判规则、研究裁判方法、梳理裁判经验，以指导类似待决案件的裁判。

组织一线法官编撰类案审判参考丛书，在黑龙江法院尚属首次。为保证丛书编写质量，增强丛书的针对性、指导性和权威性，我们整合全省三级法院审判力量，挖掘全国法院案例资源，深入调查研究，逐个观点研讨论证，每个分册都经最高人民法院专家型法官把关，历经多次修改完善。

我们希望丛书能对法官、检察官、律师等司法实务人员和教学科研机构司法办案、法学教学研究有所裨益，也能为社会大众学法用法提供一些参考。

囿于水平和时间，本书难免有粗陋和有待商榷之处，望读者不吝析疑诓谬、补偏救弊。

《黑龙江法院审判参考丛书》编辑委员会

2018 年 2 月

前 言

房屋买卖合同纠纷作为涉房地产案件中的一种主要类型，不但案件量大、标的额高、当事人矛盾激烈，而且因其与不动产登记制度、市场宏观调控政策等息息相关，还具有专业性强的特点。房屋买卖合同纠纷案件在司法实践中举足轻重，无疑是社会关注最多、影响程度最深的案件类型之一。近年来，受经济环境、供求关系、政策调控的影响，房地产交易价格波动较大。以黑龙江省为例，主要表现为资源枯竭型城市由于人口外迁、经济低迷等原因，房价持续走低；而省会哈尔滨市因经济发展良好、人口持续流入，价格在趋于稳定的前提下，2017 年出现大幅上涨，黑龙江省房地产买卖市场两极分化。商品房价格的大幅波动，加之新型城镇化建设的推进、住房市场改革的深化，导致房产交易中买卖纠纷有增无减，其中房屋价款的支付、房屋及其相关证件的交付、惩罚性赔偿责任和违约责任的追究常为争议的焦点。鉴于此，本分册于世伟、李营东两名作者通过对当前房屋买卖合同纠纷案件类型的分析梳理，从中国裁判文书网、公报案例、《民事审判指导与参考》、黑龙江省法院已结案件及其他部分书籍中选取了一些典型案例，按章节分工协作，围绕案件中的焦点问题，在总结处理该问题的法学理论和实践经验基础上，充分结合审判实务中同类热点、难点问题及处理意见进行分析阐述，编写本书，以期为准确处理房屋买卖合同纠纷案件提供审判参考。

本书在编写体例上，在简要概述房屋买卖合同纠纷案件特征、法律适用、处理原则等问题后，围绕司法审判实践中较为典型、突出和疑难的问题进行总结和归纳，分为商品房预售、销售，二手房买卖，农村房屋买卖及其他特殊房屋买卖合同纠纷类型重点阐述。在案例的编排上，各个案例均设置有主副标题，对于主标题请读者尤其予以关注，其言简意赅地概括了该案例所要阐述的主要问题及观点。同时，为方便读者对照研读，把握案件全貌，我们将案件的具体案号、法院认定的事实和裁判结果放在一部分；然后围绕案件的争议焦点展开透彻入理的分析，力求挖掘案例背后法律适用问题，以求统一对类案审判的裁判尺度。

本书在编写过程中，最高人民法院陈现杰法官进行了统稿、审核，人民法院出版集团韦钦平同志对体例编排、案例选取进行了具体指导，在此一并致谢。鉴于编写者水平有限，书中内容难免会有纰漏，热忱欢迎读者批评指正。

编者

2018年1月

凡 例

全 称	简 称
《中华人民共和国合同法》	《合同法》
《中华人民共和国民法总则》	《民法总则》
《中华人民共和国民法通则》	《民法通则》
《中华人民共和国物权法》	《物权法》
《中华人民共和国城市房地产管理法》	《城市房地产管理法》
《中华人民共和国税收征收管理法实施细则》	《税收征收管理法实施细则》
《中华人民共和国民事诉讼法》	《民事诉讼法》
《最高人民法院关于贯彻执行〈中华人民共和国民法通则〉若干问题的意见》(试行)	《民通意见》
《最高人民法院关于适用〈中华人民共和国民事诉讼法〉的解释》	《民事诉讼法解释》
《最高人民法院关于适用〈中华人民共和国物权法〉若干问题的解释(一)》	《物权法解释(一)》

全　称	简　称
《最高人民法院关于审理商品房买卖合同纠纷案件适用法律若干问题的解释》	《商品房买卖合同解释》
《最高人民法院关于审理买卖合同纠纷案件适用法律问题的解释》	《买卖合同解释》
《最高人民法院关于民事诉讼证据的若干规定》	《民事诉讼证据规定》
《最高人民法院关于适用〈中华人民共和国合同法〉若干问题的解释(一)》	《合同法解释（一）》
《最高人民法院关于适用〈中华人民共和国合同法〉若干问题的解释(二)》	《合同法解释（二）》
《最高人民法院关于适用〈中华人民共和国担保法〉若干问题的解释》	《担保法解释》
《最高人民法院关于审理民间借贷案件适用法律若干问题的规定》	《民间借贷司法解释》
《最高人民法院关于审理涉及国有土地使用权合同纠纷案件适用法律问题的解释》	《国有土地使用权合同解释》
最高人民法院《关于当前形势下审理民商事合同纠纷案件若干问题的指导意见》	《民商事合同纠纷指导意见》

目 录

第一章 房屋买卖合同纠纷概述

第二章 商品房预售合同纠纷

第三章　商品房销售合同纠纷

第四章 二手房买卖合同纠纷

第五章　农村房屋买卖合同纠纷及特殊房屋买卖合同纠纷

附 录　法律法规、司法解释等

第一章　房屋买卖合同纠纷概述

第一节　房屋买卖的概念与特征

房屋买卖是指当事人约定一方交付房屋并移转房屋所有权于他方，他方受领房屋并支付价金的行为。负有移转房屋所有权义务的一方当事人为房屋出卖人，负有给付价金义务的一方当事人为房屋买受人。房屋买卖作为一种民事法律关系，主要由三个要素构成：房屋买卖法律关系的主体、客体及其内容。房屋买卖行为是物权变动的原因行为，但其本质属于债权行为；房屋所有权的移转登记行为是物权变动的结果行为，产生房屋所有权转移的法律效果。

房屋买卖合同是房屋买卖法律关系的外在体现，主要具有以下几个特征：（1）房屋买卖合同是要式合同。《合同法》第10条规定：当事人订立合同，有书面形式、口头形式和其他形式。法律、行政法规规定采用书面形式的，应当采用书面形式。2009年新《城市房地产管理法》第41条规定：房地产转让，应当签订书面转让合同。由上述法律规定可知，房屋买卖合同是一种要式合同，必须是书面订立且形式完备才能成立。（2）房屋买卖合同是有偿合同。房屋出卖人将房屋所有权移转给房屋买受人，而房屋买受人则向房屋出卖人给付相应对价。对价的确定应当合理，符合合同签订时的市场情况及房屋价值。（3）房屋买卖合同是双务合同。房屋出卖人负有移转房屋所有权于买受人的义务，同时享有请求房屋买受人给付价金的权利；房屋买受人负有向出卖人给付价金的义务，同时享有请求房屋出卖人转移房屋所有权的权利。

一、房屋买卖合同成立的要件

房屋买卖合同一般为要式合同，但法律法规中并未用“必须”等词语加以强调，由此可见，房屋买卖合同同样受到《合同法》第36条的约束，如当事人未采取书面形式签订合同，但一方已经履行主要义务，且对方接受的，该合同成立。因此，对于房屋买卖合同双方当事人未签订书面合同的情况，对合同的效力不能简单以违反法律的强制性规定为由而判定无效；除法律上有类似规定的特别说明以外，不能认定为要式合同而否定其成立。所以，房屋买卖合同成立的要件可分为一般要件和特殊要件。

（一）房屋买卖合同成立的一般要件

1. 双方必须具有完全行为能力。未成年人、被宣告无民事行为能力或限制行为能力的公民不能签订房屋买卖合同，其房屋买卖行为应由法定代理人代为进行。单位购房者购买私房还必须得到有关机关的批准。

2. 必须是双方真实的意思表示，意为房屋买卖双方在买卖合同中表示出来的意思必须与其真实意思一致。关于合同效力问题，1986 年施行的《民法通则》第 58 条规定了 6 种无效的情形。1999 年施行的《合同法》第 52 条规定了 5 种无效的情形，需要注意的是，《民法通则》第 58 条第三项规定“一方以欺诈、胁迫等手段或乘人之危，使对方在违背真实意思的情况下所为的民事行为无效”的情况，在《合同法》中列入第 53 条规定的可变更可撤销的情形。2017 年 10 月 1 日起施行的《民法总则》对合同效力问题的相关规定又作了进一步的修改，其中第 143 条统筹概括了三项民事法律行为有效的条件，第 144 条、第 146 条、第 153 条、第 154 条又分别规定了民事法律行为无效的几种情形。

3. 合同内容必须合法，即合同条款不得违反法律强制性规定或者社会公共利益。

（二）房屋买卖合同成立的特殊要件

1. 出卖方必须具有房屋所有权或土地使用权。非房屋所有人或土地使用人不得出卖他人的房产或地产，否则构成无权处分行为。

2. 合同形式必须符合有关法律规定。2009 年新《城市房地产管理法》第 41 条及《城市房地产转让管理规定》第 7 条，房屋买卖合同需要签订书面合同。

3. 在未签订书面合同情况下，应当根据当事人实际履行的情况确定。

二、房屋买卖合同效力与物权变动的关系

物权变动与债权的关系问题是房屋买卖合同纠纷中的常见问题，研究房屋买卖中的物权和债权的关系，有助于在案件审理中更好地平衡房屋买卖各方利益，维护物权秩序的稳定透明，达到鼓励交易及保护善意之宗旨，进而公平解决矛盾纠纷。判断房屋买卖合同是否有效成立是解决房屋产权纠纷的前提条件，合同是否有效的关键点为：（1）当事人是否适格；（2）意思表示是否真实；（3）内容和形式是否合法。达成上述条件则合同成立有效，反之则会影响合同的效力。①

物权变动模式大体分三种：意思主义、形式主义和折衷主义。意思主义

① 江必新、何东宁：《最高人民法院指导性案例裁判规则理解与适用》，中国法制出版社 2015 年版，第 345 页。

是指，仅依债权合同即可依法直接发生物权变动的效力，即物权变动与债的关系合二为一，不作区分。形式主义是指，从债权行为中抽象出独立的物权行为，通过分离处分行为与负担行为来区别物权与债权的不同关系，即负担行为的效力仅发生债的请求权，处分行为才发生物权变动的效力。折衷主义是意思主义与物权形式主义的折衷观点，也称意思主义与登记或交付之结合。我国《民法通则》第72条、《物权法》第6条、第9条、第23条为物权变动与债权关系的基础性规定，由上述规定可知，我国物权变动采用折衷主义模式，物权变动并非当事人合意的直接效果，该合意仅发生债的效力；除当事人债权合意外，还须登记、交付，但不要求独立的物权合意的存在。根据折衷主义物权变动模式基本原则，仅有债权合意而没有交付、登记，则不发生物权变动的效果；只有交付、登记，而没有债权合意也不会发生基于法律行为的物权变动的效果。

（一）产权过户登记不是房屋买卖合同的生效要件

买卖合同是双务、有偿、诺成合同，房屋买卖合同作为买卖合同之一，同样具有这三种特征。房屋买卖合同作为债权合同，产权过户登记仅为房屋产权移转的必备条件，而登记制度属于物权制度范畴，对债权关系，即房屋买卖合同成立与否、是否有效并无影响，不能因为登记尚未完成而否定房屋买卖合同的有效性。当事人未履行登记手续，只标志着所有权变动无效或未发生变动，但合同效力不应受任何影响。

（二）物权变动并非房屋买卖合同的当然效力

房屋物权变动需要包括房屋买卖合同生效、产权过户登记这两个必要组成部分。这两个部分既相互独立，又相互统一。只有债权行为而无登记或者登记成立而债权行为无效，均不发生物权变动效力。《合同法解释（一）》第9条及《物权法》第15条之规定科学地区分了合同的效力和物权变动，当事人虽未登记，房屋所有权尚未转移，但其买卖合同已有效成立。只是由于登记未完成，其物权变动的法律效果还未发生，即使房屋已经交付给买方占有，登记手续在办理中的也是一样。此外，《物权法》第14条规定：不动产物权的设立、变更、转让和消灭，依照法律规定应当登记的，自记载于不动产登记簿时发生效力。由此可见，不动产物权变动生效的时间点是“记载于不动产登记簿时”，故判断不动产物权变动与否的唯一标准应当是登记簿上的记载。

三、房屋买卖与房屋租赁的关系

房屋租赁是指出租人以口头或订立书面合同形式将房屋交付承租人占有、

使用和收益，由承租人向出租人支付租金的行为。2009 年新《城市房地产管理法》第 53 条规定：房屋租赁，是指房屋所有权人作为出租人将其房屋出租给承租人使用，由承租人向出租人支付租金的行为。①

房屋租赁和房屋买卖之间的区别：（1）性质不同。房屋租赁是对房屋加以使用的行为，而房屋买卖是对房屋加以处分的行为，体现了对物权不同的利用方式。（2）合同形式不同。房屋买卖合同一般为要式合同，而房屋租赁合同可以为要式合同，也可以为不要式合同。（3）价款确定方式不同。房屋买卖合同的对价应以签订合同时的市场价格确定，价格一旦确定，不经双方合意不得变动。房屋租赁合同约定的价格一般以一段期限为单位，价格标准可能随着市场行情变化而变化。（4）付出的对价不同。房屋买受人需要支付签订合同时与房屋价值相当的合理对价，房屋承租人只需按期支付使用费。（5）物权变动效果不同。房屋买卖一旦交付及登记，则发生所有权移转。房屋租赁仅转移占有，而不移转所有权。

第二节　商品房买卖合同概述

随着我国住房制度改革的深化和城镇居民住房的社会化和商品化，商品房买卖合同纠纷日益增多。最高人民法院公布了《商品房买卖合同解释》（法释〔2003〕7 号，于 2003 年 6 月 1 日起施行），该司法解释是目前法院在司法实践中审理商品房买卖合同纠纷最主要的法律依据。依据该解释第 1 条规定“本解释所称的商品房买卖合同，是指房地产开发企业将尚未建成或者已竣工的房屋向社会销售并转移房屋所有权于买受人，买受人支付价款的合同。”商品房买卖合同可分为商品房预售合同和商品房现售合同，主要特征为：（1）房屋出卖人必须是有资质的房地产开发企业；（2）商品房买卖合同的标的物为正在建设或已竣工的房屋；（3）买卖的房屋必须是国有出让土地上房地产开发项目中的房屋，且该房屋必须是向社会不特定人公开销售的房屋。最高人民法院《民事案件案由规定》（法发〔2008〕11 号通过，法〔2011〕41 号修正）根据作为买卖合同标的物的商品房是否竣工，从民事案由的角度将商品房买卖合同纠纷分为商品房预售合同纠纷和商品房销售合同纠纷，并

① 江必新、何东宁：《最高人民法院指导性案例裁判规则理解与适用》，中国法制出版社 2015 年版，第 344 页。

将商品房预约合同纠纷单列为一类纠纷。

一、商品房买卖合同纠纷总体处理原则

《商品房买卖合同解释》于2003年4月28日公布，自2003年6月1日起实施，共计28条，对商品房预售合同的效力、商品房销售广告、拆迁补偿安置、房屋面积缩水、商品房质量、商品房包销、商品房担保贷款（按揭）等方面问题如何具体适用法律作出明确的规定。特别是对出卖人严重违反诚实信用原则、损害买受人利益的恶意违约、欺诈等行为，明确规定可以适用惩罚性赔偿原则。2010年7月19日，最高人民法院出台了《关于当前形势下进一步做好房地产纠纷案件审判工作的指导意见》。该意见要求妥善处理各类房屋买卖合同纠纷案件，妥善处理房屋销售广告纠纷，认购协议中定金纠纷、房屋质量纠纷、房屋面积纠纷，制裁恶意违约行为，保护购房人利益；对于房地产开发商确因资金暂时困难未按时交付房屋的，要多做双方当事人的调解工作，确无调解可能的案件，可以根据案件的具体情况，依法合理调整违约金数额，公平解决违约责任问题；对于买受人请求解除商品房合同纠纷案件，要严格依法审查，对不符合解除条件的不能解除；要引导当事人理性面对市场经营风险，共同维护诚信的市场交易秩序。

二、《商品房买卖合同解释》的适用问题

关于《商品房买卖合同解释》的适用范围问题。因国情和历史原因，目前我国存在着种类不同的房屋：有房地产开发企业建造的商品房、政府组织建造的经济适用房、公房改制出售的房改房、单位集资房、公民个人所有的私有房等。根据我国现行的房地产法律、法规和有关政策，经济适用房、公房改制出售的房改房、单位集资房等房屋，其上市交易要受国家政策的调控，不能自由交易。例如，房屋需补交土地出让金或者相当于土地出让金的价款，或者居住一定年限后方可出售。私有房屋虽可上市交易，但纠纷不突出。在审判实践中发生的房屋买卖纠纷，绝大多数是房地产开发企业出售其建造的商品房引发的。因此，《商品房买卖合同解释》将调整对象明确为因商品房买卖合同发生的纠纷案件，即房地产开发企业建造并向社会公开出售的房屋买卖行为，出卖人主体只限于房地产开发企业。

根据《合同法》关于买卖合同的规定和出卖人出售的商品房建造状况，《商品房买卖合同解释》第1条对商品房买卖合同的含义作出明确解释。商品房买卖合同的标的物为正在建设和已竣工的房屋，其中正在建设的房屋就是通常所说的期房、楼花，包括经依法获准尚未建造或者正在建造中的房屋；

已竣工的房屋是已建成的房屋，包括经有关部门验收合格的房屋和尚未验收合格的房屋。

第三节　二手房买卖合同概述

随着我国商品房市场的逐步规范与完善，以及《商品房买卖合同解释》施行后所起到的定分止争作用，商品房买卖合同纠纷在法院受理的房屋买卖合同纠纷中的比例整体呈下降趋势，而二手房买卖合同纠纷所占比例逐年升高，且审理难度较大。本书中的二手房买卖合同，是指房屋出卖人将其从房屋原产权人处取得的房屋转让给买受人，买受人支付一定对价的合同。

二手房买卖合同与商品房买卖合同相比，其主要有以下特征：

1. 从合同主体来看，二手房的出卖人是不特定的，既可以是法人也可以是公民个人；

2. 合同的标的物不是出卖人开发建设的，而是出卖人从房地产开发企业或者房屋原所有人处取得的；

3. 从合同标的物的性质来看，双方买卖的房屋必须是国有土地上的房屋，包括商品房、经济适用住房、按经济适用住房管理的房屋、已购公房等，不包括军产房、承租公房等；

4. 该类纠纷案件不适用《商品房买卖合同解释》的相关规定。最高人民法院《民事案件案由规定》将该类纠纷的民事案由确定为房屋买卖合同纠纷，并将其中的经济适用房转让合同纠纷单列为一类纠纷。

第二章　商品房预售合同纠纷

导 读

根据《商品房管理销售办法》第3条规定，商品房预售是指房地产开发企业将正在建设中的商品房预先出售给买受人，并由买受人支付定金或者房价款的行为；商品房现售是指房地产开发企业将竣工验收合格的商品房出售给买受人，并由买受人支付房价款的行为。《商品房买卖合同解释》第1条将因上述行为而签订的合同统称为商品房买卖合同。

商品房预售合同与商品房现售合同的生效要件区别如下：

1. 商品房预售合同以出卖人具有房地产开发经营资质及取得商品房预售许可证明为生效条件，买受人对出卖人持有的预售许可证明的合法性有异议的，应当通过提起行政复议或行政诉讼的方式解决。出卖人未取得商品房预售许可证明对外签订的预售合同，应当认定无效，但是在一审法庭辩论终结前取得商品房预售许可证明的，可以认定有效。出卖人取得商品房预售许可证明后，该许可证明过期的，不影响其后签订的商品房预售合同的效力。双方签订商品房预售合同时，该房屋的预售许可证明过期或被撤销，但在合同履行过程中，房屋已经竣工的，可以按照商品房现售合同的相关规定处理。

2. 商品房现售合同不以出卖人取得商品房预售许可证明为生效要件，应当符合以下条件：（1）现售商品房的房地产开发企业应当具有企业法人营业执照和房地产开发企业资质证书；（2）取得国有土地使用权证书或者使用土地的批准文件；（3）取得建设工程规划许可证和施工许可证；（4）房屋已经竣工。不符合上述条件的，应当认定合同无效。

商品房预售合同的特征：

（1）标的物是正在建造的预期竣工的商品房；（2）出卖人必须是从事房地产开发和经营的企业；（3）国家对合同进行适度干预，对出卖人预售商品房行为实行许可制度。

商品房预售合同签订后仍然有相应的备案制度监管，预售的商品房综合验收合格、确权、核发产权证均与行政部门的行政行为分不开。本章就商品房预售合同纠纷的裁判思路进行了梳理，并对司法实践中存在的问题作了相应探讨。

第一节　主体与管辖

01. 商品房买卖合同纠纷不受不动产专属管辖限制

【典型案例】

丁某与A开发公司、A开发公司泗阳分公司商品房预售合同纠纷案①

［案号］

（2016）苏13民辖终239号

［案情］

2009年9月8日，丁某与A开发公司泗阳分公司签订商品房买卖合同，约定丁某购买A开发公司泗阳分公司开发建设的位于泗阳县“文苑雅居”住宅小区2幢6号、7号房屋。丁某已于2010年10月15日向A开发公司泗阳分公司支付全部购房款，但A开发公司泗阳分公司至今未协助丁某办理房屋全书证书。

丁某向一审法院提起诉讼，请求判令：（1）确认丁某与A开发公司泗阳分公司于2009年9月8日签订房屋房屋买卖合同有效；（2）A开发公司泗阳分公司、A开发公司赔偿丁某30万元；（3）A开发公司泗阳分公司、A开发公司为丁某办理房屋权属登记证书。

A开发公司在一审答辩期内对本案提出管辖权异议，认为：本案为商品房买卖合同关系，不应适用不动产专属管辖的规定，应由一审被告所在地法院审理。因一审被告A开发公司住所地为江阴市，故本案应移送江阴市人民法院审理。

［法院认为］

一审法院认为：因合同纠纷提起的诉讼。本案属合同纠纷，合同履行地

① 案例来源：载中国裁判文书网，网址：http://wenshu.court.gov.cn/，最后访问时间：2017年6月8日。

在泗阳县境内，一审法院有管辖权，A 开发公司提出管辖权异议的理由不能成立。依照《民事诉讼法》第 213 条、第 154 条第 1 款第（2）项规定，驳回江 A 开发公司对本案管辖权提出的异议。

A 开发公司不服一审裁定，向本院提起上诉称：因 A 开发公司泗阳分公司已名存实亡，故本案应由 A 开发公司所在地即江阴市人民法院审理。

二审法院认为：因合同纠纷提起的诉讼。本案系买卖合同纠纷，合同双方当事人为丁某和 A 开发公司泗阳分公司，A 开发公司泗阳分公司具备诉讼主体资格。丁某以 A 开发公司泗阳分公司为被告提起诉讼，故有权选择向 A 开发公司泗阳分公司的住所地人民法院提起诉讼。A 开发公司泗阳分公司住所地为江苏省泗阳县，在江苏省泗阳县辖区内。

［裁判结果］

一审法院裁定：驳回 A 开发公司对本案管辖权提出异议。

二审法院裁定：驳回上诉，维持原裁定。

［裁判思路］

本案争议焦点在于商品房买卖合同纠纷是否适用不动产专属管辖。所以，处理该焦点问题，应当正确认识商品房买卖合同纠纷性质，并根据其性质确定本案纠纷的管辖法院。

（一）从商品房合同纠纷性质及管辖角度分析

商品房买卖合同属于买卖合同的一种，只是合同标的物属于不动产，故因该类合同引发的纠纷属于合同纠纷，应当适用合同纠纷管辖规定。根据 2017 年新《民事诉讼法》第 23 条规定，应由被告住所地或者合同履行地人民法院管辖。关于合同履行地的确定，《合同法》第 62 条第（3）项的规定，当事人在合同中对履行地点约定不明确，交付不动产的，在不动产所在地履行。因此，商品房买卖合同的合同履行地为商品房所在地，商品房所在地法院对该类纠纷享有管辖权。

（二）从不动产纠纷案件的性质及区别角度分析

不动产纠纷管辖问题可划分为两类：一是涉及不动产的权属纠纷。该类纠纷主要是因不动产的所有权、使用权、占有等发生纠纷而引起的诉讼，以及相邻不动产之间因通行、通风、采光等相邻关系发生争议而引起的诉讼，应适用专属管辖，由不动产所在地法院管辖。二是涉及不动产的合同纠纷。该类纠纷应适用 2017 年新《民事诉讼法》第 23 条的规定，由被告住所地或合同履行地法院管辖。

综上所述，本案中，丁某与 A 开发公司、A 开发公司泗阳分公司因商品房买卖合同的履行产生纠纷，属于合同纠纷，而不属于因不动产纠纷发生的争议。按照相关法律规定，本案纠纷可由合同履行地或被告住所地法院管辖，一审被告A开发公司泗阳分公司具备诉讼主体资格，住所地位于泗阳县辖区内，所以一审法院及二审法院认为该纠纷不适用不动产专属管辖是正确的。

［引申思考］

（一）管辖标准划分

按照管辖的不同标准可作如下划分：一是以法律直接规定为标准，可分为法定管辖和裁定管辖；二是以法律的强制规定和任意规定为标准，可分为专属管辖和裁定管辖。2017年新《民事诉讼法》确定的一般地域管辖原则是原告就被告，如2017年新《民事诉讼法》第23条规定关于合同纠纷由被告住所地或者合同履行地人民法院管辖的规定。而特殊地域管辖是相对于一般地域管辖，针对特别类型案件的诉讼管辖作出的规定，如2017年新《民事诉讼法》第33条规定的三种专属管辖情形，但凡是专属管辖的案件，只能由法律规定的人民法院管辖，其他人民法院均无管辖权。

（二）当事人有权通过协议选择管辖法院

2017年新《民事诉讼法》第34条规定：合同或者其他财产权益纠纷的当事人可以书面协议选择被告住所地、合同履行地、合同签订地、原告住所地、标的物所在地等与争议自实际联系的地点的人民法院管辖，但不得违反本法对级别管辖和专属管辖的规定。根据上述规定，合同双方在不违反关于级别管辖和专属管辖法律规定的前提下，可以在书面合同中协议选择2017年新《民事诉讼法》第34条所述地点的人民法院管辖。因此，商品房买卖合同双方在不违反级别管辖和专属管辖的情况下，可以在2017年新《民事诉讼法》第34条规定范围内协议选择管辖地法院。但需要注意的是，2015年2月4日施行的《民事诉讼法解释》第28条规定：政策性房屋买卖合同纠纷按照不动产纠纷确定管辖，此类房屋买卖虽然不属于商品房买卖，但在审理房屋买卖合同纠纷案件时应当知晓。

［法律法规链接］

《合同法》第62条

《民事诉讼法》（2017年修正）第23条、第33条、第171条

02. 业主委员会不具有要求开发商履行商品房销售合同义务的诉讼主体资格

【典型案例】

A 开发公司与 B 业委会商品房销售合同纠纷案[①]

［案号］

（2013）赣民一终字第 53 号

［案情］

A 小区系 A 开发公司开发商住楼盘，2006 年市规划部门批准，规划在小区内建设一个会所和幼儿园，会所 150 平方米，幼儿园 251 平方米。2007 年 6 月 9 日，A 开发公司以幼儿园位置设计失误、存在安全隐患为由申请对会所、幼儿园进行设计变更，将原设计的会所变更为幼儿园，将一楼一间 100 平方米店面变更为会所。同日，市规划部门在该《变更申请报告》中盖章签注“拟同意”。A 开发公司未将设计变更情况告知业主。2007 年，A 小区商品房开始预售，A 开发公司陆续与各业主签订《商品房买卖合同》，所有合同均在第十四条中约定：“出卖人承诺与该商品房正常使用直接关联的下列基础设施、公共配套建筑按以下日期达到使用条件：会所、幼儿园在交房时达到使用条件……如果在规定日期内未达到使用条件，双方同意按以下方式处理：限期 60 天内达到使用条件，如仍未达到使用条件，按每天 10 元赔偿。”所有合同补充协议第五条约定：“不计入分摊范围的配套建筑、设施（包括会所、地下车位等）产权属于出卖人所有。”2008 年年底，A 开发公司陆续向各业主交付了房屋。A 开发公司在小区入住交房后将会所与其他临街店面一起出租给一餐饮企业，作为该餐饮企业的储藏室。由会所变更为幼儿园的 150 平方米房屋，未建设与幼儿园功能相配备的其他设施。A 开发公司未将育儿园移交给教育主管部门进行管理，亦未出租给他人开办幼儿园。

2011 年 4 月，A 小区召开业主大会，选举成立 B 业委会并依法进行了备案登记。B 业委会成立后多次就幼儿园建设及交付业主无偿使用问题与 A 开发公司交涉，A 开发公司认为会所和幼儿园已通过验收达到使用条件，其已履行了合同义务，且会所和幼儿园应有偿使用。2012 年 1 月 6 日，B 业委会向小区业主发放《关于依法维护业主权益起诉 A 开发公司征求意见函》和《授权委托

---

① 案例来源：载北大法宝，网址：http://www.pkulaw.cn/，最后访问时间：2017 年 6 月 9 日。

书》。2012年2月22日，B业委会经统计，小区共有业主421户（含商铺），收到有效《授权委托书》325份，超过小区2/3多数，并形成书面《业主大会决议》，决议载明："1. 同意由业委会作为诉讼主体依法向人民法院提起诉讼；2. 同意业委会委托律师事务所指派律师进行诉讼和非诉讼代理；3. 同意诉讼或非诉讼结案后所获得的赔偿费用扣除相关费用后的余额列入小区公共维修基金"。

2012年6月，B业委会向一审法院提起诉讼，请求：（1）判令A开发公司在3个月内按经规划、设计部门批准的方案建设幼儿园，并达到使用条件；（2）判令A开发公司支付违约赔偿金；（3）判令A开发公司将A小区会所全部交付给其管理，由全体业主共同无偿使用。

[法院认为]

一审法院认为：关于B业委会的诉讼主体资格问题。幼儿园与会所是公共配套建筑，涉及全体业主的公共权利，不应由单个业主进行主张，由此引发的违约金也是基于公共配套建筑的使用问题而引起，并不是基于各业主独立所有权问题所引起，同样也不应由单个业主进行主张并享有。A小区业主421户，其中325户业主同意授权B业委会作为诉讼主体依法向人民法院提起诉讼。这种书面形式的业主大会符合规定，决议合法有效，B业委会具有本案原告主体资格。

A开发公司不服一审判决，提起上诉，请求依法驳回B业委会诉讼请求，理由为：（1）B业委会诉讼主体资格不适格，其职责是在物业管理活动中代表和维护业主的合法权益，而本案是商品房销售合同纠纷，争议的是违约之诉和违约金赔偿，与物业管理无关。业主委员会不是合同当事人，不能取代合同的一方当事人对另一方进行诉讼；（2）A开发公司已根据合同约定对房屋和幼儿园等配套设施办理了竣工验收，达成了所承诺的"使用条件"。

二审法院认为：本案的争议焦点为B业委会的诉讼主体资格是否适格。要确定B业委会是否具有本案诉讼主体资格，首先要分析B业委会在本案主张的是何种权利和其主张权利的基础，即本案争议的是什么法律关系。B业委会的第一项及第二项诉请，依据的都是《商品房买卖合同》第14条约定；第三项诉请不属于对小区会所所有权的争议，也不是物业共同管理事项的争议，仅是B业委会认为A开发公司承诺达到使用条件中包含了移交业委会并由业主使用的义务，其依据的也是《商品房买卖合同》第14条约定。由上述分析可知，B业委会的三项诉讼请求均是以业主与A开发公司签订的《商品房买卖合同》为其主张权利的基础，争议实质是商品房买卖合同履行和违约责任的承担。而业主委员会是根据《物权法》和《物业管理条例》等规定成立的组织，其职责范围根据相关法律法规的规定，仅能限于业主大会有权决定的事项范围。本案纠纷不属于《物权法》和《物业管理条例》所规定的业主共有和物业共同管理事项范围，业主大会所作的决议超出了业主大会自身的职责和权限，也同样超出了业主委员会的职责和权限，不会使业主委员会产生诉讼主体资格。合同之债具有相对性，业主是《商品房买卖合同》的权利义务主体，是与本案有直接利害关系的人，B业委会与《商品房买卖合同》没有直接利害关系，业主的授权不会使B业委会与《商品房买卖合同》发生直接利害关系从而获得独立的主张合同权利的资格。

[裁判结果]

一审法院判决：（1）由A开发公司给付B业委会因A小区幼儿园未达到使用条件的违约金；（2）驳回B业委会的其他诉讼请求。

二审法院裁定：撤销原判，驳回B业委会起诉。

[裁判思路]

本案争议的主要问题是B业委会是否具备本案诉讼主体资格。业主委员会的诉讼主体资格问题一直是民事审判中的热点和难点问题，对于此类问题司法审判实务中也未统一观点。根据2017年新《民事诉讼法》的相关规定，业主委员会符合“其他组织”的特征，但其诉讼主体资格应由其民事权利能力决定，与业主共有和物业管理无关的事项，业主委员会不具备诉讼主体资格。主要理由为：

（一）业主委员会的诉讼主体资格范围是由其民事权利能力范围决定的，其诉讼主体资格应当受到法律、法规有关业主委员会职责规定的限制，只限于业主共有和物业共同管理事项以及由此延伸引发的诉讼

民事权利能力是国家通过法律确认的民事主体享有民事权利和承担民事义务的资格，这是民事主体享受权利和承担义务的基础，因而民事主体的诉讼主体资格范围应该是实体法规定其享有民事权利和承担民事义务的范围。业主委员会是业主根据《物权法》第75条和《物业管理条例》第10条等规定成立业主大会后选举产生的组织，因而《物权法》和《物业管理条例》是业主委员会享有民事权利能力，成为民事主体的实体法依据。根据《物权法》第76条和《物业管理条例》第11条对其设立目的和职责权限作出了明确规定，均是与业主共有或物业共同管理相关的事项。因此，其民事诉讼主体资格范围仅限于与业主共有和物业共同管理事项有关的范围。超出业主共有和物业共同管理事项范围之外的事项，不属于业主委员会的职责，业主委员会没有享有权利和承担义务的资格，也就无权提起诉讼。

本案中，B业委会的三项诉讼请求均是基于业主与开发商之间的《商品房买卖合同》而提出，与业主共有和物业共同管理事项均没有直接关系，超

出了业主委员会的职责和权限范围。

（二）合同之债具有相对性，业主委员会不是合同当事人，无权就合同内容提起诉讼，也不能根据业主的授权或业主大会的决议取得诉讼主体资格

业主与开发商之间就履行《商品房买卖合同》履行引发的纠纷，应受商品房买卖合同法律关系约束，只要不涉及业主共有和物业共同管理事项，业主委员会即无诉讼主体资格。本案中，三项诉讼请求均为业主与A开发公司之间就商品房买卖合同中有关条款的履行和违约责任承担的争议问题，合同权利义务关系存在于特定当事人，即业主和A开发公司之间，B业委会与争议的合同权利义务没有直接利害关系，而业主的授权也不会使B业委会与商品房买卖合同发生直接利害关系从而获得独立的主张合同权利的资格。由于业主大会也不是与本案有直接利害关系的人，因此，其所作决议的内容不符合《物权法》第76条和《物业管理条例》第11条规定，超出了业主大会自身的职责和权限。①

［法律法规链接］

《民事诉讼法》（2017年修正）第119条第（1）项、第170条第（2）项

《物权法》第75条、第76条

《物业管理条例》第10条、第11条

第二节　合同性质与合同效力

03. 商品房预售合同与代建合同的区别

【典型案例】

龚某与A开发公司商品房预售合同纠纷案②

［案号］

（2016）闽07民终719号

① 最高人民法院民事审判第一庭编：《民事审判指导与参考》2013年第3集，人民法院出版社2014年版，第203页。

② 案例来源：载中国裁判文书网，网址：http://wenshu.court.gov.cn/，最后访问时间：2017年6月9日。

［案情］

2005年4月13日，A开发公司、龚某签订《内部代建、代销商品房合同》一份，由A开发公司提供位于茶场五区S5号地块（面积5096.68平方米），由龚某代建、代销商品房；双方约定代建地块每平方米售价315元，地块总价为1 605 454元；签订后预交定金10万元，6日内预交该宗地价款的50%作为预付款，并在30日内付清余款的45%，同时A开发公司在30日内将地块使用权证交付龚某，另5%余款必须在办理购房手续前付清（最迟不得超过合同生效之日起18个月）；双方共同负责办理代建房相关报建手续，所涉及一切税、费由龚某负责按政府的规定缴纳；房屋竣工经验收合格后，龚某应与A开发公司办理商品房销售相关手续。合同还对办理商品房"两证"、违约责任等进行约定。2007年1月20日，A开发公司、龚某签订《协议书》一份，主要内容为：为延续双方签订的《内部代建代销商品房合同》，达成以下购销协议：A开发公司同意龚某购买"太平洋花园"双拼住宅原S5地块，国有土地使用证编号为"武国用（2005）第1114号"，共六幢12套住宅；双方同意上述住宅每平方米建筑面积单价为1800元，车库每平方米660元；双方同意龚某之前交付给A开发公司的1 525 181.3元，作为购买上述住宅的预付款，龚某原欠A开发公司5%的尾款在协议签订后七天内一次性付清，一并作为购房的预付款；在A开发公司取得双拼住宅预售证的七天之内，通知龚某前来签订政府统一格式的"商品房买卖合同"，同时将30%的余款付清，余下的70%购房款由A开发公司负责办理购房按揭贷款或由龚某一次性付款；在正式签订"商品房买卖合同"时，龚某必须有权指定产权人的姓名，办证中所发生的契税、工本费由龚某支付；A开发公司必须在2008年2月28日前完成小区建设；本协议一经签订生效，原双方签订的《内部代建、代销商品房合同》作为该合同的附件，直到两证全部办理完毕后失效。《协议书》签订后，龚某于2007年1月25日向A开发公司支付土地转让款尾款80 300元，至此，龚某共向A开发公司支付购房款1 605 454元。2007年3月15日，A开发公司向建设部门报送《建设工程规划许可证申请审批表》。2014年12月2日，根据调查取证的要求，城乡规划局向一审法院出具回函，载明A开发公司"太平洋花园三期工程"的建设工程规划许可证申请未获批准的原因是：A开发公司在2007年3月15日报批时，因发现其在太平洋花园二期建设过程中存在未按审批要求建设的情况，故暂停第三期的审批，要求待二期工程验收完毕后再行审批；该项目一、二期于2009年10月验收完毕，但至目前，业主未向城乡规划局申报三期的审批。

2010年2月，龚某提起诉讼，要求A开发公司立即履行国有土地使用权转让义务，将武国用（2007）第4148号《国有土地使用权证》项下的土地使用权人更名为龚某，并将该地块交付给龚某。法院经审理认为，《代建合同》已被《协议书》所取代，判决驳回龚某的诉讼请求。龚某上诉后，申请撤回上诉，法院裁定准许其撤回上诉。

2013年3月8日，A开发公司诉请解除《协议书》，龚某反诉请求确认《代建合同》至今合法有效，A开发公司应履行合同义务。

［**法院认为**］

一审法院认为：A开发公司与龚某于2005年4月13日签订的《内部代建、代销商品房合同》，名为“代建、代销商品房”，但实质上是对A开发公司出让土地使用权、龚某支付价款等内容进行约定的协议，在性质上属于土地使用权转让合同。而A开发公司、龚某于2007年1月20日签订的《协议书》，从内容上来看，双方约定龚某购买A开发公司建设的“太平洋花园”共6幢12套住宅，《内部代建、代销商品房合同》签订后龚某支付的土地转让款转为购买住宅的预付款，同时约定了购买住宅的单价、付款方式、付款时间、建筑要求、交付使用条件和日期、办理产权登记有关事宜、违约责任、争议解决办法等内容，该《协议书》在性质上应当认定为商品房预售合同。根据《城市房地产管理法》第45条及《商品房买卖合同司法解释》第2条之规定，A开发公司作为本案所涉商品房的预售方，在未取得建设工程规划许可及商品房预售许可的情况下与龚某签订的《协议书》，在签订《协议书》后至今又未能取得建设工程规划许可和商品房预售许可证明，存在过错，违反了法律、法规的效力性强制性规定，故A开发公司、龚某于2007年1月20日签订的《协议书》应属无效。由于《协议书》与双方之前签订的《内部代建、代销商品房合同》相比，二者在性质、标的、价款、权利义务、履行方式等方面均有不同，双方在签订《协议书》时，具有终止履行《内部代建、代销商品房合同》中的权利义务，并按照《协议书》的相关内容进行履行的意思表示，应当确认《内部代建、代销商品房合同》项下的权利义务已终止，并已被《协议书》所取代。而且《内部代建、代销商品房合同》与《协议书》是性质和内容截然不同的两份合同文本，双方当事人又没有达成若《协议书》未能得到实际履行，则恢复履行《内部代建、代销商品房合同》的相关约定，因此，在本案中，当《协议书》因无效导致不能履行时，不能恢复履行《内部代建、代销商品房合同》。

龚某不服一审判决，提起上诉，请求驳回A开发公司的一审诉讼请求。

二审法院认为：《协议书》已经具备了商品房买卖合同的主要内容，且A开发公司已收取龚某的购房款，该协议应当认定为商品房买卖合同。《协议书》虽约定龚某可以指定购房产权人的姓名，但该约定系属协议双方对龚某有权让渡其权利所作的约定，不影响A开发公司作为售房方，龚某作为买房方的合同主体的认定。《协议书》因A开发公司未取得商品房预售许可证而无效，其无效属性不因协议双方是否明知该事实，或于协议中约定待取得商品房预售许可证后再签订商品房买卖合同而受到影响。关于《协议书》已经取代《内部代建、代销商品房合同》的问题，相关生效判决及一审判决已作出认定，龚某的上诉请求及理由均不成立。

［裁判结果］

一审法院判决：A开发公司与龚某于2007年1月20日签订的《协议书》无效。

二审法院判决：驳回上诉，维持原判。

［裁判思路］

区别认定代建合同与商品房预售合同，是司法实务中的难点问题。两种合同有很多相似之处，例如，在房屋建成之前，一方应分期向另一方付款；再如，建设房屋的资金均由获得房屋所有权的一方支付。商品房预售合同本质属性为买卖合同。《合同法》第130条规定：买卖合同是出卖人转移标的物的所有权于买受人，买受人支付价款的合同。《合同法》第251条规定：承揽合同是承揽人按照定作人的要求完成工作，交付工作成果，定作人给付报酬的合同。由上述法律规定可知，代建合同的本质属于承揽合同，而承揽合同与买卖合同的区别在于标的物所有权的归属。代建合同标的物的所有权属于定作人，合同双方当事人履行合同并不发生所有权的转移，而商品房预售合同标的物的所有权属于卖方，合同双方当事人履行合同发生所有权的转移。

本案中，龚某主张《代建合同》至今合法有效，A开发公司应履行合同义务。但另案生效判决已驳回龚某依据《代建合同》，要求A开发公司立即履行国有土地使用权转让义务，将武国用（2007）第4148号《国有土地使用权证》项下的土地使用权人更名为龚某，并将该地块交付给龚某的诉讼请求。龚某于本案中提出，依据《民事诉讼法》第124条第（5）项规定，人民法院裁定准许撤诉，当事人可再次起诉，但上述规定适用于一审诉讼程序中撤回起诉的情形，不适用于二审诉讼程序中撤回上诉的情形。另案判决已生效，诉讼标的与本案龚某诉讼标的相同，且未出现新的事实。因此，龚某已经提起诉讼的事项在判决生效后再次起诉，构成重复起诉的情形。本案《协议书》与《内部代建、代销商品房合同》相比，二者在性质、标的、价款、权利义务、履行方式等方面均有不同，因存在上述两份合同，故对于代建合同与商品房预售合同的区别相对简单一些，但对于双方仅签订一份合同，一方主张为代建，另一方主张为商品房预售合同时，上述合同区别的内容应当作为案件审理中认定合同性质的关键点，经仔细核对查实后进行区别认定。

[法律法规链接]

《城市房地产管理法》第45条

《商品房买卖合同司法解释》第2条

《民事诉讼法》(2017年修正)第170条第1款第(1)项

04. 当事人未订立书面房屋买卖协议的，应综合考量确认房屋买卖关系是否存在

【公报案例】

张某与冯某、崔某、A服务公司侵权纠纷案①

[案号]

(2010)民再申字第163号

[案情]

1982年，张某某(张某父亲)以1100元的价格从王某处购买案涉房屋，并依法缴纳了60元契税。因房屋破旧，1982年经有关部门批准张某对房屋进行了翻建。后张某将该房屋交付给A服务公司使用，并于同年将案涉房屋及手续(包括政府登记业主姓名的契纸、临时建筑许可证等)交付给新华区饮食总店。1983年，A服务公司从张某处取得案涉房屋，并分两次支付价款约2000余元。1984年4月5日，区政府为申请人"饮食公司赵某"办理了案涉房屋的临时建筑许可证。A服务公司认可与新华区饮食总店是一个公司两块牌子。1992年，A服务公司因需还所欠工程款，黄某、冯某、赵某(新华公司时任法人)协商后，黄某起草协议，将案涉房屋以3万元的价格卖给冯某，冯某交付了3万元房款，因没到月底未下账。后案涉房屋经A服务公司委托返修的中州公司第三工程队分批收到工程款5 480元、4 628元、8 730元，原阳建筑公司收到工程款10 980元，上述款项合计约3万元，A服务公司已用卖房款支付上述工程款。

张某申请再审称：(1)原再审判决认定张某与A服务公司存在房屋买

---

① 案例来源：《中华人民共和国最高人民法院公报》2011年第7期。

卖关系，属于认定事实错误；（2）原再审判决认定张某无合理理由长达20余年来主张权利，即丧失房屋所有权，属于认定事实错误及适用法律错误；（3）原再审判决认定冯某提交的证据较张某一方的证据更占优势完全与事实不符。请求依法对该案进行再审。

[法院认为]

再审法院认为：本案主要焦点问题是张某与A服务公司是否存在房屋买卖关系。第一，张某与A服务公司虽未签订书面房屋买卖合同，但张某认可于1983年将案涉房屋交付给A服务公司使用，并收取2000元，而张某之父张某某于1982年购买该房屋时支付的房款为1100元，即使考虑张某某对案涉房屋进行过翻修等因素，将该2000元认定为房屋买卖价款亦符合常理。且房屋由张某移交他人使用已长达20多年，其虽主张将房屋交付A服务公司是借用关系，但该2000元对价与使用该房屋20多年应付的费用相比甚微。由于交付2000元款项时，双方并无房屋使用期限的约定，根据当时房屋的价格，张某主张2000元为房屋使用费不合常理，该价格与当时房屋的买卖价格相当，更符合购房款性质。第二，1983年，我国房屋登记制度尚不完善，房屋产权转让时不办理过户登记而采取移交产权证明形式的情况也较普遍。张某将房屋移交A服务公司使用时，将政府颁发的证明房屋产权的契纸一同交付给A服务公司，能够体现张某转让房屋产权的真实意思。第三，张某从把诉争房屋移交给A服务公司使用到起诉时已超过20年，A服务公司和冯某的占有使用是连续的、公开的、和平的，而张某在长达20多年的时间内，未就此主张过权利，表明其长期对他人占有使用该房屋并无异议，如果认定张某未转让房屋产权，其作为所有人长期怠于行使权利，与一般房屋所有人对权利的关注，形成较大反差，明显不合常理。综上所述，张某与A服务公司之间已形成房屋买卖合同关系，该买卖合同合法有效，基于有效的合同关系，张某并无请求返还房屋的权利。原再审判决驳回张某返还房屋的诉讼请求并无不当，张某的申请理由不能成立。

[裁判结果]

原再审法院判决：（1）撤销一、二审法院判决；（2）驳回张某的诉讼请求。

再审法院裁定：驳回张某的再审申请。

[裁判思路]

本案双方是否形成房屋买卖合同关系是案件审理的焦点问题，对此问题，应首先明晰房屋买卖合同的成立要件：

房屋买卖合同一般情况下应为要式合同，但同时也应受到《合同法》第

36条的约束，即当事人未采取书面形式签订合同，但一方已经履行主要义务并为对方接受的，该合同成立。因此，对于法律规定应当签订书面合同而当事人未签订书面合同的情况，不能简单以违反法律规定为由而判定合同无效。法律上类似规定除特别说明以外，不能认定为要式合同而否定其成立。双方在未签订书面房屋买卖合同情况下，应根据当事人实际履行情况确定双方是否构成房屋买卖法律关系。特别是本案房屋买卖发生在房屋登记制度尚不完善时期，在双方没有订立书面协议时，应结合实际履行情况，考虑买受人是否支付了对价，房屋价值与支付的价格是否合理，出卖人是否交付房屋及房屋所有权证书，买受人对房屋是否长期占有，在此期间出卖人是否主张过权利，能否排除借用或租赁等关系，在此基础上进行综合分析判断，从而确认房屋买卖关系是否存在。

本案中，张某在长达20多年的时间内，未就此主张过权利，表明其长期对他人长期占有使用该房屋并无异议，如果认定张某没有转让房屋产权，那么，其作为所有人长期怠于行使权利，与一般房屋所有人对权利的关注，形成较大反差，明显不合常理，故应认定张某与A服务公司之间形成了房屋买卖关系。另根据履行自愈原则，亦可确认上述事实。

[引申思考]

（一）履行治愈原则

1.《合同法》体现之一——第36条。履行治愈原则是指欠缺法定或者约定形式要件的合同，因当事人履行的事实而补正地使原来无效的合同成为有效合同。[①] 该原则肇始于1900年的《德国民法》，我国《合同法》引进了这一法律制度。《合同法》第36条规定：法律、行政法规规定或者当事人约定采用书面形式订立合同，当事人未采用书面形式但一方已经履行主要义务，对方接受的，该合同成立。对于《合同法》第36条的理解，学界存在以下几种不同观点：第一种观点认为，当事人违反法律规定，未订立书面合同，故合同未成立；但由于当事人一方已履行了合同的主要义务，且另一方已经接受，该履行和接受行为表示双方均承认了合同存在，此时如局限于要式合同的形式问题而否定合同成立或否定合同效力，无疑是违背了当事人的真实意思表示，并导致不利的后果。按照实事求是的原则，《合同法》第36条的规定是在订立合同的形式问题与实际已履行的情况之间衡量选择的最佳结果。第二种观点认为，该条款确立了因实际履行而缔约的方式，双方以实际履行的方

① 江必新、何东宁：《最高人民法院指导性案例裁判规则理解与适用》，中国法制出版社2015年版，第348页。

式订立合同，合同从接受履行时成立。第三种观点认为，在未签订书面形式合同之前，应推定合同未成立。但实质在于当事人之间是否真正存在一个合同关系，如合同已经得到履行，即使双方未依规定或约定以书面形式签订合同，那么合同也应当是成立的。如该合同不违反法律的强制性规定，应为有效合同。第四种观点认为，如简单以形式要件要求一概认定未采用法定形式的合同均未成立，而不综合考虑当事人的真实意思，无疑不利于体现《合同法》鼓励交易、便利交易、尊重当事人自由意志的法律原则。

我们认为，签订书面合同是一种对合同形式要件的要求，主要是起到证据作用，法律有特别规定的除外。一般情况下，如双方未签订书面合同，但只要有一方当事人已按约定履行了主要义务，对方当事人表示接受，且不损害国家利益、社会公共利益及第三人利益，则应当根据尊重当事人自由意志的法律原则，认定合同关系成立并生效。

2.《合同法》体现之二——第37条。《合同法》第37条规定：采用合同书形式订立合同，在签字或者盖章之前，当事人一方已经履行主要义务，对方接受的，该合同成立。对于该条的理解适用，应注意以下问题：

（1）形式方面。《合同法》第37条明确规定其使用范围是当事人之间采用“合同书”的形式来订立合同。合同书，是指载有合同内容的文书，应符合以下要点：第一，应由文字表现其内容；第二，文字内容载有合同权利义务；第三，有当事人或其代理人的签字或盖章以证明合同书的真实性。

（2）客观方面。《合同法》第37条在表述时所指的是“一方已经履行主要义务，对方接受的”，法律规定在此处并没有要求双方均已经履行主要义务，且对方接受，而是只要一方履行了主要义务，对方接受就行。我们认为，考虑到只要任何一方履行了主要义务且对方接受，就应当认为当事人对双方达成合意的认可，这种履行和接受表示者双方都承认这个合同。而关于如何理解“一方的履行就是履行合同的主要义务问题”，应结合具体的案情具体分析。

（二）本案案由的问题

我们认为，本案一审将案由确定为侵权纠纷，且二审、再审均未进行变更似有不妥。本案应以当事人诉请及本案各方之间形成的法律关系为基础，确定案由。主要理由如下：

1.从当事人诉请及抗辩角度分析。本案张某一审诉请为请求判令冯某、崔某、A服务公司立即归还张某所有房屋，其认为与A服务公司之间形成的是房屋借用关系，且不否认收取所谓使用费的事实。从上述内容可知，即使不考虑后续审理过程中认定的事实，仅从张某诉请及理由来看，亦可以认定张某主张的法律关系基础为房屋借用关系或房屋租赁关系，而A服务公司及冯某的抗辩主张为双方之间系房屋买卖关系，故无论从原告诉请还是被告抗辩的主张及理由来分析，均属于因合同履行引发的纠纷。

2. 从法院认定事实角度分析。本案两次再审，均认定张某与A服务公司之间系房屋买卖关系，这与一审及二审法院认定的侵权关系在案件基础法律关系上存在较大差距，即确认了张某主张权利的法律关系错误。即使按照张某诉请，确定本案为房屋借用关系或房屋租赁关系，亦需查清租金、期限的约定等事实，才能认定张某诉请应依据何种法律关系。

综上，本案后续审理过程中，应在查清事实基础上，准确界定案件案由并进行变更。

[法律法规链接]

《合同法》第8条

《民事诉讼法》(2017年修正)第170条第1款第(1)项、第(2)项、第(3)项，第200条第1款第(2)项、第(6)项，第204条第1款

05. 未取得商品房预售许可证情况下对外签订的商品房预售合同无效

【典型案例】

宁某与A开发公司商品房预售合同纠纷案①

[案号]

(2017)京02民终7407号

[案情]

2009年9月8日，宁某与A开发公司签订《商品房买卖合同》，约定宁某购买A开发公司出售的第7幢5单元201号房屋；建筑面积74.01平方米，单价每平方米4098元，总房款303 293元；付款方式为首付款123 293元，剩余18万元做按揭贷款。该合同对双方其他权利义务同时进行了约定。合同签订当日，宁某支付了首付款123 293元。2010年3月20日，A开发公司向

① 案例来源：载中国裁判文书网，网址：http://wenshu.court.gov.cn/，最后访问时间：2017年6月6日。

宁某交付了房屋。此后，宁某没有支付剩余房款。该房屋至今未能办理房屋所有权证。宁某领取房屋钥匙后未在该房屋居住。

涉案房屋所在小区工程于1995年6月办理建设工程开工审查表，工程项目为住宅楼危改工程。1995年11月，建设单位办理了《建设工程规划许可证》，建设项目名称为住宅楼。2000年4月，用地单位办理了《建设用地规划许可证》，用地项目名称为职工住宅楼。2007年9月办理了《国有土地使用权证》，地类（用途）为住宅，使用权类型为出让。涉案房屋建设工程至今未办理竣工验收手续，未取得商品房预售许可证明，A开发公司销售房屋亦未提供证据证明其向有关部门申请办理了销售许可。

[法院认为]

一审法院认为：当事人订立、履行合同，应当遵守法律、行政法规的规定。违反法律、行政法规强制性规定的合同无效。《城市房地产管理法》第45条规定：商品房预售应当向县级以上人民政府房产管理部门办理预售登记，取得商品房预售许可证明。《商品房买卖合同司法解释》第2条规定：出卖人未取得商品房预售许可证明，与买受人订立的商品房预售合同，应当认定无效。A开发公司在未取得商品房预售许可证明的情况下与宁某签订的商品房买卖合同，违反了法律的效力性强制性规定，应属无效。鉴于宁某并未实际居住该房屋，A开发公司要求宁某返还房屋，予以支持。因宁某未参加本案诉讼，视为其放弃相关诉讼权利，法院依法缺席审理，其已支付的购房款问题可另行解决。

宁某不服一审法院判决，提起上诉。

二审法院认为：本案主要涉及两个问题，一是涉案合同是否有效，二是涉案房屋是否应当返还。根据查明事实，涉案房屋所在土地虽然办理了建设用地规划许可证、国有土地使用证手续，案涉建筑工程也办理了建设工程开工审批及建设工程规划许可证等手续，但涉案建筑工程没有办理竣工验收手续。从时间顺序看，涉案工程系先开工后立项并补办相关手续，没有严格按照相关规定的程序办理。虽然，涉案项目具备《国有土地使用证》，但《建设用地规划许可证》显示用地项目名称为职工住宅楼。A开发公司将危旧房改造项目的职工住宅楼向职工以外的人员销售，且并未取得相应的预售许可。根据《城市房地产管理法》第45条及《商品房买卖合同司法解释》第2条的规定，A开发公司至今未取得商品房预售许可证，其与宁某签订的《商品房买卖合同》违反了法律的效力性强制性规定，应属无效。

关于合同无效后是否应当返还房屋的问题。根据《合同法》第58条规定，结合本案，宁某在诉讼中始终坚持合同有效的观点，可见其并未深入透彻考虑合同效力以及合同无效后的法律后果问题。如在本案中处理房屋返还问题，即使宁某就无效后果立即提起诉讼，也势必造成其负有先腾退房屋的义务，而A开发公司能否在房款退还及损失赔偿时充分履行判决，也关系到宁某作为自然人居住利益这一基本生存权利的保护。综上，鉴于双方此前并未在同一法律逻辑中请求、答辩，而双方合同已实际履行多年，故涉案房屋的返还与合同无效后其他后果一并处理为宜。据此，本院暂不支持A开发公司返还原物的请求，期望双方采取协商或诉讼等方式彻底解决争议，以充分保护各自利益。

[裁判结果]

一审法院判决：（1）A开发公司与宁某于签订的《商品房买卖合同》无效；（2）宁某于判决生效之日起三个月内将案涉房屋返还给A开发公司。

二审法院判决：维持一审判决第1项；撤销一审判决第2项；驳回A开发公司其他诉讼请求。

[裁判思路]

本案主要涉及的是出卖人在未取得商品房预售许可证情况下，与买受人签订的商品房预售合同的效力认定问题。

2009年新《城市房地产管理法》第45条规定：商品房预售，应当符合下列条件：（1）已交付全部土地使用权出让金，取得土地使用权证书；（2）持有建设工程规划许可证；（3）按提供预售的商品房计算，投入开发建设的资金达到工程建设总投资的25%以上，并已经确定施工进度和竣工交付日期；（4）向县级以上人民政府房产管理部门办理预售登记，取得商品房预售许可证明。商品房预售人应当按照国家有关规定将预售合同报县级以上人民政府房产管理部门和土地管理部门登记备案。

开发商在手续不全的情况下预售房屋引发纠纷的几种常见情形：（1）开发商尚未取得国有土地使用权证和建设工程规划许可证即对外预售商品房；（2）开发商虽已取得国有土地使用权证和建设工程规划许可证，但未完成项目开发建设资金投资比例即对外预售商品房；（3）开发商已取得国有土地使用权证和建设工程规划许可证，亦按规定投入了相应比例的开发建设资金，但尚未取得商品房预售许可证明即对外预售商品房。

关于上述问题，有观点认为商品房预售合同以出卖人具有房地产开发经营资质并取得商品房预售许可证为生效条件，还有观点认为，商品房预售必须同时具备2009年新《城市房地产管理法》第45条规定的四个条件，否则合同无效。审判实践中一般认为，2009年新《城市房地产管理法》性质上属于行政管理法，其立法目的在于对出卖人开发经营行为的行政监管及规范。

第 45 条规定的商品房预售条件均是出卖人与行政管理部门之间的问题。所以，为避免司法权与行政权之间的冲突，法院在认定商品房预售合同的效力时，对出卖人是否具备预售资格只应进行形式审查，而实质审查属于行政管理部门的权限，这就表明，出卖人未取得商品房预售许可证明即对外签订的预售合同应认定为无效，出卖人已取得商品房预售许可证明的，应当认定预售合同有效。同时，因行政管理部门的原因导致出卖人已取得商品预售许可证明，但其实质上不具备 2009 年新《城市房地产管理法》第 45 条规定的商品房预售条件的，不影响预售合同效力。买受人对商品房预售许可证明的合法性存在异议的，应通过申请行政复议或提起行政诉讼的方式解决。[①]

本案中，A 开发公司在未取得商品房预售许可证的情况下即对外签订预售合同预售房屋，违反了《商品房买卖合同解释》第 2 条规定，故其与宁某签订的《购买住宅楼协议书》及《补充协议》无效。

[引申思考]

因商品房预售许可证相关问题引发纠纷的常见问题及处理原则：

1. 商品房预售合同签订后，规划许可证被行政主管部门撤销，不影响预售合同的效力。根据《商品房买卖合同解释》第 2 条的规定，虽然规划许可证被行政主管部门撤销，但只要出卖人具备商品房预售许可证明，此前出卖人与买受人签订的商品房预售合同仍然有效。

2. 商品房预售合同签订后，预售许可证明被撤销，不影响预售合同的效力。颁发商品房预售许可证明是一种政府的行政管理行为，目的在于解决市场资格准入问题。商品房预售合同签订后，预售许可证被撤销，致使出卖人丧失预售资格，影响的只是出卖人的履约能力。如后续合同履行过程中出现问题，导致合同无法继续履行或无法办理权属证书，买受人可要求出卖人承担违约责任，但不应据此认定商品房预售合同无效。

3. 签订商品房预售合同时，出卖人未取得预售许可证明，或者预售许可证明已过有效期或已被撤销的，但在合同履行过程中，房屋已经建成竣工，合同能够继续履行的，商品房预售合同已经转化为商品房现售合同。因此，不能再依据商品房预售合同判断合同效力的标准，而否定该合同的效力。

4. 关于商品房预售合同效力的补正时间，《商品房买卖合同解释》第 2 条将出卖人取得商品房预售许可证明的时间放宽至起诉前，即出卖人在起诉前取得商品房预售许可证明的，就可以补正商品房预售合同的效力。

---

① 左峰、陈旻：《房屋买卖案件裁判思路与操作》，法制出版社 2011 年版，第 9 页。

5. 关于《商品房买卖合同解释》第 9 条规定的出卖人“故意隐瞒没有取得商品房预售许可证明”应当如何理解适用的问题。

我们认为，“故意隐瞒”应当是一种主动行为，如出卖人故意向买受人提供取得预售许可证明的虚假事实，或在买受人询问时，故意隐瞒未取得预售许可证明的事实，致使买受人陷入错误意思表示的行为。主要理由为：（1）按照民法理论，故意隐瞒属于欺诈的一种表现形式。《民通意见》第 68 条规定“一方当事人故意告知对方虚假情况，或者故意隐瞒真实情况，诱使对方当事人作出错误意思表示的，可以认定为欺诈行为”。依据上述规定，认定一方行为构成欺诈须具备四个条件：欺诈方具有欺诈的故意；欺诈方实施了欺诈行为；被欺诈的一方因欺诈而陷入错误；被欺诈方因错误而做出了意思表示。因此，不同时具备上述要件的，不宜认定为“故意隐瞒”。（2）《商品房买卖合同解释》第 9 条参考了《消费者权益保护法》第 49 条的双倍惩罚性赔偿规定，其目的在于对出卖人的恶意行为予以惩罚，而有效维护相对弱势的买受人。因此，在认定出卖人是否存在“故意隐瞒”行为时更应强调其主观恶意，不宜将出卖人的消极行为等同于故意隐瞒。（3）买受人作为商品房预售合同的相对方，在签订合同时也负有一定的注意义务。所以，买受人在购买房屋时，应对于出卖人是否取得预售许可证明进行必要的查询。

6. 关于商品房预售合同登记备案的效力问题。商品房预售合同登记备案在性质上属于行政管理部门对预售合同的一种行政管理措施，并非合同生效的必要条件。《商品房买卖合同解释》第 6 条第 1 款对此明确规定：当事人以商品房预售合同未按照法律、行政法规规定办理登记备案手续为由，请求确认合同无效的，不予支持。

[法律法规链接]

《合同法》第 58 条

《城市房地产管理法》（2009 年修正）第 45 条

《商品房买卖合同解释》第 2 条

《民事诉讼法》（2017 年修正）第 170 条第 1 款第（2）项

06. 未取得土地使用证不影响商品房预售合同效力

【典型案例】

A 旅游公司与 B 开发公司商品房买卖合同纠纷案[①]

［案号］

（1997）民终字第 48 号、（1999）民抗字第 1 号

［案情］

1994 年 3 月 3 日，A 旅游公司与 B 开发公司签订《深业大厦预售楼宇协议书》，约定：A 旅游公司购买 B 开发公司开发建设的深业大厦 1215.66 平方米房屋，购房总价款为人民币 7 780 224 元。3 月 14 日，A 旅游公司支付定金 40 万元。4 月 11 日，双方签订《商品房产买卖合同》约定：B 开发公司应于 1996 年 3 月 31 日前交付房屋，如遇有不可抗拒的自然灾害，施工中遇到异常困难及重大技术问题不能及时解决，以及其他非 B 开发公司所能控制的事件，可凭市政府部门证明文件，据实予以延期。合同签订后，A 旅游公司支付购房款共计 7 780 224 元，履行了合同约定的付款义务。

因市电业局未及时落实供电工程设施，经市政府协调，市电业局于 1996 年 7 月 17 日正式给深业大厦供电。B 开发公司于 1992 年 9 月 16 日领取《建设用地规划许可证》，9 月 25 日取得市土地局颁发的用地批复，并于当日与市土地局签订国有土地使用出让合同，领取《用地许可证》。1993 年 4 月 10 日，市房产局颁发《关于允许 B 开发公司预售商品房的批复》。B 开发公司于 1993 年 6 月 18 日领取《商品房外销许可证》，于 1996 年 11 月 13 日领取《商品房屋预售批准书》。1996 年 8 月 22 日，市建筑质监站对深业大厦工程质量进行检验，出具《单位工程竣工检验结论证书》，确认该工程为优良等级，同意交付使用。1997 年 6 月 18 日，市消防支队对深业大厦消防工程进行验收，出具《建筑工程竣工消防验收意见书》，同意投入使用。2000 年 6 月 2 日，市土地局向 B 开发公司颁发《国有土地使用证》。

1996 年 6 月 12 日，A 旅游公司以 B 开发公司违约为由向一审法院提起诉讼，请求解除合同，判令 B 开发公司返还购房款及利息 13 294 719.23 元，以及从 1996 年 4 月 1 日起至 1997 年 4 月 30 日的租房租金 357 185.99 元。

---

① 案例来源：最高人民法院民事审判庭编：《民事审判指导与参考》2000 年第 3 卷，法律出版社 2000 年版，第 265 页。

［法院认为］

一审法院认为：双方签订的《商品房买卖合同》合法有效，B开发公司在供电问题上存在其不能控制的因素，其交房期限按约定可自1996年3月31日顺延至5月31日，B开发公司在此期间可不负违约责任，但自5月31日至房屋正式验收日期，B开发公司拖延交付房屋80余天，已构成违约，A旅游公司解除合同的主张应予支持。B开发公司应退还购房款本息，双倍返还定金。

B开发公司不服一审法院判决，提起上诉，请求判令继续履行合同。

二审法院认为：双方签订的《商品房买卖合同》内容合法，系双方当事人的真实意思表示，一审判决认定合同有效正确。一审判决认定B开发公司在供电问题上存在其不能控制的、可据实推迟交付房屋日期的因素的同时，计算B开发公司应交付房屋的日期为将合同原定日期顺延60日，即1996年5月31日，不符合合同关于违约责任期间的约定，应予纠正。B开发公司应承担自1996年7月18日起至8月22日期间逾期交付房屋的违约责任。

检察院根据A旅游公司的申诉，向再审法院提出抗诉。主要理由为：B开发公司截至目前只持有建设用地规划许可证，B开发公司应交纳土地出让金773.3万元，只交纳321.3万元，尚欠452万元，土地部门未颁发土地使用权证书，本案《商品房买卖合同》应认定无效，B开发公司对无效合同应承担全部责任。

再审法院认为：抗诉书认为本案《商品房买卖合同》无效，无事实及法律依据，抗诉书称"B开发公司截至目前只持有建设用地规划许可证"不符合案件事实。双方签约时，B开发公司虽未领取国有土地使用证，但早已取得《建设用地规划许可证》，并与市土地局签订了国有土地使用权出让合同，领取了市土地局颁发的用地批复和《用地许可证》，以及市房产局颁发的《允许预售商品房批复》和《商品房外销许可证》；在合同履行过程中，又领取了市政府综合办批准的《房屋预售批准书》。抗诉书对《关于审理房地产管理法施行前房地产开发经营案件若干问题的解答》（以下简称《解答》）中的有关规定适用不当。《解答》第7条不是认定商品房预售合同无效的规定，而是处理转让土地使用权纠纷的规定。《解答》第25条是关于处理预售方没有取得土地使用证和预售许可证明的商品房预售合同纠纷的规定。本案中，B开发公司不仅取得了房屋预售许可证，而且取得了土地管理部门颁发的《用地许可证》，该证载明："工程竣工后，由县市土地管理部门进行用地情况检查，重新核定土地使用范围、面积，收回建设用地许可证，换发《土地使用证》"。当地政府主管部门同意B开发公司在深业大厦建成后，以用地许可证换发土地使用证，该《用地许可证》上主管部门“换发”的承诺不但具有土地权属证明的作用，而且是合同生效的条件，事实上主管部门现已实现了其承诺。因此，本案不属于《解答》第25条规定的情形。抗诉书认为预售方在一审诉讼中补办了土地使用证，才能认定商品房预售合同有效，将《解答》第25条扩大解释为房地产开发商已取得《用地许可证》《商品房外销许可证》《房屋预售批准书》，政府主管部门同意以《用地许可证》换发《土地使用证》的情形，不符合《解答》规定。鉴于B开发公司已签订国有土地使用权出让合同，取得包括房屋预售许可证在内的其他房地产开发文件，且房屋实际已建成，有的已出售并交付使用，当地政府主管部门同意在工程竣工后换发土地使用证，按《解答》的规定精神，应认定本案商品房买卖合同有效。

［裁判结果］

一审法院判决：B开发公司与A旅游公司签订的房屋买卖合同有效。因B开发公司违约，A旅游公司请求解除合同，应准许。

二审法院判决：B开发公司与A旅游公司签订的商品房买卖合同有效，继续履行，B开发公司于本判决生效之日起10日内将深业大厦第18层8个单元交付A旅游公司。

再审法院判决：驳回抗诉，维持二审法院判决。

［裁判思路］

该案再审判决观点表明了2009年新《城市房地产管理法》第45条规定的4个条件并非预售合同是否有效的并存条件，即商品房预售中只要出卖人取得预售许可证，当地政府主管部门同意在房屋建成以后办理土地使用权证书的，预售合同可以认定有效。虽然该案是对在2009年新《城市房地产管理法》实施以前订立的商品房预售合同作出的判决，但是该判决的意义并不限于此，且《商品房买卖合同解释》第2条规定吸收了上述司法观点，是关于商品房预售合同效力和补办商品房预售许可证明对合同效力影响的解释。

［法律法规链接］

《城市房地产管理法》（2009年修正）第45条

《民事诉讼法》（2017年修正）第205条、第207条

《关于审理房地产管理法施行前房地产开发经营案件若干问题的解答》第7条、第25条（现已失效）

07. 买受人明知开发企业未取得土地使用权和开发、建设、销售资格而与其签订购房合同，应承担合同无效的民事责任

【典型案例】

A 公司与 B 银行、C 开发公司购房合同纠纷案[①]

［案号］

（2002）民一终字第 46 号

［案情］

1994 年 10 月 10 日，A 公司与 C 开发公司签订《开发西单东南 F2 区合同书》约定：总建筑面积 67 700 平方米，采取分项承包、整体开发、分期运作的方式进行，双方组建合作公司，共同投资、开发和管理，A 公司占项目公司股份的 75%，C 开发公司占 25%，C 开发公司的股本金全部由 A 公司提供，注册资金以外的投资均由 A 公司投入。该合同还约定：1994 年 11 月 1 日至 1996 年 12 月 31 日完成一、二期拆迁、土建和七通一平工作。

1994 年 11 月 1 日，A 公司与 B 银行签订《购房协议》，约定：由 B 银行购买 A 公司商品房六万平方米（建筑面积），总价款为 5.28 亿元，付款方式按进度付款：（1）完成建设用地批准书、用地规划许可证等支付总价款的 20%，土地出让金以实际交纳数额为准；（2）B 银行接到 A 公司办理的土地使用权转让文件和工程放线开槽时支付 3900 万元，一期工程全部完成首层结构施工时支付 5280 万元，一期工程进入设备安装工程时支付 5280 万元，一期验收合格后支付 1320 万元，每次支付时限以 B 银行接到 A 公司通知确认工程进度 7 日为限；（3）二期工程的 3 万平方米房价款支付方法同上。

合同签订后，B 银行于 1994 年 11 月 14 日向 A 公司支付定金 1.056 亿元，同年 20 日支付房价款 6000 万元，共计人民币 1.656 亿元。1997 年 5 月，A 公司与 B 银行又签订了《购房补充协议》，约定因 A 公司未按时交房，B 银行同意违约金减至 2000 万元，交房时间推延两年半，第一期 3 万平方米于 1998 年 6 月 30 日交付；第二期 3 万平方米于 1999 年 6 月 30 日交付。该协议签订后，A 公司仍未能按协议的约定交付房屋。

① 案例来源：载北大法宝，网址：http://www.pkulaw.cn/，最后访问时间：2017 年 6 月 13 日。

C 开发公司与 A 公司约定成立的合作公司至今未向政府申报成立，A 公司在项目上的投资均来自 B 银行的购房款。案涉工程一期的拆迁安置工作已经完成，1 号商品住宅楼主体结构工程至地上 1 层，2、3 号楼主体结构工程完成，但未完成初装修工程，因 A 公司欠付施工单位工程款等原因，工程已停工 3 年多，二期建设用地尚未拆迁。

一审审理期间，A 公司表示该公司因目前资金紧张，正在筹措资金交纳土地出让金，有能力继续完成项目的建设，希望 C 开发公司继续配合，但 A 公司至今未复工。C 开发公司表示，因合作公司没有正式批准，办理土地使用权证转移缺乏法律依据，如 A 公司与 B 银行能够协调处理复工和投资问题，C 开发公司将积极协助完成工程建设。B 银行表示在 A 公司未达到购房合同约定的工程进度的情况下，B 银行不再支付购房款，也不会再延长建设工期。

［法院认为］

一审法院认为：房地产项目的开发、建设、转让、销售等经营活动，必须严格遵守和执行国家房地产法的规定，未经政府批准成立的房地产项目（合作）公司，不得对该项目进行开发经营、转让和销售。A 公司与 C 开发公司虽然签订了成立合作项目公司的合作合同，但未履行必要的政府批准手续。在诉讼期间，双方仍不能办理拟成立的合作公司的批准手续，故应认定该合作合同尚未生效。该项目的合法开发建设单位仍为 C 开发公司，A 公司因未取得在建项目的任何合法有效的土地使用权和开发、建设、销售的资格，故其与 B 银行签订的购房合同不具备法律规定的必要条件，应当确定为无效合同，A 公司应当承担主要责任，并应返还 B 银行的购房款及其贷款利息。但 B 银行在与 A 公司签订购房合同时，缺乏对 A 公司在项目中相关权利的必要审查，即投入巨额资金，故亦应承担购房合同无效的相应缔约过失责任。

A 公司不服一审法院判决，提起上诉，认为 A 公司与 B 银行签订的购房合同应为有效合同。如合同认定无效，双方均有过错，一审将在建工程判决给 B 银行，不符合法律规定。A 公司应返还 B 银行的购房款，而不能将在建工程判归 B 银行，且 B 银行与 A 公司对合同无效负有同样过错，因此利息损失不应支持。

二审法院认为：A 公司与 C 开发公司签讨开发合同后，未办理成立合作项目公司及合作开发建设的审批手续，A 公司在未取得建设项目的土地使用权和房屋预售许可的情况下，与 B 银行签订购房合同，其售房行为违背了法律有关规定，一审法院判决认定购房合同无效是正确的，A 公司请求认定协议有效无事实和法律依据，应予驳回。购房合同无效 A 公司应承担主要责任，

B银行在未对A公司在项目中的相关权利进行审查及明知A公司无预售商品房许可的情况下，与A公司签订购房合同，亦应承担购房合同无效的缔约过失责任，因此A公司应当返还B银行的购房款，其购房款的贷款利息应根据A公司与B银行的过错责任按比例分担。

[裁判结果]

一审法院判决：(1) B银行与A公司签订的购房合同无效，A公司于判决生效后30日内将案涉工程全部技术资料交给B银行；(2) A公司返还B银行购房款人民币29 777 634.81元，并支付自1998年7月1日起至付清时止的同期银行固定资产贷款利息。

二审法院判决：(1) B银行与A公司签订的购房合同无效；(2) A公司返还B银行购房款人民币158 927 680.5元，并支付自1998年7月1日起至付清时止的同期银行固定资产贷款利息的70%。

[裁判思路]

本案争议焦点是：B银行在明知中方公司未取得合法有效的土地使用权和开发、建设、销售资格的情况下，与其签订购房合同的效力应如何认定及双方应如何承担责任。

C开发公司与A公司签订开发合同后，因A公司在该建设项目中没有取得任何合法有效的土地使用权和开发、建设、销售的资格，其与B银行签订购房合同不具备法律规定的条件，因此应确定合同无效，A公司应当承担主要责任，并应当返还B银行的购房款及其利息。但B银行在与A公司签订购房合同时，明知A公司未取得预售房屋的资格，即投入巨额资金，亦应承担合同无效的相应缔约过错责任，即承担部分利息损失，因此二审判决A公司承担70%利息，B银行承担30%利息。[①]

[法律法规链接]

《合同法》第44条第2款、第52条第（5）项、第58条

《城市房地产管理法》(2009年修正）第38条第（1）项、第（6）项

《民事诉讼法》(2017年修正）第170条第1款第（2）项

---

① 最高人民法院民事审判第一庭编：《民事审判指导与参考》2003年第3集，法律出版社2003年版，第275页。

08. 商品房预售合同备案登记，不是物权的设立、变更、转让，不产生物权公示的效力

【典型案例】

谢某与A公司商品房预售合同纠纷案①

［案号］

（2013）渝一中法民终字第01205号

［案情］

谢某与A公司签订了《商品房买卖合同》，约定其购买A公司开发的预售商品房一套，建筑面积为107.01平方米，总成交金额为31.0361万元。合同第7条第1款第（2）项约定：A公司应当在2011年12月31日前，依照有关规定，将已进行建设工程竣工验收备案登记的商品房交付谢某使用；如遭遇不可抗力，A公司应在发生之日起30日内书面告知谢某，A公司可据实延期交房。合同第9条约定：除本合同第7条约定的遭遇不可抗力情况外，A公司如未按本合同约定的期限将该商品房交付谢某使用，逾期超过90日后，谢某有权解除合同；谢某要求解除合同的，A公司应当自解除合同通知到达之日起30日内退还全部已付房价款及利息，并按谢某已付房价款百分之零点五向谢某支付违约金；谢某要求继续履行合同的，合同继续履行，自本合同第7条约定的最后交付期限的第二天起至实际交付之日止，A公司按日向谢某支付已付房价款万分之零点五的违约金。为登记备案之需，A公司在重庆市合川区国土资源和房屋管理局进行备案登记时，单方将合同第9条关于逾期交房超过90日，业主要求继续履行合同，A公司应按日向谢某支付已付房价款万分之零点五的违约金标准修改为万分之三，并加盖有A公司的公章。合同签订后，谢某实向A公司交纳购房款30.8853万元，A公司于2012年9月17日将房屋交付谢某。

谢某认为A公司逾期交房违约，起诉至一审法院，请求判令：A公司从2012年1月1日起至实际交付之日止支付逾期交房违约金。

［法院认为］

一审法院认为：双方在签订《商品房买卖合同》时约定，A公司不按期

① 案例来源：载北大法宝，网址：http://www.pkulaw.cn/，最后访问时间：2017年6月30日。

交房支付违约金的标准为已付房价款按日万分之零点五计算，该约定系双方在平等、自愿基础上达成的合意，合法有效，对双方均具有约束力，并且双方持有的合同均约定的是按日万分之零点五的标准计算。A公司为登记备案的需要，将违约金标准修改为按日万分之三，系A公司的单方行为，没有与谢某达成合意，因此，该修改对原告不发生法律效力，A公司逾期交房违约金标准应该为已付房价款按日万分之零点五计算。

谢某不服一审法院判决，提起上诉，请求依法改判违约金计算标准。

二审法院认为：商品房预售合同备案登记，不是物权的设立、变更、转让，不产生物权公示的效力。A公司为登记需要，在办理商品房预售合同备案登记时单方更改合同条款中关于违约金标准的内容，并不产生合同变更效力，故违约金标准仍需遵照最初双方当事人协商一致的合同。

［**裁判结果**］

一审法院判决：由A公司向谢某支付逾期交房违约金2717.91元。

二审法院判决：驳回上诉，维持原判。

［**裁判思路**］

本案争议的焦点为：应当按照哪个合同文本中所记载的标准计算逾期交房违约金。案件审理中存在两种观点：一种观点认为，应当按照存于合同备案登记机关处的合同文本所记载的日万分之三的标准计算逾期交房违约金。另一种观点认为，应当按照双方持有的合同文本中记载的日万分之零点五的标准计算逾期交房违约金。我们认为，解决该争议问题，应当分析判定A公司的单方修改行为是否发生变更合同之效力，以及商品房预售合同备案登记的性质。

首先从合同成立要件角度分析，合同成立应当有以下三个要件：第一，当事人意思表示一致；第二，合意须有两个及以上的当事人；第三，当事人的意思表示须以订立合同为目的。本案中，A公司与谢某在签订合同时，对逾期交房违约金为日万分之零点五的标准达成了合意，双方均应依约履行合同义务，如变更合同内容需重新达成合意。A公司办理预售合同备案登记时，在未与谢某协商一致的情况下，擅自将违约金标准变更为日万分之三属单方行为，谢某在起诉后表示追认于法无据，故应认定该违约条款的变更并非双方真实意思表示，应属无效。

其次从商品房预售合同登记备案的实质角度分析，商品房预售合同备案登记的目的在于保护购房者合法权益、规范商品房预售管理，而不是物权的设立、变更、转让，不产生物权公示的效力。本案中，谢某与A公司签订的《商品房买卖合同》是商品房预售合同，该预售合同的备案登记仅属于预售商品房合同登记，并非预售商品房预告登记，更不是商品房的物权登记。故本案备案登记的《商品房买卖合同》，不产生物权公示的效力，双方仍应按照各自持有的合同文本主张权利、履行义务。

［法律法规链接］

《民事诉讼法》（2017 年修正）第 170 条第 1 款第（1）项

第三节　预约与本约的司法认定

09. 预约合同生效后，双方当事人均应按照约定履行自己的义务

【公报案例】

仲某诉 A 开发公司合同纠纷案[①]

［案号］

（2007）沪二中民二（民）终字第 1125 号

［案情］

2002 年 7 月 12 日，仲某与 A 开发公司签订《金轩大邸商铺认购意向书》一份，约定仲某向 A 开发公司支付购房意向金 2000 元，仲某随后取得小区商铺优先认购权，A 开发公司负责在小区正式认购时优先通知仲某前来选择认购中意商铺，预购面积为 150 平方米，并明确小区商铺的均价为每平方米 7000 元（可能有 1500 元的浮动）。如仲某未在约定期限内认购，则视同放弃优先认购权，已支付的购房意向金将无息退还。如仲某按约前来认购，则购房意向金自行转为认购金的一部分。意向书对楼号、房型未作具体明确约定。上述意向书签订之后，仲某向 A 开发公司支付了 2000 元意向金。2002 年 11 月 4 日 A 开发公司取得房屋拆迁许可证，2003 年 5 月 29 日取得建设工程规划许可证，2003 年 6 月 30 日 A 开发公司取得预售许可证。但 A 开发公司在销售涉案商铺时未通知仲某前来认购。2006 年初仲某至售楼处与 A 开发公司

---

① 案例来源：《中华人民共和国最高人民法院公报》2008 年第 4 期。

交涉，要求A开发公司按意向书签订正式买卖合同。A开发公司称商铺价格飞涨，对原约定价格不予认可，并称意向书涉及的商铺已全部销售一空，无法履行合同，仲某所交2000元意向金可全数退还。双方因此发生争议，仲某遂诉至法院，请求判令A开发公司按105万元的销售价格向其出售涉案商铺，如果A开发公司不能履行，请求判令赔偿经济损失100万元。

[法院认为]

一审法院认为：关于涉案认购意向书的法律性质问题。双方签订《金轩大邸商铺认购意向书》，初步确认交易金轩大邸商铺的有关事宜，从而对双方在金轩大邸商铺正式认购时签订商品房预售合同达成了合意。对于意向书的签订及其内容双方均无异议，应予以认定。涉案意向书中虽对意欲交易的商铺的楼号、房型、价格未作明确约定，但其主要内容是对将来进行房屋买卖的预先约定，主要预约事项内容是完整的，具体内容可在签订正式商品房预售合同时予以确认。所以，本案认购意向书具有预约合同的性质。

关于涉案意向书是否有效的问题。本案认购意向书是在双方均对A开发公司能够合法取得相关许可证书有合理的预期的情形下，对双方将来签订房屋预售合同的预先约定，故该意向书并非预售合同，不适用法律对商品房预售合同的强制性规定，不应以A开发公司是否取得相关许可为标准认定预约合同效力。且本案A开发公司最终取得了相关开发及销售房产的许可，也进行了对涉案商铺的实际销售，故应认定双方签订的认购意向书合法有效。

二审法院认为：A开发公司与仲某签订的《金轩大邸商铺认购意向书》是双方当事人的真实意思表示，不违背法律、行政法规的强制性规定，其效力应予认定。双方在认购意向书中所指向的商铺并非虚构，所约定的房屋买卖意向存在现实履行的基础。同时，该意向书明确了双方当事人的基本情况，对拟购商铺的面积、价款计算、认购时间等均作了较为清晰且适于操作的约定。这表明双方当事人经过磋商，就条件成就时实际进行商铺买卖的主要内容达成了合意，对将来正式签署房屋买卖合同进行了预先安排，并以书面形式明确将来商铺正式预售时A开发公司优先同仲某订立正式的商品房预售合同。综上，涉案意向书是具有法律约束力的预约合同。一审法院关于涉案意向书是有效的预约合同的认定正确。

《合同法》第6条规定："当事人行使权利、履行义务应当遵循诚实信用原则。"合同当事人不仅应依照诚实信用的原则行使合同权利，而且在履行合同义务中也应以善意的方式，依照诚实信用的原则履行，不得规避合同约定的义务。A开发公司未按约履行其通知义务，并将商铺销售一空，导致认购意向书中双方约定将来正式签订商铺买卖合同的根本目的无法实现，A开发公司应当承担相应的违约责任。

［**裁判结果**］

一审法院判决：（1）解除仲某与A开发公司签订的《金轩大邸商铺认购意向书》；（2）A开发公司返还仲某意向金2000元；（3）A开发公司赔偿仲某经济损失10 000元；（4）驳回仲某的其他诉讼请求。

二审法院判决：（1）维持一审法院判决第1、2、4项；（2）撤销一审法院判决第3项；（3）A开发公司赔偿仲某人民币150 000元。

［**裁判思路**］

本案审理中的主要问题是明晰预约与本约之间的关系，以及预约合同的法律效力。

（一）预约与本约之间的关系

预约是相对于本约而言的一种特殊合同，其指向本约的缔结。[①]预约的基本特性为：（1）预约应具备合意性。预约合同既然是合同，则应有双方当事人合意之意。判断其是否构成预约，关键是考察其是双方意思表示还是单方意思表示。若为前者，则为预约；若为后者，则为要约。（2）预约应具备约束性。预约应当具有双方当事人的意思表示。合同的法律拘束力不仅来源于法律，而且源于当事人的意思表示，应当是当事人意志与法律意志的合一。（3）预约应具备确定性。预约的内容应具有一定的确定性，以免合同当事人陷入本约谈判的僵局，致使预约丧失存在的必要。合同内容的具体明确是合同成立的基本条件，《合同法》第12条规定了合同一般应具备八项内容，《合同法解释（二）》第1条明确规定了合同成立的必备要素是主体、标的和数量。因此，作为预约，其内容应当符合合同成立的必备要素。（4）预约因具备期限性。预约标的应当是在一定期限内签订本约。如《买卖合同解释》第2条规定：约定在将来一定期限内订立买卖合同，目的在于突出预约合同的期限性。

（二）预约的法律性质

关于预约与本约的关系或者预约合同的性质问题，目前在理论界和实务界存在四种观点：一是前契约说；二是从合同说；三是附停止条件本约说；四是独立契约说。《买卖合同解释》倾向于独立契约说。理由为：（1）预约合同可以具备合同成立要件。（2）预约与本约虽然存在牵连关系，但预约订立之时，即意味着将来本约能否订立的2种可能，预约不以本约存在为前提。（3）预约合同不同于附停止条件的合同。附停止条件合同是从合同效力角度

① 何晓航：《房地产纠纷裁判依据新释新解》，人民法院出版社2014年版，第255页。

进行分类的合同，由于所附停止条件是否成就并不确定，故合同是否生效亦不确定。但预约合同，除非法定事由，否则本约的签订是可以预见的。

预约与本约之间既相互独立，又相互关联。预约的目的在于订立本约，预约的标的是在一定期限内签订本约，履行预约合同的结果是订立本约合同。

本案裁判表明，预约合同，一般指双方当事人为将来订立确定性本合同而达成的合意。预约合同生效后，双方当事人均应当按照约定履行自己的义务。一方当事人未尽义务导致本合同的谈判、磋商不能进行，构成违约的，应当承担相应的违约责任。

[法律法规链接]

《合同法》第6条、第107条、第113条、第115条

《民事诉讼法》（2017年修正）第170条第1款第（2）项

10. 对于预约还是本约关系应当依据合同内容及履行事实综合予以认定

【公报案例】

A通讯公司与B实业公司、C投资公司房屋买卖合同纠纷案①

[案号]

（2013）民提字第90号

[案情]

2006年9月20日，B实业公司（甲方）与A通讯公司（乙方）签订《购房协议书》，约定："1. 乙方购买甲方所拥有的蜀都大厦北一楼及中庭建筑面积2100平方米，总价格6750万元。2. 本协议签订之日起，甲方收到乙方预计购房定金1000万元，待购房合同签订时，该定金自动转为购房款。3. 甲、乙双方应就购房合同及付款方式等问题在本协议原则下进行具体磋商。4. 甲、乙双方均应遵守本协议所确定的原则，违反则违约方向守约方支付违约金1000万元。5. 甲、乙双方就该宗房屋买卖合同签订时，本协议自动失效。"

① 案例来源：《中华人民共和国最高人民法院公报》2015年第1期。

2006年9月14日和2006年9月18日，A通讯公司通过银行转账分别向舒卡公司（现名C投资公司）支付200万元和300万元，款项用途为预付购房定金。2006年9月18日、2006年9月19日、2006年9月20日，A通讯公司通过银行转账分别向舒卡公司支付200万元、200万元和100万元。舒卡公司于2006年9月20日向A通讯公司开具了两张金额均为500万元的定金收据。B实业公司于2007年1月4日将诉争房屋交付给A通讯公司使用至今。

四川蜀都大厦有限责任公司（以下简称蜀都大厦公司）由舒卡公司、成都蜀都投资管理有限责任公司、江苏双良科技有限公司分别出资4600万元（占46%）、500万元（占5%）、4900万元（占49%）而设立，蜀都大厦公司于2005年7月分立成蜀都大厦公司和B实业公司。B实业公司注册资本为1000万元，股东名称和出资比例不变。舒卡公司于2009年4月10日经省工商局核准企业名称变更为C投资公司。

2009年9月28日，A通讯公司向B实业公司发出《商函》，商请B实业公司对房屋销售价格作出一定让步，降至6000万元左右。2009年9月28日，B实业公司向A通讯公司发函，要求A通讯公司在30日内安排人员就签订房屋买卖正式合同进行协商，并支付三年场地使用费。次日，A通讯公司回函同意于2009年10月9日就购房事宜进行商谈。2009年10月10日，B实业公司向A通讯公司发函，要求对B实业公司拟定的《房屋买卖合同》文本予以回复。A通讯公司于2009年10月12日回函确认收到B实业公司提供的《房屋买卖合同》文本。2009年10月20日、2009年10月28日、2009年12月9日，双方组织人员进行了三次协商，关于场地使用费、买卖过户税费负担、产权证办理和购房尾款支付时间，以及出售房屋所涉抵押的解除等问题经协商未达成一致意见。2009年11月4日，B实业公司向A通讯公司发函，要求A通讯公司支付场地使用费，并承担房屋买卖税费。次日，A通讯公司回函，不同意支付场地使用费，要求税费的负担按照国家法律法规及政策，由双方各自承担相应部分，A通讯公司同意在房屋产权及土地使用权过户后当即付清全部剩余房款。2009年11月12日，B实业公司向A通讯公司发函，主要内容是：（1）双方依据《购房协议书》就房屋买卖合同内容磋商长达三年时间，但至今仍存在严重分歧，导致双方一直未签订《房屋买卖合同》，因此双方的房屋买卖关系未成立；（2）A通讯公司无偿占用B实业公司房屋三年，应当支付场地占有使用费；（3）B实业公司不同意A通讯公司提出的付款方式；（4）由A通讯公司承担房屋买卖全部税费是B实业公司出卖二手房的交易条件，从未发生改变。2009年11月17日，A通讯公司向B实业公司回函，主要内容是：（1）A通讯公司认为双方的房屋买卖已经实际履行；（2）

A 通讯公司占有并使用房屋系合法的，不应向 B 实业公司支付场地占用费；（3）A 通讯公司坚持在房屋过户登记后才向 B 实业公司支付全部购房尾款；（4）B 实业公司提出房屋买卖税费全部由 A 通讯公司承担缺乏依据和违反国家相关法律规定。2010 年 3 月 3 日，B 实业公司通过市公证处向 A 通讯公司发《函》，告知解除双方签订的《购房协议书》，要求 A 通讯公司在收函三十日内腾退房屋，并支付占用该房屋期间的场地使用费。

2010 年 5 月 12 日，A 通讯公司向一审法院提起诉讼，请求：（1）请求确认《购房协议书》为房屋买卖合同已成立并合法有效；（2）请求判决 B 实业公司履行办理房屋过户的义务；（3）请求判令诉争房屋过户后 5 日内，A 通讯公司向 B 实业公司支付剩余购房款 5750 万元；（4）双方在履行房屋产权过户过程中产生的税费按照法律规定，各自承担应承担的部分。

［法院认为］

一审法院认为：1. 关于双方签订的《购房协议书》是否已经解除，B 实业公司作出的解除函是否有效的问题。合同可因法定或约定解除，《合同法》第 93 条规定：当事人协商一致，可以解除合同，当事人可以约定一方解除合同的条件。解除合同的条件成就时，解除权人可以解除合同，第 94 条规定了法定解除的条件，第 96 条第 1 款规定：当事人一方依照本法第 93 条第 2 款、第 94 条的规定主张解除合同的，应当通知对方，合同自通知到达对方解除。对方有异议的，可以请求人民法院或仲裁机构确认解除合同的效力。B 实业公司的解除函虽然于 2010 年 3 月 8 日到达 A 通讯公司，但 A 通讯公司已于 2010 年 5 月 18 日向一审法院提起诉讼，对解除函的效力提出异议。由于双方在《购房协议书》中对合同解除及异议期间没有明确约定，故 A 通讯公司就解除函效力提出异议的期限不违反《合同法解释（二）》第 24 条对异议期间的规定。现 B 实业公司主张根据《合同法》第 94 条第（5）项及《担保法解释》第 115 条规定，以双方磋商未达成一致意见为由行使法定解除权，不符合法定解除合同的情形，B 实业公司发出的合同解除函无效，对 A 通讯公司不产生法律效力。

2. 关于《购房协议书》是 A 通讯公司主张的本约合同还是 B 实业公司主张的定金合同的问题。合同有预约与本约之分，预约的目的在于有事实或法律上的障碍，暂时无法订立主合同时，约定将来订立一定合同，预约合同的权利人仅得请求对方履行订立本约合同的义务，而不得径行依照预约合同的内容请求履行。《购房协议书》第 3 条及第 5 条约定内容表明双方在签订《购房协议书》后还应当就房屋买卖的事宜进行进一步协商并签订《房屋买卖合同》，但并不能据此认定《购房协议书》一定属于预约合同或定金合同，理由为：(1)《购房协议书》中的当事人名称、标的、价款、违约责任等主要条款明确具体，根据《合同法解释（二)》第1条第1款之规定，《购房协议书》具备合同的必备条款，应当认定合同成立。(2）购房定金1000万元已在双方签订《购房协议书》前支付，B实业公司在《购房协议书》第2条中确认其收到购房定金，故A通讯公司已履行了支付购房定金的合同义务。另根据B实业公司与蜀都大厦公司签订的房屋过户协议和蜀都大厦公司出具的场地使用证明，可知B实业公司有权对涉案房屋进行处分。(3)《购房协议书》第3条和第5条的约定是在合同具备必备条款的情况下，要求双方对合同欠缺的其他内容进行进一步的协商并签订《房屋买卖合同》，根据《合同法解释（二)》第1条第2款之规定，本案当事人在不能达成协议情况下，法院应当按照规定予以确定。(4）在签订《购房协议书》后，B实业公司将诉争的位于蜀都大厦北一楼及中庭建筑面积2100平方米的房屋交付给A通讯公司占有使用，B实业公司主张双方既谈买卖，又谈租赁的意见无事实依据。故A通讯公司请求确认《购房协议书》为房屋买卖合同已成立并合法有效的理由成立，应当予以支持。

3. 关于A通讯公司请求B实业公司履行办理房屋产权过户登记义务的问题。双方在《购房协议书》中未就房屋过户的时间进行约定，诉讼汇总亦未达成一致意见。虽然登记是取得不动产物权的根据，但作为房屋买卖合同出卖人的主要义务是向买受人交付房屋，买受人的主要义务则是向出卖人支付价款，出卖人只负有协助办理过户登记的义务。本案A通讯公司未支付大部分购房款的情况下，其请求B实业公司先行履行协助过户的条件尚不成就。参照国务院《城市房产地开发经营管理条例》第33条之规定，应确定B实业公司在收到全部购房款后90日内协助A通讯公司办理产权过户手续。

4. 关于A通讯公司请求在诉争房屋过户后5日内，由A通讯公司向B实业公司支付剩余房款5750万元的问题。对于未支付的房屋价款，B实业公司作为债权人可以提出相应的诉讼请求，而作为义务人的A通讯公司则不享有该请求权。

B实业公司不服一审法院判决，提起上诉。

二审法院认为：1. 关于《购房协议书》的性质和效力问题。本案中，双方签订的《购房协议书》明确载有当事人名称、标的、价款，二审审理中，B实业公司提交了同期与其他买受人签订的四份《房屋买卖合同》四份，虽真实性予以确认，但不能证明《购房协议书》的性质为定金合同。故一审法院判决认定双方之间成立房屋买卖合同关系并无不当。

2. 关于《购房协议书》是否应当解除的问题。本案双方多次磋商未达成协议，直至2010年3月3日B实业公司发函要求解除双方所签《购房协议书》。B实业公司作为诉争房屋所有权人，将涉案房屋交付A通讯公司使用5年多时间内，与A通讯公司既未达成正式房屋买卖合同又未达成租赁协议，其既未收到房屋转让价款也未收到房屋租金，阻碍其物权实现，故其在双方达不成正式房屋买卖合同的前提下，有权根据《物权法》第39条之规定，选择财产的处分方式，解除与A通讯公司签订的《购房协议书》。一审法院判决认为《购房协议书》不符合解除条件，判令B实业公司交付涉案房屋并由双方各自承担相关税费不当，二审法院予以纠正。上述购房协议解除后，B实业公司请求返还涉案房屋的诉讼请求符合《合同法》第97条之规定，虽然B实业公司起诉时主张立即腾退房屋，但应当给予A通讯公司必要的准备时间，二审法院酌定为30日。A通讯公司已支付的1000万元定金，可另行主张权利。

A通讯公司不服二审法院判决，向再审法院申请再审。

再审法院认为：在明确了B实业公司确已收到A通讯公司支付的1000万元定金，以及基于房屋买卖关系向A通讯公司交付房屋两个事实基础上，仅就案涉《购房协议书》而言，其性质应为预约。结合在订立《购房协议书》之后的履行事实，B实业公司与A通讯公司之间已经成立的房屋买卖法律关系。因A通讯公司于收到解除函的三个月内通过起诉的方式提出了异议，B实业公司的解除函不产生解除双方合同关系的效力，故双方均应本着诚实信用的原则履行各自义务。

[裁判结果]

一审法院判决：（1）A通讯公司与B实业公司签订的《购房协议书》成立并有效；（2）B实业公司作出的关于解除《购房协议书》的解除函无效；（3）在A通讯公司向B实业公司履行完毕支付购房款义务后90日内，B实业公司协助将案涉房屋过户给A通讯公司，因此所产生的税和费按相关规定由A通讯公司和B实业公司各自承担；（4）驳回A通讯公司的其他诉讼请求；（5）驳回B实业公司的反诉请求。

二审法院判决：（1）维持一审法院判决第1项；（2）撤销一审判决2、3、4、5项；（3）A通讯公司将案涉房屋腾退给B实业公司；（4）驳回A通讯公司的其他本诉诉讼请求；（5）驳回B实业公司的其他反诉诉讼请求。

再审法院判决：（1）撤销二审法院判决；（2）维持一审法院判决。

[裁判思路]

结合本案一审、二审及再审查明事实，可以确定本案争议焦点为：（1）B实业公司与A通讯公司之间就案涉房屋所形成的法律关系的性质和效力；

（2）B 实业公司发出的解除函是否产生解除双方合同关系的效力。

（一）关于 B 实业公司与 A 通讯公司之间就案涉房屋所形成的法律关系的性质和效力问题

要研究解决该焦点问题，首先需要明确两个相关事实：一是 B 实业公司是否收到 A 通讯公司的 1000 万元定金。案件审理中，虽然 A 通讯公司未提供直接向 B 实业公司支付 1000 万元定金的证据，但结合 A 通讯公司多次向 B 实业公司股东 C 投资公司转账共计 1000 万元和 C 投资公司开具两张金额均为 500 万元收据的凭证，以及 B 实业公司与 A 通讯公司签订《购房协议书》第 2 条载明"本协议签订之日起，甲方（B 实业公司）收到乙方（A 通讯公司）1000 万元定金"的内容和 B 实业公司所发《解除函》中载明"请 A 通讯公司向其办理定金、使用费等费用的退还和支付"的内容来看，上述事实相互印证，可以认定 A 通讯公司已经交付 1000 万元定金。

二是 B 实业公司向 A 通讯公司交付案涉房屋行为的性质。审理中，除 B 实业公司提交的双方于 2008 年 5 月 6 日的往来函件材料中一页的证据外，再未提交其他任何证据证明其主张交付房屋是基于租赁关系的证据，而上述证据因未达到《民事诉讼证据规定》第 31 条第 2 款规定的"完整性"，故无法认定 B 实业公司主张的事实。应当认定 B 实业公司向 A 通讯公司交付案涉房屋的行为系基于双方之间的房屋买卖法律关系。[①]

再审法院认为 B 实业公司与 A 通讯公司之间成立房屋买卖法律关系的具体理由如下：

第一，仅就案涉《购房协议书》而言，其性质应为预约。预约是指将来订立一定契约的契约。有的预约条款非常简略，仅表达了当事人之间有将来订立本约的意思；有的预约条款则非常详尽，将未来本约应该规定的内容几乎都在预约中作出了明确约定。因此，仅根据当事人合意内容是否全面，并不足以区分预约和本约。判断当事人之间订立的合同系本约还是预约的标准应当是当事人的意思表示，即当事人是否有意在将来订立一个新的合同，本案中，B 实业公司与 A 通讯公司在 2006 年 9 月 20 日签订的《购房协议书》中明确约定了房屋的位置、面积和价款，具备了一份正式房屋买卖合同的主要内容。但是双方同时在该协议中约定："3. 甲、乙双方应就购房合同及付款方式等问题在本协议原则下进行具体磋商……5. 甲、乙双方就该宗房屋买卖合同签订时，本协议自动失效。"可见，双方在《购房协议书》基础上，一致

① 王林清等：《房屋买卖合同纠纷裁判思路与裁判规则》，法律出版社 2016 年版，第 56 页。

意见认为在付款方式等问题上需要进一步磋商，双方的这一意思表示是明确的。因此，案涉《购房协议书》的性质为预约合同，一审、二审判决认定该《购房协议书》为本约是错误的。

第二，结合双方当事人在订立《购房协议书》之后的履行事实来看，B实业公司与A通讯公司之间已经成立了房屋买卖法律关系。对于当事人之间存在预约还是本约关系，不能仅凭协议约定内容就简单地加以认定，而是应当综合审查相关协议的内容以及当事人嗣后为达成交易进行的磋商的具体履行行为等事实，并据此对当事人之间法律关系的性质作出准确的界定。本案中，双方当事人在签订《购房协议书》时，A通讯公司已支付定金。《购房协议书》签订三个月后，B实业公司将案涉房屋交付给了A通讯公司。根据《购房协议书》的预约性质，应当认定B实业公司的行为系基于与A通讯公司之间的房屋买卖关系而为的交付。据此，由于B实业公司在该房屋买卖法律关系中的主要义务就是交付案涉房屋，根据《合同法》第36~37条的规定，可以认定当事人之间达成了买卖房屋的合意，成立了房屋买卖法律关系。

（二）关于B实业公司发出的解除函是否产生解除双方合同关系效力的问题

首先，根据《合同法》第93~94条之规定，合同的解除包括法定解除和约定解除两种情形。本案中，双方在《购房协议书》及其他相关书面文件中均未对单方解除合同的事项作出约定，故B实业公司不享有约定解除权。A通讯公司已支付1000万元定金，并且就案涉房屋买卖一事一直在与B实业公司进行协商，其在本案诉讼过程中亦明确表示有意愿、有能力履行支付全部购房款的义务。本案也不具备单方解除合同的法定解除情形。因此，B实业公司主张其有权单方解除合同的理由不能成立。

其次，根据《合同法》第96条及《合同法解释（二）》第24条的规定，B实业公司虽于2010年3月3日向A通讯公司发出了解除《购房协议书》的通知函，但A通讯公司向一审法院提起诉讼的时间为2010年5月12日，系在法律规定的期限内提出异议，故B实业公司的解除函也不发生解除双方合同关系的效力。

[法律法规链接]

《合同法》第36条、第37条、第61条、第62条、第93条、第94条第（5）项、第97条、第125条

《物权法》第39条

《合同法解释（二）》第1条第1款、第1条第2款、第24条

《担保法解释》第24条、第115条

第四节 商品房销售广告和宣传资料内容的性质认定

商品房销售广告中的说明和允诺在吸引购房者买房发挥着重大作用，也是开发商销售房屋的一个主要营销手段。在商品房预售合同纠纷中，因商品房销售广告中的说明和允诺而引起的纠纷占有很大比重，通常情况下，开发商在广告中的说明和允诺并未作为正式条款列入商品房买卖合同中。按照合同法的一般原理，未列入购房合同中的条款，对合同双方不具有约束力，即开发商不需为广告中的说明和允诺承担合同责任。正因如此，开发商在商品房销售广告中更加无所顾忌，用尽较为夸张手法，通过发布不实广告吸引买房人的情况并不鲜见。而多数购房者由于经验不足，对开发商广告不实的经营策略无法准确认识，且开发商在销售广告中所作的说明和允诺，往往是涉案房产在竣工时候所能够达到的状况，购房者亦无法通过观察判断来甄别广告的真假。而当开发商实际交付商品房时，购房者才会发现房产的实际状况与之前的销售广告存在着巨大差别，使购房者心理预期落空，导致双方就此问题引发的纠纷越发凸显。本章就商品房销售广告和宣传纠纷的裁判规则进行了初步探讨。

11. 商品房销售虚假广告的认定标准

【典型案例】

A 开发公司与徐某商品房预售合同纠纷案[①]

[案号]

（2017）苏 01 民终 628 号

[案情]

案涉项目金东城世家五期综合楼系 A 开发公司开发建设，于 2011 年 11 月 20 日开工，2012 年 5 月开始开盘销售，其宣传彩页上载明“三室两厅两

① 案例来源：载中国裁判文书网，网址：http://wenshu.court.gov.cn/，最后访问时间：2017 年 6 月 7 日。

卫，楼下不贵，楼上免费”“约 75 ㎡，装修后约 130 ㎡”“4.8 米挑高，买一层送一层，买平方得立方”。2013 年 3 月 6 日，徐某与 A 开发公司签订《金东城世家》商品房预售合同一份，约定徐某购买 A 开发公司开发建设的商品房，该商品房涉及用途为酒店式公寓，层高 4.8 米，建筑面积 75.1 平方米，单价 6258.32 元 / 平方米，总价 470 000 元。双方还就其他权利义务予以约定。后徐某依约支付了全部房款。后 A 开发公司通知徐某交付房屋，徐某于 2015 年 11 月份接收了涉案房屋。根据测绘公司出具的《房屋分户（室）面积对照表》，案涉房屋建筑面积为 60.46 平方米，套内面积 46.8 平方米、分摊面积 13.66 平方米，夹层建筑面积为 14.64 平方米，套内面积 11.33 平方米，分摊面积 3.31 平方米。现徐某认为案涉房屋一层的实际面积仅 60.46 平方米，其产权面积 75.1 平方米中包含了 14.64 平方米的夹层，与 A 开发公司在销售楼盘时宣传严重不符，导致徐某对案涉房屋面积产生重大误解，造成了重大损失。故诉至法院，请求：（1）依法变更双方 2013 年 3 月 6 日签订的《金东城世家商品房预售合同》总价款为 378 378.2 元；（2）判令 A 开发公司退付购房款 91 621.8 元，并支付利息；（3）A 开发公司承担本案诉讼费用。

[法院认为]

一审法院认为：双方签订的商品房销售合同系双方当事人真实意思表示，未违反法律法规规定，合法有效，双方当事人均应全面履行合同义务。徐某称 A 开发公司的销售广告、宣传应视为要约，徐某对所购房屋的面积构成发生错误理解，构成重大误解，请求变更案涉合同价款的问题。对于涉争“买一层送一层”“楼下不贵楼上免费”宣传条款能否视为要约之问题，根据《商品房买卖合同司法解释》第 3 条之规定，本案中，A 开发公司在宣传资料上明确载明“买一层送一层”“楼下不贵楼上免费”，该宣传具体确定，且对买卖合同的订立和房屋价格的确定具有重大影响，应视为合同内容。

对于徐某以重大误解为由，请求变更合同价款的问题。根据《合同法》第 54 条之规定，对于因重大误解订立的合同，当事人有权请求人民法院予以变更。重大误解是指行为人由于自身经验、信息、知识缺乏，对于行为性质、对方当事人、标的物的品种、质量、规格和数量等重要合同内容发生错误认识，并对其合同权利义务造成重大影响。本案中，A 开发公司之前宣传称“买一层送一层”“楼下不贵楼上免费”，却将夹层部分面积计算入房屋总价款之中；且案涉商品房预售合同中无明确文字条款载明夹层建筑面积，也未载明夹层建筑面积应计入合同价款。商品房预售合同附件 2 虽以套型图形式对夹层面积有所体现，但该套型图并非文字条款，作为普通购房人的徐某不易通过分户图得知夹层面积计入建筑面积及房屋价款。因此，徐某基于其经验、知识缺乏，对涉案房屋的建筑面积及计价方式这一重要合同内容产生错误认识，并在该错误认识基础上签订了案涉商品房预售合同，符合重大误解的构成要件，故其要求以重大误解为由变更合同价款，具备事实与法律依据。对于合同价款变更的实际数额问题，因附件2记载了套型情形，购房人在购房时亦应尽到一定的审慎义务，对合同重要条款、事项进行核查；结合本案事实情况及双方当事人过错程度，酌定将案涉房屋价款变更为415 027元。对于徐某要求退回合同价款差价并支付利息之诉请，一审法院认为，在徐某未实际行使变更合同权利之前，A开发公司无法知晓是否需退还差价及具体数额，故相应利息应自徐某起诉之日起计算。

A开发公司不服一审判决，提起上诉。

二审法院认为：关于A开发公司出具的宣传彩页内容“买一层送一层”“楼下不贵楼上免费”宣传条款能否视为要约的问题。根据《商品房买卖合同司法解释》第3条规定，本案中，由于A开发公司在宣传资料上明确载明“买一层送一层”“楼下不贵楼上免费”，该宣传具体确定，且对买卖合同的订立和房屋价格的确定具有重大影响，故该宣传内容应视为合同内容。

关于徐某以重大误解为由，请求变更合同价款的主张应否支持问题。根据《合同法》第8条规定，依法成立的合同，对当事人具有法律约束力。当事人应当按照约定履行自己的义务，不得擅自变更或者解除合同。根据《合同法》第54规定，对于因重大误解订立的合同，当事人有权请求人民法院予以变更。本案中，双方当事人签订的商品房预售合同内容不违反法律、行政法规的禁止性规定，应属合法有效，双方当事人均应按约履行。该商品房预售合同中无文字条款载明夹层建筑面积，也未载明夹层建筑面积应计入合同价款。徐某缺乏购房等实践经验，A开发公司发出的宣传彩页宣传称“买一层送一层”“楼下不贵楼上免费”，使得徐某对涉案房屋的建筑面积及计价方式等合同内容产生错误认识，并在该错误认识基础上签订了案涉商品房预售合同，符合重大误解的构成要件，故徐某要求以重大误解为由变更合同价款，具有事实与法律依据，应予以支持。对于合同价款变更的实际数额问题，一审法院根据查明的事实，结合双方当事人过错程度，综合酌定将案涉房屋价款变更为415 027元，具有合理性，依法应予以维持。在案涉案房屋价款变更的情况下，一审法院对于徐某要求退回合同价款差价的诉请予以支持并无不当，认定相应利息应自徐某起诉之日起计算，具有合理性。

[裁判结果]

一审法院判决：（1）变更徐某与A开发公司签订的《金东城世家商品房预售合同》总价款为415 027元；（2）A开发公司退还徐某购房款54 973元

并支付利息。(3)驳回徐某的其他诉讼请求。

二审法院判决：驳回上诉，维持原判。

[裁判思路]

本案裁判主要涉及能否认定商品房销售广告为虚假广告的问题，关于商品房销售虚假广告的认定标准如下：

1. 内容失真。商品房销售广告与客观实际情况不相符，即应当认定为虚假广告。

2. 商品房销售广告中的误导性陈述足以使购房人产生误解。一些商品房广告采取片面、模糊的宣传方式，虽然内容是真实的，但因其似是而非、模棱两可导致购房人对某些信息或概念陷入错误的认识。从保护购房人利益的角度出发，对于商品房虚假广告的认定，不应仅考虑广告内容的真实程度，还应取决于购房人对该广告的误解程度并应对误解程度作出限定。引起购房人误解主要依靠主管标准判断，这就取决于广告的受众对广告的一般认识和理解。具体而言，应根据购房人的认知标准判断。如广告内容表达的真实意思与人们按照习俗、通常理解的意思不符，会使购房人对广告产生误解误认，那么该广告就应被认定为虚假广告。但广告作为一种宣传手段，在创作中必然会进行一些修饰，合理的联想或夸张是允许的。所以，判断商品房广告是否容易引人误解，要结合购房人的识别能力确定评判标准。

本案中，A开发公司发出的宣传彩页宣传称“买一层送一层”“楼下不贵楼上免费”，足以使得徐某对涉案房屋的建筑面积及计价方式等合同内容产生错误认识，并在该错误认识基础上签订案涉商品房预售合同，符合重大误解的构成要件，故一审、二审判决变更合同价款具有事实与法律依据。

[法律法规链接]

《合同法》第54条、第55条

《商品房买卖合同司法解释》第3条

《民事诉讼法》(2017年已修正)第170条第1款第(1)项

12. 开发商就所售商品房及相关设施作出的说明和允诺具体确定，应当视为要约

【典型案例】

徐某与A开发公司商品房预售合同纠纷案[①]

［案号］

（2017）吉06民终598号

［案情］

2013年，A开发公司在未取得《商品房预售许可证》的情况下，对其正在开发建设的兰亭小区楼房与车库进行预售，并向社会发布广告宣传，广告主要内容为“兰亭小区系高端住宅小区，拥有皇家级园林景观，整个景观由一水、四园、五院构成等等”。2013年12月10日，徐某与A开发公司签订了《内部认购协议书》及《车库内部认购协议书》，购买了兰亭小区G3号楼1单元1202室及K7组26号车库，楼房面积为93.33平方米，车库面积为30.99平方米。协议约定：“房屋总金额为354 425元，交付时间为2014年12月31日；车库总金额为137 200元，交付时间为2014年12月31日前。”协议签订的当日，徐某向A开发公司交纳了全额房款354 425元和全额车库款137 200元。A开发公司于2015年1月31日取得了《商品房预售许可证》。2015年10月14日，兰亭小区工程竣工，并验收合格。2015年12月25日，A开发公司在当地报纸中发布公告，通知徐某及其他购房者于2015年10月30日开始办理入户手续。同时，A开发公司电话通知徐某办理入户手续。A开发公司未能在双方约定的时间（2014年12月31日）向徐某交付房屋及车库。之后，徐某及其他购房者以A开发公司存在多处违约为由，多次找A开发公司进行交涉，并到政府相关部门上访，至今未办理房屋及车库入户手续。

徐某向一审法院提起诉讼，请求：（1）解除双方签订的《内部认购协议书》，返还徐某支付的房款354 425元和车库款137 200元；（2）自2013年12月10日起至房款和车库款全部返还之日止，A开发公司按同期银行贷款利率给付利息。

---

① 案例来源：载中国裁判文书网，网址：http：//wenshu.court.gov.cn/，最后访问时间：2017年6月16日。

［法院认为］

一审法院认为：A开发公司与徐某签订的《内部认购协议书》及《车库内部认购协议书》系双方当事人的真实意思表示，且不违反法律、法规的强制性规定，合法有效，应予保护。关于A开发公司延期交付房屋的问题。经查，徐某在双方约定的交付房屋之日（2014年12月31日）起1年内，没有行使解除权，其要求解除双方协议的权利已消灭。关于A开发公司售楼广告与小区实际状况不符的问题。经查，徐某称"A开发公司私自修改住宅小区规划，导致小区容积率、水系景观、绿化面积等与售楼宣传严重不符"，故要求解除双方协议。而A开发公司的上述违约情形并不是导致合同解除的必要条件。如果A开发公司的违约，给徐某造成损失，徐某可另寻其他救济途径解决。综上所述，徐某要求解除合同、返还房款及支付利息的请求，不予支持。

徐某不服一审判决，提起上诉。

二审法院认为：2013年12月10日，徐某与A开发公司签订《内部认购协议书》，是双方当事人真实意思表示，内容不违反国家法律、法规的强制性规定，属合法有效，双方均应按照合同的约定履行自己的合同义务。A开发公司进行了主要内容为"兰亭小区系高端住宅小区，拥有皇家级园林景观，整个景观由一水、四园、五院构成等等"的宣传。根据《商品房买卖合同司法解释》第3条的规定，结合本案，A开发公司主张其制作、散发的宣传内容为要约邀请，然而根据一般生活经验常识，购房属于特别重大的生活支出，购房人在做购房决定时，除了考虑满足居住的基本需求外，房屋结构、房屋价格、园区环境、配套设施等均是影响购房人做出购买决定的重要因素，对于普遍不具备专业知识的购房人而言，其对于以上方面的了解，多是基于开发商的销售广告和宣传资料，而A开发公司向徐某发放的宣传资料中的兰亭住宅项目园林景观总平面图中对其前述宣传内容具体确定，足以对购房人徐某作出购买案涉商品房的决策产生重大影响，该宣传内容应当视为要约，属于合同内容的一部分，双方均应信守履行。A开发公司称现广泽兰亭小区状态与销售宣传内容存在不同系因小区分为一期工程和二期工程，而广泽兰亭项目的建设尚未全部完成。徐某对此不认可，A开发公司亦未提供证据证实其对于兰亭项目分期建设及各分期时段所应建设的内容、一期工程结束时不能达到销售时宣传内容所描述的状态已向徐某进行了说明。A开发公司向徐某交付的房屋不符合合同约定，徐某主张解除《内部认购协议书》于法有据，应予以支持。依照《合同法》第97条规定，A开发公司应返还354 425元的购房款。徐某要求A开发公司赔偿利息损失的诉讼请求亦于法有据，应予以支持。

2013 年 12 月 10 日，徐某与与 A 开发公司签订的《车库内部认购协议书》，但因 A 开发公司至今尚未取得该车库的预售许可证明，依照《商品房买卖合同司法解释》第 2 条的规定，徐某与 A 开发公司签订的《车库内部认购协议书》无效，A 开发公司对此有过错。依照《合同法》第 58 条的规定，A 开发公司应返还徐某购买车库的价款 137 200 元及赔偿利息。

［裁判结果］

一审法院判决：驳回徐某的诉讼请求。

二审法院判决：（1）撤销一审判决；（2）解除双方签订的《内部认购协议书》，A 开发公司返还徐某购房款 354 425 元并支付利息；（3）双方签订的《车库内部认购协议书》无效，A 开发公司返还徐某购买车库价款 137 200 元并支付利息。

［裁判思路］

本案的主要争议焦点为 A 开发公司的宣传内容是否构成要约并作为合同内容。根据《商品房买卖合同解释》第 3 条规定，认定开发商的宣传内容中的说明和允诺构成要约，主要应从以下几个方面进行确定：（1）宣传内容中的说明和允诺是针对商品房开发规划范围内的房屋及相关设施做出的。“相关设施”不仅包括供暖、供电、供水等基础设施，还包括商业、服务业以及医疗教育、公共交通等商品房规划范围内、外的配套设施。（2）该说明和允诺应是具体和确定的。据此，开发商较为笼统地宣传介绍商品房的区位等有利条件，一般不应归入合同义务。（3）该说明和允诺对《商品房买卖合同》的订立以及房屋价格的确定具有重大影响。如果购房者签订合同主要是考虑到开发商所作出的对其有吸引力的广告宣传，且该宣传对商品房的价格产生了实质的影响，那么就可以认定为要约。

［法律法规链接］

《合同法》第 8 条、第 58 条、第 60 条、第 97 条

《商品房买卖合同解释》第 2 条、第 3 条、第 15 条

第五节　认购书与定金的问题

处理因商品房买卖认购及定金问题引发的纠纷，主要涉及以下两个问题：（1）一方违反认购书的约定，另一方如何救济，能否向法院请求继续履行；（2）如存在违约，定金应当如何处理。以上两个问题涉及更多细节具体的问题，这些问题在司法实践中存在着不同的理解和处理方式。《商品房买卖合同解释》第4条及第5条对商品房买卖认购书和定金担保责任等内容作出了相关的规定。但上述规定在具体实施和适用中，还存在着一些不同意见，也反映出认购书及定金纠纷所涉及问题的复杂性，该类纠纷涉及的具体问题如下：（1）认购书的法律性质；（2）认购书与商品房买卖合同的关系；（3）认购书所确定的债务；（4）违反认购书的约定，应承担的责任；（5）认购书能否继续履行；（6）认购书中的定金性质及罚则等。本节就商品房认购书及定金纠纷的裁判思路进行了梳理，并对司法实践中存在的问题作了相应探讨。

13. 因“不可归责于当事人的事由”导致商品房买卖合同未能订立的，开发商应当返还定金

【公报案例】

戴某诉A开发公司商品房订购协议定金纠纷案[①]

［案情］

2004年4月18日，戴某以戴某及其夫丘某的名义作为乙方，与甲方A开发公司签订《都市花园·天域住宅订购协议（红表）》（以下简称订购协议）一份，约定：乙方向甲方交付定金5万元，订购甲方建设的都市花园·天域2幢203室住宅一套，面积约为248.26平方米，销售单价7720元/平方米；乙方若在甲方通知的签约日前选择放弃已取得的物业购买权，或者到期不签约，5万元定金不退还；甲方若在签约日前将该房屋转售他人，应当向乙方

① 案例来源：《中华人民共和国最高人民法院公报》2006年第8期。

双倍返还定金。当日A开发公司开具收据，言明收到戴某、丘某定金5万元，并通知戴某于4月25日至A开发公司处签订正式商品房预售合同。

2004年4月25日，戴某前往A开发公司的售楼处，如约与A开发公司洽谈。对此次洽谈的内容，双方当事人的陈述不一致。戴某主张，其要求待丈夫从香港回来后再签订合同，但在该延期请求是否得到A开发公司同意一事上，前后陈述不一致；A开发公司主张，戴某此日前来是要求降低房价，因遭到拒绝故未订约。

5月7日，戴某向A开发公司提交一份书面意见，内容是："本人于2004年5月7日与A开发公司签约时，要求所购房屋的装修标准与样板房一致，删除合同附件二中'样板房仅供参考，A开发公司保留最终解释权'字样，A开发公司不能给予明确答复，需另择日签约。"A开发公司销售部副经理廖某在该书面意见上注明："该客户意见已收到。"5月9日，A开发公司通知戴某，因其未按约于4月25日到A开发公司签订商品房预售合同，已违反订购协议之约定，特将原协议项下的定金没收。双方为此发生纠纷后协商未果，戴某提起诉讼。

[法院认为]

一审法院认为：《担保法》第89条规定："当事人可以约定一方向对方给付定金作为债权的担保。债务人履行债务后，定金应当抵作价款或者收回。给付定金的一方不履行约定的债务的，无权要求返还定金；收受定金的一方不履行约定的债务的，应当双倍返还定金。"本案中，订购协议是双方当事人的真实意思表示，合法有效，对双方当事人产生约束力。按照订购协议约定，双方当事人承诺在将来签订商品房预售合同，5万元定金是履行这一承诺的担保。戴某应当在A开发公司通知的2004年4月25日到A开发公司处协商签订商品房预售合同。在A开发公司否认戴某当日有订约行为，属戴某违约的情况下，戴某不能证明其已于当日实践了签订合同的承诺，且其关于订约日期推迟的主张无充分证据予以证明。根据订购协议的约定，戴某应当承担违约的民事责任。

戴某不服一审法院判决，提起上诉，请求撤销一审法院判决，改判A开发公司双倍返还定金。

二审法院认为：根据《合同法》第3条、第6条及《商品房买卖合同解释》第4条的规定可知，相对商品房预售合同来说，订购协议是本约订立之前先行订立的预约合同。预约合同的意义，是为在公平、诚信原则下继续进行磋商，最终订立正式的、条款完备的本约创造条件。磋商过程中，如一方违背公平、诚信原则，或者否认预约合同中的已决条款，或者提出不合理条件，或者拒绝继续磋商，均构成违约。反之，如果双方在公平、诚信原则下继续进行了磋商，只是基于各自利益考虑，无法就其他条款达成一致的意思表示，致使本约不能订立，则属于不可归责于双方的原因，预约合同应当解除，已付定金应当返还。

本案中，A开发公司不退还定金可有两种理由，第一种即是戴某在签约日前放弃房屋购买权。但事实证明，直至5月7日，戴某仍在书面意见中表达着"需另择日签约"的愿望，自始没有放弃房屋购买权的意思表示。第二种为到期不签订商品房预售合同。4月25日戴某曾与A开发公司进行洽谈，但双方对洽谈内容陈述不一致。戴某称由于要待丈夫回来后再签订合同，故请求延期签约。A开发公司称戴某此日主张降低房价，因遭到拒绝故未订约，且无论戴某主张降低价格还是要求延期，均属于到期不签约，属于违约。因此，本案如何理订购协议中"到期不签约"是认定戴某是否违约的关键。根据《合同法》第41条及第125条第1款的规定，无论是订购协议还是双方当事人拟订立的商品房预售合同，都是A开发公司提供的格式合同。当对格式条款有两种以上解释时，应当作出不利于A开发公司的解释。"到期不签约"显然不包括由于不可归责于双方的原因而到期不签约的情形。在买受方只见过出售方提供的样板房，尚未见过商品房预售合同文本的情形下，若将此语理解为无论出于何种原因，只要买受方到期不签本约均是违约，势必将买受方置于要么损失定金，要么被迫无条件全部接受出售方提供的商品房预售格式合同的不利境地，出售方则可以借此获利。双方在订立本约时的地位极不平等，显然违背公平、诚信原则。

结合本案，首先，尽管对4月25日的洽谈内容双方当事人有不同陈述，但戴某与A开发公司进行过商谈是可以认定的事实，且无拒绝签订商品房预售合同的意思表示，这有别于到期不签约的情形。其次，在双方都不能举证证明自己的陈述属实前提下，应合理推定为磋商未成。按照戴某陈述，4月25日未签约是其要待丈夫丘某回来商定，而购买商品房乃一个家庭中的重大事件，理当由家庭成员共同协商确定。在买受人仅见过样板房，还不知商品房预售合同内容的情况下，此要求合情合理，不违反订立预约合同是为本约创造公平磋商条件的本意。第三，即使按照A开发公司陈述，4月25日双方未能签订系戴某要求减让房价所致，因房价属订购协议中的已决条款，A开发公司当然有权拒绝戴某要求，而不能以此为由拒绝与戴某继续磋商本约，更不得以此为由将4月25日没有订立本约的责任强加给戴某承担。第四，5月7日戴某看过商品房预售合同后写下的书面意见，表明其见到了商品房预售格式合同的原文，并有与A开发公司继续进行磋商的愿望。A开发公司在商品房预售合同中以附件形式列入对购房者不公平的格式条款，戴某提出异议是合理的。因此，在双方当事人均不能以证据证明自己陈述真实的情形下，应当认定4月25日未能订立商品房预售合同的原因是双方当事人磋商不成，并非哪一方当事人对订购协议无故反悔。

［裁判结果］

一审法院判决：驳回戴某的诉讼请求。

二审法院判决：（1）撤销一审法院判决；（2）A开发公司于本判决生效后3日内，给戴某返还定金5万元。

［裁判思路］

商品房买卖订购协议是相对于商品房买卖合同这一本约合同的预约合同，其意义和作用主要在于设定了合同当事人按照公平、诚信原则进行磋商以达成本约的权利和义务。因此，确定买卖合同订约不成违约责任之构成及归责，不仅要看当事人是否违反定购合同确定的义务，还要考量其确定的义务是否对公平诚信地磋商本约形成影响。只有因当事人明确具有可归责于己的原因导致签约不成，己方才承担本约签约不成的违约责任。本案裁判意见对《商品房买卖合同解释》第4条规定中“不可归责于当事人双方的事由”作了具体阐释，对审理商品房预售合同纠纷案件时，如何认识订购协议和定金的性质等问题也有一定参考意义。

［法律法规链接］

《合同法》第3条、第6条、第41条、第125条

《担保法》第89条

《商品房买卖合同解释》第4条

《民事诉讼法》（2017年修正）第170条第1款第（2）项

14. 应当根据认购书形式要件及具体约定内容综合认定当事人之间是否形成预约合同关系

【典型案例】

朱某与A开发公司商品房预售合同纠纷案①

［案号］

（2008）沪二中民二（民）终字第453号

① 案例来源：载北大法宝，网址：http://www.pkulaw.cn/，最后访问时间：2017年6月20日。

［案情］

购房人朱某向A开发公司购买A开发公司开发的商品房一套。2006年5月27日，A开发公司向朱某出具了“新湖明珠城签约流转单”，该流转单载明了朱某的相关信息情况、房屋的室号、面积、单价、总价及支付定金数额等内容，该流转单有A开发公司相关工作人员的签字，A开发公司凭该流转单确定朱某已预定流转单上所载明的房屋。此后，朱某分别于2006年5月27日、2006年9月24日、2007年2月7日就诉争房屋向A开发公司支付房款共计50万元（其中定金2万元）。2007年8月8日，A开发公司向朱某发送催告书一份，大意为自2006年5月27日朱某预订诉争房屋以来至今未与A开发公司订立合同，故要求朱某于2007年8月12日至A开发公司处以总价1 990 322元缔约，逾期房屋将不予保留，朱某知悉后于2007年8月12日向A开发公司复函，大意为之前A开发公司已就房屋总价为1 624 479元做了确认，朱某亦支付了部分房款，故对A开发公司擅自提高的房价不予认可，要求以经双方确认的房价订立买卖合同，为此当事人之间产生争议。2006年5月，A开发公司已具备诉争房屋预售许可，但尚未取得产权初始登记。至一审判决前房屋仍为期房。

2007年9月19日，朱某起诉至一审法院，请求判令：A开发公司以购房总价1 624 479元与朱某签订《商品房预售合同》，并承担案件受理费。A开发公司辩称：双方之间未就诉争房屋订立过买卖合同，不存在买卖关系；双方曾就房屋买卖事宜进行洽谈，朱某为保留房屋确实支付过部分定金，流转单亦是存在的，但流转单只是A开发公司内部的审批表，并非与朱某签订的合约；A开发公司多次通知朱某来签约，但朱某未及时签约，A开发公司才要求朱某按当时的市场价签订合同。

一审庭审后，因朱某诉请内容系要求A开发公司依特定房价履行签约行为，考虑到该诉请的特殊性，为确保当事人权益不受损害，一审法院向朱某进行释明，要求其在法律允许的范围内采用更为合理的救济方式以达到维权目的，朱某表示坚持原诉讼请求。

二审审理中，A开发公司称就诉争房屋已与案外人签订预售合同，该预售合同已经网上登记备案，并提供其与案外人签订的预售合同予以证实其上述所称。

［法院认为］

一审法院认为：当事人在民事活动中应遵循诚实信用、善良守诺的基本原则，如违背以上原则而造成相对方利益损失的，应承担法律责任。本案中，虽然双方之间未就诉争房屋订立预售合同，但从查明的事实与当事人诉辩意见分析，双方确就诉争房屋的交易事项进行了磋商，尤其是A开发公司已收取了朱某部分房款及A开发公司业务人员已就房屋的预售拟制了签约流转单的事实，更进一步印证了A开发公司确实曾向朱某作出过以流转单所载明的房价订立预售合同的意思表示。现因客观上房屋价格上涨，A开发公司拒绝再以原价订立预售合同而引起诉争，该诉争形成的原因中固然有交易双方在达成签约意向后怠于行使权利，导致房价上涨之前合同未能及时订立的因素，但综观纠纷产生的整个过程，A开发公司作为房屋预售方欠缺诚信、拒绝兑现按原拟定条件签约的承诺亦是诉争形成的主要原因之一，对此A开发公司应承担相应责任。虽然朱某可因A开发公司的行为对其提起诉讼，但由于双方之间确未就诉争房屋订立任何形式的合同，而房屋作为不动产价值相对较大，为确保交易安全与交易各方利益，除房屋价款之外，买卖合同另需对其他重大交易事项如付款方式、产证办理、房屋交付期限等进行详细、明确的约定，在双方未就其他房屋交易事宜达成一致的前提下，按朱某诉请仅对房屋价款进行约定的缔约方式过于笼统，无法对合同各方的其他权利义务加以约束，加之本案诉争房屋尚未完全具备交付条件，在双方未对房屋预售必备的其他条款达成合意的前提下，朱某仅凭A开发公司的拟制预售价格要求A开发公司实施缔约行为的诉请难以通过诉讼裁判的形式确立。根据法律规定，当事人在缔约过程中有违背诚实信用行为时，可对其缔约过失追究损害赔偿责任，在法院向朱某释明后其仍坚持己见，故对朱某之诉请无法支持。

朱某不服一审法院判决，提出上诉。

二审法院认为：流转单上载明了诉争房屋的面积、单价及总价，并有A开发公司方相关工作人员的签字，应认定双方就朱某所预定房屋的价格已作出约定，该约定对双方有约束力。现A开发公司方要求按照超出约定价格的市场价格出售诉争房屋，有违诚实信用原则。朱某要求按流转单是约定的价格签约，于法有据。但鉴于房屋买卖需买卖双方签订正式合同，而合同中除价格条款外，尚有其他如付款方式、房屋交付、违约责任等必不可少的内容要求买卖双方作出约定，在目前双方当事人就价格条款之外的合同内容未达成一致意见的情况下，朱某即要求购得诉争房屋，条件并不成就。一审法院对朱某的诉请判决不予支持并无不当，予以维持。

［裁判结果］

一审法院判决：驳回朱某要求新湖公司以总价款人民币1 624 479元签订《商品房预售合同》的诉讼请求。

二审法院判决：驳回上诉，维持原判。

［裁判思路］

本案中，朱某与A开发公司签订了流转单，从该流转单记载的信息及双方的履行情况看，双方已就商品房的位置、面积、单价及总价、定金等作出了约定，具备商品房认购书的基本条款。因此，该流转单具备商品房认购书的性质，属于预约合同，朱某有权依据该流转单已确定的基本条款与A开发公司签订正式的商品房买卖合同。依查明的事实，双方最终未能签订商品房买卖合同，主要原因为A开发公司擅自提高房屋价格，拒绝兑现原确定价格出售房屋，其行为违背诚实信用原则，应对商品房买卖合同未能订立承担相应的违约责任。但由于预约合同依性质属于不能强制实际履行的合同，朱某在法院释明后仍坚持要求A开发公司按照已经确定的房屋价格签订商品房买卖合同，故法院判决驳回朱某的诉讼请求是正确的。但朱某有权要求A开发公司承担双倍返还定金，并赔偿损失的违约责任。

［引申思考］

本案审理中，主要应确定两个焦点问题：一是本案《签约流转单》的性质；二是当事人签订商品房认购书后无法签订正式商品房买卖合同的责任承担问题。上述两个焦点问题也是该类纠纷中常见的争点问题，下面围绕这两个问题进行引申分析[①]：

（一）商品房认购书的性质

在商品房买卖过程中，买卖双方往往会在签订正式的商品房买卖合同之前，签订诸如认购书、预定书、定购书等各种形式的协议（以下统称为商品房认购书）。一般认为，商品房认购书是当事人双方对将来订立正式的商品房买卖合同达成的合意，其内容相对简单，一般是对双方将要交易房屋的基本情况及何时订立正式的房屋买卖合同等有关事宜作出约定，包括：（1）双方当事人基本情况；（2）房屋基本情况，及房屋的坐落位置，房屋面积等；（3）房屋单价、总价等价款数额；（4）签订正式商品房买卖合同的时限约定；（5）定金数额及罚则。

关于商品房认购书的性质，首先，应明确商品房认购书是独立的合同。认购书是平等主体间为设立某种民事权利义务关系而签订的协议，符合我国《合同法》第2条关于合同定义的规定。其次，从认购书签订的过程和约定的内容看，认购书是当事人就签订商品房买卖合同相关事宜进行的约定。司法实践中一般认为，商品房认购书作为出卖人与买受人约定为将来订立商品房

---

① 左峰、陈旻：《房屋买卖案件裁判思路与操作》，中国法制出版社2011年版，第17页。

买卖合同而签订的协议，应属于商品房买卖合同的预约合同，即商品房认购书与商品房买卖合同是预约与本约的关系。

（二）当事人签订商品房认购书后无法签订正式商品房买卖合同的责任承担问题

商品房认购书在性质上属于预约合同，对双方当事人均具有约束力，当事人应当依据认购书的约定严格履行合同义务。依商品房认购书的约定，双方当事人负有就合同具体内容继续磋商，并在 将来的一定期限订立正式的商品房买卖合同，将预约推进到本约的义务。但只要双方在规定的期限内根据认购书的条款善意继续磋商、洽谈商品房买卖的具体事宜，即可认为双方已经履行了义务，至于双方是否就商品房买卖事宜洽谈成功并签订正式商品房买卖合同在所不问。

依据《商品房买卖合同解释》第 4 条的规定。商品房认购书中约定的“定金”，性质上属于《担保法解释》第 115 条规定的当事人约定以交付定金作为订立主合同担保的立约定金。在处理上应具体区分以下情形：

1. 因不可归责于当事人双方的事由，导致商品房买卖合同未能订立的情形。司法实务中，所谓“因不可归责于当事人双方的事由”是指双方当事人均忠实履行了预约合同中诚信谈判的义务，但商品房买卖合同仍未能订立的情形。即双方在签订正式商品房买卖合同的磋商过程中均无过错，只是就合同某些具体条款出现较大分歧，不能协商一致，或不可抗力和其他当事人意志以外的因素而导致商品房买卖合同未能订立的，出卖人应当将收取定金返还给买受人。

2. 因当事人一方原因导致商品房买卖合同未能订立的情形。司法实务中，“因当事人一方原因”主要指签订认购书后当事人一方情况发生了变化，如购房人因付款能力降低、对预购的房屋不满意、选中其他楼盘等；出卖人因房屋涨价，为谋取更大利润空间，将房屋卖给第三人，或者提出高于认购书约定的房屋价款，导致双方未能签订正式商品房买卖合同等情形。在能够认定当事人一方存在过错，导致商品房买卖合同未能签订的情况下，应依据《担保法解释》第 115 条的规定处理。在不能分清过错方的情况下，应当倾向于保护相对弱势一方即买受人的利益，判决出卖人返还收取的定金。此情况还可分为以下几种具体问题：

（1）双方当事人签订商品房认购书后，一方无正当理由拒绝签订商品房买卖合同的，守约方起诉要求强制违约方继续履行预约合同义务签订本约，应如何处理。司法实务中倾向于认为，守约方不能要求法院强制违约方继续履行预约协议进而签订商品房买卖合同，但其有权要求违约方承担定金处罚、赔偿损失等相应的违约责任。具体理由为：由于预约协议在性质上具有其特殊性，其签订的目的是为双方将来订立本约，其内容是仅就商品房买卖的部分条款达成了一致，大部分的合同条款均需要当事人双方继续磋商，在签订商品房买卖的本约时予以确定。如果判决违约方继续实际履行预约协议的义务，其直接后果是强制当事人签订本约，违背了尊重民事行为意思自治的基本原则。所以关于本约的要约与承诺，应当由当事人自己作出，法院无法代替也不能强制当事人订立本约。依据《合同法》第110条第（2）项规定，预约协议属于不能强制实际履行的合同，守约方起诉要求法院强制违约方订立本约的，不应得到支持。

（2）当事人往往会在商品房认购书中约定一定数额的金钱作为某种形式的担保，在协议中表述可能为留置金、担保金、保证金、订约金、押金、订金等等。《担保法解释》第118条规定：当事人交付留置金、担保金、保证金、订约金、押金或者订金等，但没有约定定金性质的，当事人主张定金权利的，人民法院不予支持。

（3）出卖人恶意违反商品房认购书，导致商品房买卖合同不能订立，买受人要求出卖人赔偿除双倍返还定金之外的其他损失，如预期利益损失，应如何处理。如果预约协议约定具有定金条款，应当适用定金罚则；如果预约协议中未约定定金条款，或有证据证明定金处罚数额明显低于买受人所受实际损失的，出卖人应当赔偿买受人所受到的实际损失。损失具体数额应综合考虑买受人的履约情况、出卖人的过错程度、合理的成本支出、房屋差价及出卖人所获利润等因素，由法院酌定。买受人要求出卖人赔偿履行商品房买卖合同的可得利益，即房屋全部差价损失的，法院一般不应支持。但在因房屋价格快速上涨等原因诱使出卖人恶意违反预约协议将房屋高价转卖他人的情形下，出卖人应当赔偿买受人为此另购同等房屋所造成的部分房屋差价损失。就举证责任的承担而言，依据“谁主张，谁举证”的原则，守约方对于其所受实际损失明显高于定金处罚数额的主张负有举证责任。

3. 如果当事人双方在合同磋商过程中均存在过错，导致商品房买卖合同未能订立的，因合同未能订立不能只归责于一方，故不能适用定金罚则，出卖人应当将收取定金返还给买受人。

[法律法规链接]

《合同法》第2条、第110条第（2）项

《商品房买卖合同解释》第4条

《担保法解释》第115条、第118条

《民事诉讼法》（2017年修正）第170条第1款第（1）项

第三章　商品房销售合同纠纷

导　读

随着社会的不断发展及国家福利分房政策的结束，城镇居民的住房开始转向市场化、商品化，买卖商品房成了当今社会的时尚，也是绝大多数城镇居民获得住房的最重要渠道。然而受我国房地产市场起步较晚，房地产立法不健全，市场管理机制混乱等因素影响，商品房交易行为极不规范，特别是部分开发商违反诚实信用原则，严重侵害购房者的合法权益，导致商品房买卖合同纠纷数量随着房地产业的升温而急剧上升，使商品房买卖话题成为社会投诉热点和关注焦点，许多矛盾纠纷涌入法院。此类案件具有专业性强、处理难度大等特点，因此公正、及时地处理好此类纠纷是摆在各地人民法院面前的一项重大而艰巨的任务。本章就商品房买卖销售纠纷的裁判思路及规则进行了探讨。

第一节　商品房买卖合同履行及违约责任的司法处理

在一般的商品房买卖合同中，作为合同相对方的出卖人与买受人，在依合同各自享有合同权利的同时，亦须各自承担一系列法律直接规定或者合同约定的合同义务，以确保合同目的的最终实现。就出卖人而言，其需要承担的合同义务主要可分为两种：转移商品房所有权义务；合同标的物瑕疵担保义务，包括权利瑕疵担保义务和合同标的物之物的瑕疵担保义务。其中，权利瑕疵担保义务指出卖人须保证交付的标的物之权利的完整、无瑕疵性；物的瑕疵担保义务指出卖人须保证所交付的标的物的质量、价值及功用符合合同约定及通常要求，且达到安全使用标准。就买受人而言，其需要承担的合同义务较为简单，即依合同约定的时间、地点及方式向出卖人给付金钱。实践中，恰恰是由于出卖人和买受人种种不履行或者不全面履行义务的行为导致了纠纷，本节就商品房买卖合同中民事责任的裁判规则进行了探讨。

15. 出卖人交付的商品房不符合合同约定，买受人有权拒收房屋

【典型案例】

杜某与 A 开发公司商品房预售合同纠纷案①

［案号］

（2009）二中民终字第 8246 号

［案情］

2006 年 12 月 23 日，杜某作为买受人与出卖人 A 开发公司签订了《商品房预售合同》，约定杜某购买万福家园 B6 号住宅一套，价款 505 468 元。合同第 11 条交付条件中约定："（一）出卖人应当在 2008 年 5 月 20 日前向买受人交付该商品房。（二）该商品房交付时应当符合下列第 1、2、5 项所列条件，该商品房为住宅的，出卖人还应当提供《住宅质量保证书》和《住宅使用说明书》：1. 该商品房已取得规划验收批准文件和建筑工程竣工验收备案表；2. 有资质的房产测绘机构出具的该商品房面积实测技术报告书；5. 该商品房为住宅的，出卖人提供《住宅工程质量分户验收表》。"合同第 13 条逾期交房责任约定："除不可抗力外，出卖人未按照第 11 条约定的期限和条件将该商品房交付买受人，按照下列第 1 种方式处理。按照逾期时间，分别处理（1 和 2 不作累加）：1. 逾期在 30 日之内，自第 11 条约定的交付期限届满之次日起至实际交付之日止，出卖人按日计算向买受人支付已交付房价款万分之一的违约金，并于该商品房实际交付之日起 15 日内向买受人支付违约金，合同继续履行；2. 逾期超过 30 日后，买受人有权退房，出卖人应当自退房通知送达之日起 15 日内退还全部已付款，并按照买受人全部已付款的 1% 向买受人支付违约金，买受人要求继续履行合同的，合同继续履行，自第 11 条约定的交付期限届满之次日起至实际交付之日止，出卖人按日计算向买受人支付全部已付款的万分之一的违约金，并于该商品房实际交付之日起 15 日内向买受人支付违约金。"

合同签订后，杜某依约给付了 A 开发公司购房款 505 468 元。2008 年 4 月 30 日，A 开发公司向杜某寄发了《延期入住通知书》。《延期入住通知书》

① 案例来源：载北大法宝，网址：http://www.pkulaw.cn/，最后访问时间：2017 年 6 月 17 日。

写明："万福家园 B4、B6 号楼工程在我公司按协议约定正常履约情况下，施工方 B 集团公司突然擅自停工，导致不能按合同规定给您交房，对此公司深表遗憾！并向您致以诚挚的歉意！我公司将根据《商品房买卖合同》中关于延期交房条款之约定承担违约责任。在我们的努力下，现施工方已恢复施工，并承诺六月底可竣工。具体入住时间我们另行通知您。"2008 年 8 月 14 日，A 开发公司向杜某寄发了《万福家园商品房交付暨入住通知书》及《收楼须知》。8 月 20 日，B6 号楼取得四方竣工验收记录表。8 月 23 日，杜某收房，因所购楼房尚未取得竣工备案表，杜某认为房屋不符合合同约定的交付条件未办理入住手续。2008 年 11 月 14 日，杜某亲属去收房，因 A 开发公司提出 2008 年 8 月 20 日杜某所购买房屋已取得四方竣工验收记录表，迟延交房违约金只给付到 2008 年 8 月 19 日，杜某的亲属坚持认为房屋取得竣工备案表才符合交付条件，迟延交付违约金要一直给付到取得竣工备案表之时，双方存在分歧，故杜某的亲属未办理入住手续。

2008 年 12 月，杜某向一审法院起诉，要求 A 开发公司按合同要求及房屋实际交付日期（暂截至 2008 年 11 月 24 日）赔付违约金人民币 9 199 元，诉讼费由 A 开发公司负担。

案件审理过程中，A 开发公司陈述因涉案工程工程款问题引发与施工方 B 集团公司的诉讼案件，B 集团公司拒不配合办理竣工备案手续，无法承诺何时取得竣工备案表。

诉讼中，杜某变更诉讼请求，要求 A 开发公司给付迟延交房违约金 14 153.1 元（截止到 2009 年 3 月 1 日），并表示如果 A 开发公司阻碍其收房，不放弃主张从入住到房屋符合交付条件期间违约金。A 开发公司坚持认为杜某购买的房屋已办理了四方竣工验收，不影响杜某实际居住，违约金只同意给付到 2008 年 8 月 19 日。

［法院认为］

一审法院认为：依法成立的合同受法律保护，当事人应当按照合同约定履行各自的义务。根据杜某与 A 开发公司签订的《商品房预售合同》约定，A 开发公司应当在 2008 年 5 月 20 日前交付房屋，交付房屋时房屋应已取得规划验收批准文件和《建筑工程竣工验收备案表》，但截至本案审理终结时杜某购买的房屋未取得《建筑工程竣工验收备案表》，故应当认定该房屋不符合交付条件，因此杜某主张 A 开发公司按照已交付房价款按日计算给付延期交房违约金的诉讼请求理由正当，应予支持。对于 A 开发公司提出的房屋取得四方竣工验收记录表即符合交付条件的抗辩意见，因该主张显然不符合双方合同约定，无法采信。关于 A 开发公司主张房屋已取得四方竣工验收记录表但未取得竣工验收备案表情况下，不影响杜某实际居住、不会给其造成损失，以及杜某不应拒绝收房的问题，因依据双方合同约定，房屋交付时应取得竣工备案表，房屋竣工备案表是房屋买受人衡量房屋质量是否合格的重要依据，故杜某对于不符合合同约定条件的房屋采取拒绝收房措施符合合同约定，并无不妥，法院对 A 开发公司的上述抗辩意见不予采信。

A 开发公司不服一审法院判决，提起上诉。

二审法院认为：杜某与 A 开发公司签订的《商品房预售合同》有效，双方均应依约履行合同义务。根据合同约定，取得《建筑工程竣工验收备案表》是诉争房屋交付的条件之一。虽然 A 开发公司于 2008 年 8 月 14 日发出了入住通知书，诉争房屋亦于同月 20 日通过了竣工验收，但仍不具备合同约定的交付条件，杜某仍有权拒收房屋。故 A 开发公司的上诉理由不能成立。

[裁判结果]

一审法院判决：A 开发公司给付杜某迟延交房违约金人民币 14 153.1 元。

二审法院判决：驳回上诉，维持原判。

[裁判思路]

本案的争议焦点在于商品房的交付条件和标准问题。杜某与 A 开发公司签订的商品房买卖合同约定出卖人取得《建筑工程竣工验收备案表》是诉争房屋交付的条件之一，A 开发公司发出入住通知时未取得竣工验收备案表，不具备合同约定的交付条件，杜某依据合同约定有权拒绝接收房屋，并要求 A 开发公司承担逾期交房的违约责任。

[引申思考]

商品房交付是合同履行过程中经常引发纠纷的环节，其中交付条件和交付标准问题的争议最大，下面围绕交付条件、交付标准、迟延交付以及交付纠纷中常见的争议问题进行引申分析：

（一）商品房交付的法定条件

在制式《商品房买卖合同》中，都有关于房屋交付条件的约定。2000 年由建设部、国家工商行政管理总局制定的《商品房买卖示范合同》第 8 条第 1 款规定了房屋交付条件，有以下四种情况供双方进行选择：（1）该商品房经验收合格；（2）该商品房经综合验收合格；（3）该商品房经分期综合验收合格；（4）该商品房取得商品住宅交付使用批准文件。

依据我国法律法规的强制性规定，商品房必须经验收合格后方可交付使用。我国法律法规中涉及“经验收合格”的强制性规定主要有：《建筑法》第 61 条、2009 年新《城市房地产管理法》第 27 条、《消防法》第 13 条、《城市房地产开发经营管理条例》第 17 条、《建设工程质量管理条例》第 16 条规定。综合上述法律、法规可知，在司法实务中，商品房交付使用的法定最低质量标准为：一是由建设单位组织的，由设计、建设、施工、监理单位四方共同参加的建设工程竣工验收合格；二是公安消防机构对工程的消防验收合格。商品房买卖双方在商品房买卖合同中约定的交房条件高于上述最低标准的，以合同约定为准；合同约定的交房条件低于上述最低标准的，该合同约定无效，应当满足法定的最低交房标准。当前司法实务中存在争议较大的问题如下：

1. 合同约定的商品房交付期限已经届满，但房屋仍未办理竣工验收手续，买受人诉请出卖人交付房屋。应如何处理此种情况？

依据相关法律规定，出卖人作为建设单位在工程竣工后负有组织竣工验收的义务。实践中，在合同约定的交房期限届满后，工程仍未办理竣工验收的最常见原因是出卖人与工程施工方就工程款的给付存在争议，施工方拒绝配合甚至占用房屋导致无法办理工程竣工验收手续，而房屋买受人对此不存在任何过错。因此，在因出卖人原因未能办理竣工验收的情况下，直接判决驳回买受人的诉讼请求是不适当的，而应当判决出卖人在限期内组织竣工验收，并将符合交付条件的房屋交付给买受人。当然，如果合同约定的交房期限届满，工程尚未建成的，经释明后买受人仍坚持要求交付房屋的，一般应当判决驳回买受人的诉讼请求，告知其待房屋建成后再行主张。

2. 为解决商品房是否符合交付条件的问题，买卖双方往往在合同中约定，出卖人在交付房屋时应当取得《建设工程竣工验收备案表》。应如何解释和理解该问题？

根据《房屋建筑和市政基础设施工程竣工验收备案管理办法》规定，建设单位应当自工程竣工验收合格之日起15日内，依照本办法规定，向工程所在地的县级以上地方人民政府建设主管部门备案。建设单位办理备案应当提交工程竣工验收报告、备案表，规划、环保、消防等部门出具的验收合格文件，以及施工单位签署的工程质量保修书等6类文件材料。备案通过的，建设单位取得《建设工程竣工验收备案表》。由此可见，出卖人已经取得《建设工程竣工验收备案表》的，可以证明该商品房竣工验收和消防、规划等其他专业验收已经合格，具备了商品房交付使用的法定最低标准。

3. 关于《住宅质量保证书》和《住宅使用说明书》的性质。根据《城市房地产开发经营管理条例》第31条及《商品房销售管理办法》第32条规定可知，出卖人提供两书应属于行政法规和行政规章的强制性规定，各地商品房买卖合同示范文本中均有相应的约定，出卖人应当严格遵守。在合同履行过程中，出卖人交付房屋时没有提供两书的，如果合同有约定，应按照合同约定处理；如果合同中没有约定或约定不明的，买受人以上述规定为依据拒绝接收房屋的，应认定出卖人不具备交房条件，由此产生的逾期交房违约责任由出卖人承担。

4. 出卖人在交付房屋时，要求买受人按照出卖人制定的房屋交付流程先行预缴物业费、代办产权证费用、公共维修基金等费用后，才能交付房屋钥匙。应如何处理此种情形？

双方的合同义务应当严格按照商品房买卖合同的约定来履行。如果合同中未明确约定买受人支付上述费用的义务应当先于或与出卖人的交房义务同时履行的，出卖人无权未经买受人同意单方制定收房条件和流程，买受人也有权拒绝按照该收房条件和流程接收房屋，如果出卖人因此延期交房，应当承担逾期交房的违约责任。

（二）商品房交付的判断标准

按照《合同法》相关规定，商品房买卖合同的出卖人负有向买受人交付房屋并转移所有权的义务。《商品房买卖合同解释》第 11 条第 1 款明确规定：对房屋的转移占有，视为房屋的交付使用，但当事人另有约定的除外。依该规定，出卖人对房屋的转移占有，即为合同约定的房屋交付使用。也就是说，出卖人只要在合同约定的期限向买受人交付房屋，即“交钥匙”，就已履行了合同约定的交付房屋的义务。如果当事人在合同中明确约定房屋的交付使用不仅是转移房屋占有，还应包括办理房屋所有权移转登记，出卖人就应按照约定履行义务。

实务中存在一种争议较大的问题，即出卖人与买受人办理了商品房交接手续，买受人又以出卖人未同时交付《住宅质量保证书》和《住宅使用说明书》为由主张房屋不具备交房条件，并要求出卖人承担逾期交房违约责任的，应如何处理。我们认为，出卖人交付房屋时未提供《住宅质量保证书》和《住宅使用说明书》，买受人有权拒绝接收房屋，并要求出卖人承担违约责任。但如果买受人已实际接收房屋，属于对自己权利的处分，其后，买受人又以出卖人没有提供两书，房屋不具备交付条件为由，要求出卖人承担逾期交房的违约责任，有违民法的公平和诚信原则，因此买受人的该主张，不应得到支持。

（三）商品房的迟延交付

司法实务中，出卖人对迟延交房提出的抗辩事由主要有以下几点：（1）自然现象。（2）政府部门的行政行为原因。（3）除政府部门以外的第三人原因。（4）因买受人原因迟延交房。对于上述抗辩事由，我们认为应从以下几个方面进行综合审查认定：（1）对于以自然现象构成不可抗力作为迟延交房抗辩理由的，一是导致迟延交房的自然现象是该地区常见气候现象的，不能认定为不可抗力，出卖人在签订合同时应当对此有合理预见，合理安排工期，确保如期交付房屋。但如果发生的是台风、暴雨、地震等当地异常自然现象，则应认定为不可抗力。二是该自然现象是否足以导致出卖人迟延交房，即自然现象与迟延交房之间是否存在因果关系。这需要结合出卖人提供的施工日志及当地气象部门的气象资料，综合情况予以判断。（2）对于因政府部门行政行为造成迟延交房的，因行政行为具有强制性，非出卖人所能够控制和克服，可以比照不可抗力延长相应的交房期限。（3）如果因除政府部门以外的第三人原因造成迟延交房，出卖人应当先向买受人承担逾期交房的违约责任，然后向有责任的第三方追偿。（4）因买受人原因迟延交房的，应当区分出卖人是否享有先履行抗辩权、买受人是否未按出卖人通知收房等不同的事由予以判断。

[法律法规链接]

《合同法》第 107 条、第 114 条第 1 款

《民事诉讼法》（2017 年修正）第 170 条第 1 款第（1）项

16. 非因出卖人原因导致买受人不能取得房屋权属证书，出卖人不承担违约责任

【典型案例】

齐某与 A 开发公司商品房销售合同纠纷案[①]

[案号]

（2017）内 03 民终 780 号

[案情]

2013 年 9 月 26 日，齐某购得 A 开发公司开发的祥和家园房屋一套，房屋价款 666 310 元，A 开发公司向齐某出具收据。次日，A 开发公司向齐某收取房屋买卖契税 19 989.30 元。同日，A 开发公司将房屋交付齐某。A 开发公司与齐某协商签订书面商品房买卖合同，因办理产权证需提交买房人的结

① 案例来源：载中国裁判文书网，网址：http://wenshu.court.gov.cn/，最后访问时间：2017 年 7 月 20 日。

婚证，而齐某提交的 1973 年 7 月 27 日颁发的结婚证不符合产权备案的要求，A 开发公司未能办理产权备案登记。2016 年 9 月 5 日，一审法院作出民事判决，判令 A 开发公司 30 日内协助齐某办理房屋产权证书，同时支付齐某违约金 77 403 元。A 开发公司不服判决上诉后，二审法院维持原判。判决生效后，A 开发公司未履行判决内容，齐某再次提起诉讼，请求支付违约金 56 955.81 元，退还契税 19 989.30 元，支付利息 4659.67 元，共计 81 604.78 元。

A 开发公司于本案二审期间提供房地产开发资质、商品房预售许可证、建设工程规划许可证、建设工程施工许可证，证实 A 开发公司就齐某所购商品房具有合法的建设和预售许可证。A 开发公司承建的祥和家园内因有未达成拆迁协议的住户，导致 D1 号楼在建中，祥和家园整体竣工不能。双方虽完成了付款和交付房屋的合同履行行为，但未签订书面商品房买卖合同。A 开发公司提出签订书面商品房买卖合同后，齐某认为合同第 12 条约定不符合法律规定，且约定违约金过低，不同意与 A 开发公司签订书面商品房买卖合同。2014 年，税务局致广大购房者的公开信告知购房者该局未委托房地产开发商向购房者代收契税。

齐某向一审法院提起诉讼，请求：A 开发公司支付逾期办证违约金，并退还税款。

[法院认为]

一审法院认为：齐某与 A 开发公司之间房屋买卖法律关系成立且合法有效，双方应依法承担相应法律责任。齐某作为买受人，已交付全部购房款及相关费用，A 开发公司作为出卖人应协助买受人办理房屋所有权登记手续。A 开发公司自述办理产权证前提是签订商品房买卖合同，即 A 开发公司应当及时履行与齐某签订买卖合同的义务。一审法院在查明事实的基础上作出的民事判决，A 开发公司应当依法履行。A 开发公司未履行，齐某可以申请法院强制执行。齐某主张 2016 年 4 月 8 日至 2017 年 4 月 18 日期间的违约金违反了”一事不再理”的诉讼原则，不予支持。房地产开发商并没有收取契税的法定权利，属于代收代缴行为。如因 A 开发公司原因未缴纳契税，应当依法退还齐某。齐某要求 A 开发公司支付契税利息的请求，因双方对利息未作约定，不予支持。

齐某不服一审法院判决，提出上诉。

二审法院认为：A 开发公司与齐某虽因客观原因未能签订书面商品房买卖合同，但双方因完成了付款和交付房屋的合同履行行为，双方成立商品房买卖合同关系。本案双方争议焦点是：A 开发公司是否应支付齐某 2016 年 4 月 8 日至 2017 年 4 月 18 日期间的未办理房屋权属证书的违约金；齐某要求

A开发公司支付契税利息的请求是否应予支持。

关于未办理房屋权属证书违约金的问题。根据《商品房买卖合同司法解释》第18条的规定，结合本案，A开发公司就齐某所购位于祥和家园A5号楼的商品房具有合法的建设和预售许可证，双方虽完成了付款和交付房屋的合同履行行为，但未签订书面商品房买卖合同，在A开发公司提出签订书面商品房买卖合同的请求后，齐某认为合同第12条约定不符合法律规定，且违约金过低，不同意与A开发公司签订书面商品房买卖合同。A开发公司作为出卖人应协助买受人齐某办理房屋所有权登记手续。办理房屋权属证书需向有关部门提交书面商品房买卖合同，现双方未签订书面商品房买卖合同，齐某未取得房屋权属证书不能认定为A开发公司的原因。齐某与A开发公司就合同的违约条款未达成一致意见，双方应积极协商违约条款约定的内容，齐某诉请A开发公司支付2016年4月8日至2017年4月18日期间的未办理房屋产权证的违约金不符合法律规定，不予支持。

［裁判结果］

一审法院判决：（1）A开发公司退还齐某契税19 989.3元；（2）驳回齐某其他诉讼请求。

二审法院判决：驳回上诉，维持原判。

［裁判思路］

《商品房买卖合同司法解释》第18条规定：由于出卖人的原因，买受人在下列期限届满未能取得房屋权属证书的，除当事人有特殊约定外，出卖人应当承担违约责任：（1）商品房买卖合同约定的办理房屋所有权登记的期限；（2）商品房买卖合同的标的物为尚未建成房屋的，自房屋交付使用之日起90日；（3）商品房买卖合同的标的物为已竣工房屋的，自合同订立之日起90日。本案中，齐某认为合同第12条约定自初始登记完毕之日起90日内办理房屋权属登记不符合法律规定，A开发公司如不能在初始登记完毕之日起90日内办理房屋权属登记，应按照房屋价款的0.001%支付违约金亦过低，不同意与A开发公司签订书面商品房买卖合同。但双方已于2013年9月完成了交付购房款及房屋的合同履行行为，双方成立商品房买卖合同关系。办理房屋权属证书需向有关部门提交书面商品房买卖合同，现双方未签订书面商品房买卖合同，齐某未取得房屋权属证书不能认定为A开发公司的原因。故两审判决驳回齐某主张A开发公司承担逾期违约金是正确的。

［引申思考］

（一）出卖人逾期办证的原因

商品房买卖合同履行过程中，导致逾期办证的原因主要有以下几种：（1）

出卖人的原因。如出卖人的土地使用手续不合法、未支付全部土地使用权出让金、未通过综合验收等，主要体现为出卖人在合同约定或法定的期限内，不能提交办理房屋所有权初始登记应具备的文件材料或不能履行协助义务提供相关证明材料。（2）买受人原因。如买受人不申请办理或者迟延申请办理，买受人未交纳契税等。（3）第三人的原因。这主要是指房地产行政管理机构、测绘机构等相关部门工作迟延等因素。（4）不可抗力的原因。实践中对不可抗力原因理解为该不可抗力是出卖人不能预见、避免和克服的且该不可抗力对出卖人履行办证义务已造成实质上的影响。

（二）出卖人逾期办证的后果

对于因上述原因造成逾期办证的后果，出卖人是否承担违约责任。我国法律采纳的是严格责任，《商品房买卖合同解释》第18条第1款明确规定：由于出卖人的原因，买受人在下列期限届满未能取得房屋权属证书的，除当事人有特殊约定外，出卖人应当承担违约责任……该司法解释对商品房买卖的违约责任采用过错原则，依据该规定，只有因出卖人原因造成的逾期办证，出卖人才承担违约责任。关于“由于出卖人原因”如何理解适用的问题，在司法实务中，一般认为，出卖人只要在约定或者法定的期限内，向房地产管理部门提交了完备的房屋所有权初始登记的证明文件，并在买受人申请办理房屋所有权登记时，提供申请办理房屋所有权登记所需的相关材料，即可认定出卖人已履行完毕其应承担的合同义务和法定义务，不存在过错，不再承担违约责任。

（三）司法实践中如何认定出卖人应履行的办证义务

司法实践中，出卖人应履行的办证义务有二：一是出卖人举证证明其已在合同约定或法律规定的办证期限内将有关办理房屋权属证书的资料备齐提交房地产权属登记部门，并取得登记部门出具的材料齐全的收件单或回执等证明材料，即可认为出卖人已完成房屋的初始登记义务。二是由于商品房是否具备以及何时具备办证条件，买受人无从知晓，因此，出卖人应当在房屋具备办证条件后，及时通知买受人，向买受人履行告知义务。

在司法实践中还应当坚持合同约定优先的原则，依据合同约定区分出卖人办理产权证和买受人自行办理产权证两种情况，并分别适用不同的规则认定出卖人是否存在逾期办证的违约行为。（1）如果合同约定由出卖人负责办理房屋产权证书，出卖人未在合同约定或法定期限内将房屋产权证交付给买受人，应当承担逾期办证的违约责任。如果出卖人未能交付产权证是由于买受人自身原因造成的，则出卖人不承担逾期办证的违约责任。（2）如果合同约定由买受人自行负责办理房屋产权证书，出卖人在合同约定或法定期限内已完成房屋权属初始登记并提供了相关的办证资料，并通知买受人可以提交登记申请自行办理的，可认定出卖人已经履行了办证义务。由于房屋管理机关等原因导致买受人未能在法定或约定期限内取得房屋产权证书的，出卖人不再承担逾期办证的违约责任。

（四）出卖人不具备办证条件的办证纠纷处理

出卖人尚不具备办证条件，买受人起诉时坚持要求出卖人办理房屋产权证的情形，应如何处理？我们认为，实践中因出卖人原因导致无法办证的原因多种多样，有的属于一时性的履行不能，也有的属于永久性的履行不能，还有些情况是属于一时性的履行不能还是永久性的履行不能不易判断。对于上述情况，不应一概而论，应当区分出卖人是属于一时履行不能还是永久履行不能的违约情形。对属于一时履行不能情形的，可以判决出卖人履行办证义务，并给付逾期办证违约金；对属于永久履行不能情形的，应当向买受人行使释明权，告知买受人有权要求解除合同并赔偿损失。买受人拒绝变更诉讼请求，坚持要求继续履行办理产权过户手续的，应当判决驳回其诉讼请求，买受人可另行起诉。

[法律法规链接]

《商品房买卖合同解释》第18条

《民事诉讼法》（2017年修正）第170条第1款第（1）项

17. 行政部门出具的质量合格文件仅为诉讼证据，人民法院应当依据案件客观事实综合认定案涉房屋是否存在质量缺陷

【公报案例】

杨某与A开发公司商品房销售合同纠纷案①

[案情]

2006年3月25日，杨某与A开发公司签订商品房买卖合同一份，约定：杨某购买A开发公司开发的水景湾10号楼A室房屋一套，房屋用途为居住，房屋总价款为441 430元，《住宅质量保证书》作为合同的附件；出卖人自房

① 案例来源：《中华人民共和国最高人民法院公报》2010年第11期。

屋交付使用之日起，按照《住宅质量保证书》承诺的内容承担相应的保修责任，在房屋保修范围和保修期限内发生质量问题，出卖人应当履行保修义务，因不可抗力或者非出卖人原因造成的损坏，出卖人不承担责任，但可协助维修，维修费用由购买人承担。水景湾10号楼为叠加别墅，除去顶楼阁楼层后有4个结构层，为砖混结构，屋面未设置保温层，对此，被告向原告出售房屋时未予告知。该楼的设计单位为通州市建筑设计院，施工单位为通州市华建建筑安装工程公司，监理单位为通州市天元建设监理咨询有限公司。该楼于2005年4月1日开工，2006年1月20日竣工。

2006年6月21日，杨某领取了涉案房屋的房屋所有权证。在装修、居住过程中，原告发现存在墙体多处裂缝、窗户渗漏等问题，多次报修，A开发公司多次派员维修，但均未能根本修复。

2007年9月3日，杨某将A开发公司诉至一审法院要求其修复房屋的裂缝。审理中，杨某申请对墙体裂缝渗漏的原因及维修方案进行鉴定。2007年12月11日，鉴定公司作出《鉴定报告》，结论为：水景湾10号楼A室产生墙体裂缝的主要原因是温度变化时结构材料的不均匀收缩所致，屋面未做保温屋和墙体砌筑质量较差导致顶部楼层温度裂缝明显，上述裂缝对主体结构安全没有影响，但严重影响观瞻和使用功能。鉴定公司同时提出了具体整改修复方案。

2007年12月19日，杨某向法院提出撤诉申请，同日法院作出（2007）东民一初字第1895号民事裁定书，裁定准许原告撤诉，同年12月21日，杨某另诉要求A开发公司承担根治修复房屋裂缝渗漏及相关费用的民事责任，赔偿因裂缝渗漏造成的损失7100元。

2008年1月7日，杨某申请对案涉房屋整改修复工程造价进行评估。2008年7月9日，评估结论为：案涉房屋修复工程造价为35 481.36元。

[法院认为]

一审法院认为：第一，A开发公司出售给杨某的房屋存在质量缺陷。（1）根据《建筑法》第60条、第62条的规定，参照《质量保修办法》第3条规定，只要房屋建筑工程质量不符合法定标准以及合同目的，则可以认定存在质量缺陷。（2）根据《建筑法》第52条规定、《建设工程质量管理条例》第3条、第16条的规定，建设单位、勘察单位、设计单位、施工单位、工程监理单位依法对建筑工程质量负责，上述单位进行竣工验收并分别签署质量合格文件后，方可交付使用。在房屋质量纠纷诉讼中，上述单位出具的质量合格文件，只能作为证据使用，对人民法院认定事实不具有当然的确定力和拘束力。（3）本案中，杨某购买的房屋存在裂缝、渗漏等问题是一个客观事实，并经司法鉴定证实设计及施工均存在问题。综合上述三点，可以认定本案房屋存在质量缺陷。

第二，A开发公司应当对本案的房屋质量缺陷承担相应的民事责任。（1）根据《建设工程质量管理条例》第40条规定，正常使用条件下房间和外墙面的防渗漏工程的保修期限为5年，保修期自竣工验收合格之日起计算，杨某在保修期内主张权利，应当予以支持。（2）《建筑法》第58条、第60条及《建设工程质量管理条例》第41条规定，旨在明确建筑工程质量的最终责任承担者为施工单位。根据《合同法》第155条规定，出卖人交付的标的物不符合质量要求的，买受人可以要求其承担相应的违约责任。所以，杨某向A开发公司主张权利有法律依据。（3）本案中，A开发公司交付给杨某的房屋存在的质量缺陷比较隐蔽，但经鉴定缺陷产生原因在房屋交付时即已存在。双方签订的《住宅质量保证书》中也约定了出卖人的保修义务。综合上述三点，杨某有权主张A开发公司承担相应的民事责任。

第三，A开发公司应当对房屋质量缺陷承担修复责任。根据《合同法》第111条及《商品房买卖合同解释》第13条的规定，本案中，A开发公司交付给杨某的房屋因出现裂缝渗漏质量问题严重影响居住使用，A开发公司应当按照《鉴定报告》中所明确的整改修复方案履行修复义务。关于杨某要求A开发公司承担修复房屋裂缝渗漏费用7100元的诉讼请求，因该费用尚未实际发生，不予支持。

A开发公司不服一审法院判决，提起上诉。

二审法院认为：A开发公司与杨某签订《商品房买卖合同》，其应当保证出卖的房屋质量符合法律规定或合同约定，现经专业部门鉴定，案涉房屋确实存在质量问题。故A开发公司应对其出售房屋存在的质量缺陷，依法承担相应的修复义务。

关于A开发公司认为其交付的房屋通过了有关行政管理部门的竣工验收，但案涉房屋存在明显质量缺陷，且已严重影响杨某的正常居住使用，其原因亦经相关专业部门鉴定，A开发公司不能据此否定房屋存在质量缺陷的客观事实。A开发公司认为其已向杨某出具了房屋的相关图纸资料，杨某应当知道屋面未设置保温层的事实，但房屋的图纸资料属于专业技术材料，未经A开发公司告知，杨某仅凭常识，无法得知未设置保温层会产生裂缝渗漏等问题。且案涉房屋质量缺陷具有隐蔽性，杨某在使用过程中才得以发现。故A开发公司的上诉理由，不予采纳。

［裁判结果］

一审法院判决：（1）A开发公司对属于杨某水景湾10号楼A室按《鉴定

报告》中明确的整改修复方案进行整改修复；（2）驳回杨某的其他诉讼请求。

二审法院判决：驳回上诉，维持原判。

［裁判思路］

本案焦点问题在于能否认定房屋质量问题严重影响正常居住。《商品房买卖合同解释》第13条第1款规定："因房屋质量问题严重影响正常居住使用，买受人请求解除合同和赔偿损失的，应予支持"，该规定明确了买受人可以依据《合同法》第90条第（4）项的规定行使其法定解除权的另一情形，即房屋质量问题严重影响正常居住。该"房屋质量范围"首先应包括《建筑法》第62条规定的工程质量保修范围，即"地基基础工程、主体结构工程、屋面防水工程和其他土建工程，以及电气管线、上下水管线的安装工程，供热、供冷系统工程等项目"。其次，还应包括其余质量范围，如近年来涌现的空气污染、噪音污染等。

"严重影响正常居住使用"应指房屋质量问题已严重影响买受人享用房屋的正常使用功能和用途的情形，具体认定应注意作如下区分①：第一，影响居住使用与房屋这一商品本身的特性有关，即房屋建筑的绝大组成部分都具有满足居住与使用的功能，如果这些部分出现瑕疵，都会影响到该房屋的居住与使用。如房屋渗漏水、墙面裂痕、天花板开裂、地面空鼓、墙皮脱落等。第二，影响居住使用的程度必须是"严重"，在裁量中主要注意两个标准：一是危害居住人的程度。如果已危害居住人的生命安全，可直接认定严重影响居住使用；如果危害居住人的身体健康，则居住人对此主张应以医院病历证明或相关部门技术检测结论为准。二是修复的次数。如果多次修复未果，也应认定严重影响到居住人享用房屋的正常使用功能和用途。三是适用该条款不以买受人的居住使用为前提条件，也就是说，买受人在交付使用时确有证据证实商品房存在重大质量瑕疵且足以影响商品房的居住使用，其即可主张合同解除权。

［法律法规链接］

《合同法》第61条、第111条、第154条、第155条

《建筑法》第52条、第58条、第60条、第62条

《商品房买卖合同解释》第13条

《民事诉讼法》（2017年修正）第170条第1款第（1）项

《建设工程质量管理条例》第3条、第16条、第40条、第41条

---

① 何晓航：《房地产纠纷裁判依据新释新解》，人民法院出版社2014年版，第282页。

18. 当事人对商品房结算面积的约定，优先于测量规范中的房屋面积或者房屋的登记面积

【典型案例】

A服务局与B开发公司商品房预售合同纠纷案[①]

[案号]

（2006）高民再终字第915号

[案情]

1997年1月31日，B开发公司与A服务局签订《梅苑公寓买卖合同书》，A服务局购买总建筑面积21 710平方米的房屋。具体包括：（1）梅苑公寓建筑面积16 510平方米；（2）过层地下车库建筑面积5000平方米；（3）物业分摊公用设施建筑面积约200平方米。房价款的构成包括：该物业价格为每平方米9 380元、《装修及设备采购安装承包合同》总价款为11 201 960元。交付时间为1997年6月30日前。同日，双方另行签订了《外销商品房预售契约》。第1条约定："梅苑公寓及地下专用车库房屋，建筑面积为21 710平方米（含共有共用面积、分摊面积）。"第18条约定："本契约未尽事项，双方可签订补充协议：本契约的附件为本契约不可分割的组成部分，具有同等的法律效力。"该预售契约附件二的付款方式约定：在该物业的上建结构保修期满并办理完毕立契过户手续取得房屋产权证书及相应土地使用权证书后15日内，买方支付剩余房价款的5%。该预售契约之附件5《补充条款》第4条约定："该物业的专用车库及独立庭院由乙方所有并独立使用，专用车库面积为5000平方米，含133个车位。"第5条约定："B开发公司同意专用车库的面积按5000平方米进行计算，专用车库按双方已定的图纸进行施工，如暂测面积或实测面积超过5000平方米，超过部分均不计入该物业总建筑面积，且双方对超出部分亦不再结算。"第7条约定："倘该物业的实测面积与暂测面积之差超过暂测面积的1.3%时，A服务局有权选择不解除该契约，但B开发公司同意对实测面积超过1.3%（含）部分不再结算。"

B开发公司于1998年4月3日将房屋交付A服务局，因延期交房，B开发公司向A服务局支付违约金17 105 743元、资金占用费394 425元。

---

① 案例来源：最高人民法院民事审判第一庭编：《民事审判指导与参考》2011年第2集，人民法院出版社2011年版，第171页。

按照双方所签《外销商品房预售契约》及《装修及设备采购安装承包合同》的约定，A 服务局应支付的购房款总额为 216 879 377.40 元，已支付 212 601 388.75 元，尚欠房款 4 277 988.65 元。

自 1999 年 2 月，有关部门开始对本案争议房屋进行测绘。2003 年 9 月 8 日，经有关部门测绘，本案争议的梅苑公寓建筑面积总计 24 730. 18 平方米。房屋交付后，B 开发公司多次致函 A 服务局，要求按照实测面积给付超过合同约定部分的房价款，协商过程中，A 服务局曾同意就管道层及共用公摊超过约定部分的面积进行结算。但因 B 开发公司坚持要求支付阳台面积等超过合同约定部分的价款，A 服务局撤回其同意管道层及共用公摊部分价款的允诺。

一审法院审理过程中，双方均表示签订《外销商品房预售契约》时，按有关部门的规定层高为 2.2 米的管道层不计入建筑面积。2000 年颁布的《北京市房地产测绘细则》规定：房屋的建筑面积包括层高为 2.2 米（含 2.2 米）的永久性建筑。

2004 年 12 月 27 日，B 开发公司起诉至一审法院，请求判令：（1）A 服务局向 B 开发公司支付其认可结算但尚未支付的建筑面积 1291.85 平方米的价款 12 117 553 元。（2）A 服务局结算并支付双方确认、签署的设计图纸施工但 A 服务局拒绝结算的建筑面积 1728.33 平方米的价款 16 211 735.40 元。（3）A 服务局按照预售契约约定的每日万分之五的比例，支付所欠款违约金 14 163 768.92 元。（4）A 服务局承担全部诉讼费用。

［**法院认为**］

一审法院认为：依法成立的合同自成立时生效并受法律保护。双方当事人在合同中明确约定，A 服务局购买梅苑公寓及地下车库总建筑面积为 21 710 平方米（不包括人防及管道层、含共有共用面积、分摊面积），如车库的暂测面积或实测面积超过 5000 平方米，超过部分不计入该物业总建筑面积，并且对超过部分不再结算。该物业的实测面积（不包括车库）与暂测面积之差超过暂测面积的 1.3%（含）时，超过部分不再结算。因此，B 开发公司要求 A 服务局支付实测面积超过 21 710 平方米价款的请求缺乏依据，不予支持。关于管道层的面积问题，签约时按有关部门规定层高 2.2 米的管道层不计入建筑面积，因此，虽管道层属于交付的范围，但不属计价范围，后有关部门明确层高 2.2 米（含 2.2 米）的管道层计入建筑面积，但该变化并不导致管道层建安费用的增加，因此，B 开发公司要求 A 服务局按管道层的建筑面积支付价款的请求没有依据，不予支持。但管道层计入建筑面积虽不导致管道层建安费用增加，但增加了土地出让金的支付，该支出不属于双方预料范围，故应由双方共同分担。

B 开发公司、A 服务局均不服一审法院判决，均向二审法院提起上诉。

二审法院根据与一审同样的理由作出判决。

B 开发公司不服二审法院判决，向二审法院申请再审。

一次再审认为：B 开发公司与 A 服务局签订的《梅苑公寓买卖合同书》《外销商品房预售契约》及附件合法有效。双方在合同中约定购买房屋的面积为 21 710 平方米，而实际面积超出约定面积有 3020.18 平方米，该超出面积为阳台封闭后面积、地下一层管道层面积、18~22 层轴连接面积、阳光屋、电梯机房及水箱间面积、地下车库面积等。该协议中约定面积是经规划部门审批，但所附图纸并非审批附图，而是双方调整后的面积附图，该变更未经规划部门审批，双方均有一定过错。A 服务局曾同意就管道层及共用公摊超过合同约定的 434.40 平方米的面积进行结算，后又撤回允诺。虽然双方签订的《补充协议》第 7 条约定实测面积与暂测面积之差超过 1.3%时，就超过部分不再结算。但由于管道层计入建筑面积，是发生在双方签约后的政策调整，且 A 服务局也曾承诺予以结算。因此，A 服务局应当就管道层 753.73 平方米及公摊超过合同约定的面积，按照合同价格 9380 元予以结算。

A 服务局不服一次再审判决，向上一级法院申请再审。

二次再审认为：关于 A 服务局是否承诺就管道层及共有分摊部分面积据实结算的问题，B 开发公司曾多次致函，A 服务局复函 2 次。其中，A 服务局最后一次回函是 2003 年 9 月 29 日，内容为："……我局并未同意另行结算地下室（管道层）和超出合同约定的共用分摊面积部分。既然贵公司 2003 年 8 月 21 日函件已拒绝在我局所提建议基础上探讨一揽子解决问题的方法，现我局正式声明取消该文中所提全部建议……"

根据双方当事人的合同约定，A 服务局不应向 B 开发公司承担支付涉案房屋实测面积超出合同约定面积部分的价款。

［裁判结果］

一审法院判决：（1）A 服务局向 B 开发公司补偿梅苑公寓管道层的土地出让金 452 250 元；（2）驳回 B 开发公司的其他诉讼请求。

二审法院判决：驳回上诉，维持原判。

一次再审法院判决：（1）撤销一审法院判决、二审法院判决；（2）A 服务局给付 B 开发公司房款 13 507 853 元；（3）驳回 B 开发公司的其他诉讼请求。

二次再审法院判决：（1）撤销一次再审判决；（2）维持二审法院判决。

［裁判思路］

本案的争议焦点为：A 服务局应否向 B 开发公司支付涉案房屋实测面积超出合同约定面积的房价款

第一，根据双方签订的《合同书》第 1 条、第 2 条,《预售契约》第 1 条、第 2 条,《预售契约》附件 5《补充条款》第 5 条、第 7 条约定可知，双方在签订合同之时已经明确预见到合同约定的面积（即暂测面积）与房屋土地管理部门未来的实测面积存在差异。但从上述条款来看，双方明确约定最终的结算面积并不以实测面积为准，而是在合同约定面积的基础上进行调整，即只对实测面积与暂测面积之差超过 1.3%以内的部分进行结算，如果超过 1.3%（含）时，A 服务局既可以解除合同，也可以选择不解除合同，继续按照合同约定的面积履行付款义务，而 B 开发公司对超过 1.3%（含）部分的房屋价款不享有请求权。关于专用车库，则不论实测面积是多少，双方均按 5000 平方米的约定面积结算，超出部分不再结算。由此可以认定，上述关于面积的约定条款既是关于交付的约定，也是关于结算的约定。即双方约定的最高结算面积应当是：约定面积 16 710 平方米 + 约定增加面积 217.23 平方米 + 车库面积 5000 平方米＝ 21 927. 23 平方米。

第二，关于管道层面积部分是否应当计算合同价款问题。根据《合同书》第 2 条的约定，双方明确将人防层面积和管道层面积排除在合同约定的总建筑面积之外，无论管道层面积为多少、在测量上是否计入建筑面积，A 服务局都无需就该部分面积支付相应的价款，且该约定符合当时的政策规定。即使按照《房产测量规范》，涉案房屋在实际测量时由于测量规范的变化导致管道层面积在测量上应当计入建筑面积，但该建筑面积应否计算价款应属当事人意思自治的范围。管道层计入建筑面积虽不导致管道层建安费用增加，但增加了土地出让金的支付，该支出不属双方预料范围， 一、二审法院对此判令由双方共同分担，已经考虑到由于测量规范变化所造成的负担如何承担的问题，且 A 服务局对此并未请求再审，依法应予维持。

第三，关于 A 服务局是否承诺就管道层及共有分摊部分面积据实结算的问题。根据《合同法》第 20 条的规定，从双方往来函件看，A 服务局于 2003 年 3 月 4 日发出的复函对 B 开发公司之前发出的据实结算要约作出了实质性变更，不能认定为是对 B 开发公司要约的承诺，于 2003 年 9 月 29 日第二次复函又明确撤销了其第一次复函中的要约。因此，可以认定，双方当事人并未就管道层面积和共有分摊面积据实结算达成协议，双方的合同权利义务并未发生变化。

综上，根据双方合同约定，A 服务局不应向 B 开发公司承担支付涉案房屋实测面积超出合同约定面积部分的价款。一次再审判决以双方《预售契约》的面积附图未经规划部门审批、A服务局在协商过程中曾同意就管道层及共用公摊部分超过合同约定面积部分进行结算、管道层计入建筑面积是发生在双方签约后的政策调整所致等理由，判令由A服务局按照每平方米9380元的约定价格承担管道层753.73平方米和其用公摊超过合同约定的面积255.89平方米的合同价款支付义务，无合同依据和法律根据。

[法律法规链接]

《合同法》第20条、第44条

《民事诉讼法》（2017年修正）第170条第1款第（2）项、第207条第1款

19. 交付房屋所改建筑事项，无论是否经过行政机关审批或者是否符合建筑规范，均不能成为开发商免除违约责任的理由

【公报案例】

黄某与A开发公司商品房预售合同纠纷案①

[案情]

2003年8月17日，黄某与A开发公司签订一份《商品房买卖合同》，约定：黄某（买受人）购买A开发公司（出卖人）预售的“美利新世界”E-7幢2单元502号商品房一套，建筑面积143.4平方米，总金额567 864元。2004年8月16日，A开发公司给黄某发出《入住通知书》，黄某办理入住手续，并已缴纳所购房屋价款。同月，黄某给A开发公司发函反映窗外钢梁一事。另查明，2003年6月30日，市建筑设计研究院审查批准的A开发公司施工图中，诉争房屋外设计有装饰钢梁。但在A开发公司为预售房屋而展示的沙盘图上，诉争房屋外无装饰钢梁。双方当事人签订的《商品房买卖合同》中，对客厅外存在钢梁一事未约定。现诉争房屋经验收合格，竣工图也经政府有关部门审核批准。上述事实，有双方当事人陈述、《商品房买卖合同》、沙盘图照片、建筑工程施工图、设计文件审查报告、竣工图等证据证实。

① 案例来源：《中华人民共和国最高人民法院公报》2006年第2期。

黄某所购房屋之楼号，已经由《商品房买卖合同》中表述的E–7幢2单元502号，变更为10号楼2单元502号。对此处屋窗外的钢梁，黄某一再主张，其已通过《业主入住验收单》明确提出书面异议，该《业主入住验收单》由A开发公司保存。二审中，经法院要求，A开发公司拒不交出有黄某签名的《业主入住验收单》。经实地观察，诉争房屋窗外的钢梁，纯属该幢楼房外立面的装饰造型，对楼房主体结构没有影响。装饰造型底部的横梁位于5楼与6楼之间，对5楼部分房屋的窗户造成一定程度且永久性遮挡，从而影响住户的视觉感受。

［法院认为］

一审法院认为：黄某与A开发公司签订的《商品房买卖合同》，是双方当事人的真实意思表示，内容不违反法律法规，应当确认合法有效。A开发公司为预售房屋展示的沙盘图，只能反映整个小区外部的总体概况，不能反映建筑设施的各个细节。因此，预售房屋外墙及室内装修的标准，应以经政府有关部门审核批准的施工图、竣工图以及《商品房买卖合同》中的约定为准。经政府有关部门审核批准的竣工图表明，诉争房屋的设计不违反法律法规的强制性规定，且建造符合相应建筑规范。在交接房屋时，黄某未提出异议，并实际办理了入住手续，现以窗外钢梁侵犯其人身、财产安全和隐私权，造成视觉和心理障碍为由，诉请A开发公司拆除该钢梁，因无合同依据及损害后果，不予支持。

黄某不服一审法院判决，提起上诉，请求：撤销一审法院判决，判令A开发公司将装饰横梁上移55厘米。具体理由为：（1）本案是合同纠纷，应当按合同约定解决纠纷。（2）黄某购买的是期房而非现房，故只能依照宣传册、沙盘的展示来签订购买房屋合同，这是合同中未提及钢梁一事的根本原因。而在签订合同前，A开发公司对有无钢梁是清楚的，却故意隐瞒了这一情节，已经违约在先。（3）黄某在入住时于《业主入住验收单》上对窗外有装饰钢梁一事提出明确的书面异议。

二审法院认为：房屋是价值昂贵的不动产，日常生活经验法则说明，对所购房屋显而易见的瑕疵，业主收房时一般不会轻易忽视。黄某已在《业主入住验收单》上明确提出书面异议，而《业主入住验收单》是A开发公司单方保存的证据，经法院要求，A开发公司拒不提交。根据《民事诉讼证据规定》第75条规定，可以推定黄某关于收房时已对窗外有钢梁一事提出书面异议的主张成立。一审认定黄某在交接房屋时未提出异议，不符合事实，应当纠正。本案是商品房预售合同纠纷，双方签订的《商品房买卖合同》合法有效。根据《合同法》第107条规定，因装饰钢梁影响窗内人的视觉感受，A

开发公司履行合同义务不符合约定，依法应承担违约责任。至于安装钢梁是否经过行政审批与是否符合建筑规范，属另一法律关系，不能成为A开发公司不构成违约或者免除违约责任的理由。黄某主张将装饰横梁上移55厘米，既有建筑设计公司证明在技术上可行，又可以用较低的成本补救装饰钢梁带来的不当影响，此意见应予采纳。

[裁判结果]

一审法院判决：驳回黄某的诉讼请求。

二审法院判决：（1）撤销一审法院判决；（2）A开发公司将黄某所购房屋窗外的装饰铜梁横梁上移55厘米并重新焊接。

[裁判思路]

本案在A开发公司与黄某签订的房屋预售合同中，没有约定预售的房屋外有装饰钢梁；在A开发公司给黄某展示的沙盘上，房屋模型外也没有装饰钢梁；而A开发公司交付给黄某的房屋，窗外却有装饰钢梁遮挡。因装饰钢梁影响窗内人的视觉感受，故购房人黄某有权诉请A开发公司承担将装饰横梁上移55厘米的责任。A开发公司认为是从整个小区的美观与协调考虑，且在经过政府有关部门批准与符合建筑规范的情况下才安装这个钢梁，黄某应顾及整个小区的利益。但业主花费巨额资金购买房屋，注重的不是房屋外墙立面美观，而是房屋内各项设施是否有利于居住使用。只有在这一前提下，业主才可能与开发商签订商品房买卖合同。上述可知，开发商不能为保全建筑的装饰功能，而牺牲业主签订商品房买卖合同要达到的合同目的。且业主提出的主张有证据证明技术上是可行的，同时实现成本又较低的，人民法院应予以支持。

[引申思考]

商品房预售合同变更设计纠纷是指预售方在建造商品房过程中变更商品房的结构形式、户型、空间尺寸、朝向设计而导致交付的商品房与合同约定不符而引起的纠纷。商品房作为一种特殊的商品，商品房的设计不只包括主体结构和附属设施的设计，还包括周围环境的设计，这些设计的变更将会影响预购方对商品房的使用。《商品房销售管理办法》第24条规定：经规划部门批准的规划变更、设计单位同意的设计变更导致商品房的结构形式、户型、空间尺寸、朝向变化，以及出现合同当事人约定的其他影响商品房质量或者使用功能情形的，房地产开发企业应当在变更确立之日起10日内，书面通知买受人。买受人有权在通知到达之日起15日内做出是否退房的书面答复。买受人在通知到达之日起15日内未作书面答复的，视同接受规划、设计变更以及由此引起的房价款的变更。房地产开发企业未在规定时限内通知买受人的，买受人有权退房；买受人退房的，由房地产开发企业承担违约责任。预售方变更规划或者设计必须征得相关部门的同意并且书面通知预购方，预购方不同意变更的可以选择退房。如果预售方未书面通知预购方则应当承担违约责任，相关部门的批准和同意属于另一法律关系，不能成为预售方承担违约责任的免责事由。预购方可以要求预售方继续履行合同、解除合同或者赔偿损失。①

［法律法规链接］

《合同法》第 107 条

《民事诉讼证据规定》（2008 年修改）第 75 条

《民事诉讼法》（2017 年修正）第 170 条第 1 款第（3）项

20. 当事人认为合同约定违约金过高的，人民法院可以根据当事人的请求适当进行调整

【典型案例】

韩某诉 A 开发公司商品房预售合同纠纷案

［案号］

（2014）黑民终字第 19 号

［案情］

2008 年 6 月 22 日，A 开发公司与韩某签订《精品屋柜台认购书》(以下简称《认购书》)，约定韩某所认购的商品房为 A 开发公司开发的位于海伦市雷炎大街路南海伦一百项目中的商场（以下简称海伦新一百）部分 1 层 7 号精品屋，属于该商场 A 化妆区。建筑面积为 41.025 6 平方米，最终以产权登记部门核准面积为准。按照房产测绘部门测绘的建筑面积计价为每平方米 20 000.00 元，总价款为 779 484.60 元。该房地产于 2009 年 5 月 30 日前交付韩某使用，如遇特殊情况工期顺延，A 开发公司在正常情况下必须及时将房屋交付使用。如延误工期超过 30 天，A 开发公司自 30 天后每天按交款总额的千分之一给付韩某经济补偿金。该合同由 A 开发公司的委托人张某签字并加盖公司印章，韩某签名。合同签订后，韩某于 2008 年 6 月 24 日将

① 江必新、何东宁：《最高人民法院指导性案例裁判规则理解与适用》，中国法制出版社 2015 年版，第 301 页。

779 486.00 元购房款交给 A 开发公司。后因 A 开发公司在建设过程中占用消防通道，将双方合同约定的建筑面积 41.0256 平方米商铺建成建筑面积 88.39 平方米，并要求韩某对超出面积部分按合同约定的单价购买。韩某不同意，双方未能形成一致意见，A 开发公司未按合同约定向韩某交付房屋。

2011 年 5 月 21 日，韩某与案外人张某就涉案商铺租赁事项达成一致，由张某以案外人陈某名义与韩某签订《海伦一百商铺租赁合同》，约定韩某将涉案商铺租赁与张某，租金为 65 000.00 元，期限为两年，租期从商场正式开业时算起。该商铺租赁合同并未实际履行。

韩某诉至一审法院，请求判令 A 开发公司立即交付海伦新一百商场 1 层 A 区 7 号商铺，超出 41.0256 平方米 3% 以内据实结算，除此之外无偿归韩某所有，并自 2009 年 6 月 30 日开始按已交房款的日千分之一计算至今，给付韩某延误交付房屋的经济补偿金。

A 开发公司辩称：(1)《认购书》中明确约定应交付商铺面积为 41.0256 平方米，商铺四面并无独立的墙壁，未构成独立的房屋，故韩某请求将超过商铺面积 41.0256 平方米 3% 以外的面积无偿归韩某所有，无事实及法律依据。(2) A 开发公司未于 2009 年 5 月 30 日前向韩某交付商铺，并非 A 开发公司自身原因，而是施工单位未按期开工和竣工所致，A 开发公司没有违约，依法不应承担责任。(3) 韩某主张的经济补偿金 1 117 774.32 元过分高于其实际损失，依据合同法的相关规定，法院应当予以适当减少。

[法院认为]

一审法院认为：韩某与 A 开发公司签订的《认购书》，是双方当事人真实意思表示，不违反法律强制性规定，该《认购书》合法有效。合同签订后，韩某按照合同约定履行了交付购房款的义务，A 开发公司理应按照合同约定向韩某交付房屋。因 A 开发公司未按期履行交付义务，故韩某诉请 A 开发公司履行交付房屋的请求有理，应予支持。A 开发公司同意按照韩某的请求，将合同中约定的海伦新一百商场内一层 A 区 7 号商铺交付给韩某，超出 41.0256 平方米的 3% 以内据实结算，除此之外无偿归韩某，应予准许。因 A 开发公司至韩某起诉前长达 3 年之久不能实际交付商铺，致使韩某的损失扩大，其自身存在过错，应当按照《认购书》的约定承担违约责任。关于 A 开发公司抗辩称韩某主张按照合同约定支付违约金数额过分高于其实际损失，请求法院予以适当减少的问题，综合本案的实际情况，A 开发公司主张只给付韩某的租赁费用明显不足以抵偿韩某的预期利益，而经法院释明后，A 开发公司未能在法院指定的期限内提供证据证实韩某的实际损失数额，故韩某主张 A 开发公司按照《认购书》的约定支付其经济补偿金的诉讼请求合理，应予支持。

A 开发公司不服一审法院判决，提起上诉，请求改判 A 开发公司给付韩某经济补偿金 136 444.60 元。

二审法院认为：合同签订后，韩某按照合同约定履行了交付购房款的义务，而 A 开发公司没有按期履行交付义务，故韩某诉请 A 开发公司履行交付房屋的请求有理，应予支持。关于 A 开发公司逾期交付行为是否构成违约的问题。韩某与 A 开发公司签订《认购书》后，已按合同约定履行了交付购房款的义务，A 开发公司理应信守合同约定，按期向韩某交付涉案商铺，A 开发公司逾期交付涉案商铺，其行为已构成违约，应依合同约定承担逾期交付的违约责任。

关于合同约定的违约金是否过高，应否予以调整的问题。根据《合同法解释（二）》第 29 条的规定，违约金具有补偿性和惩罚性双重性质，但从约定的违约金超过造成损失的 30% 一般可以认定为过高来看，违约金的性质仍以补偿为主，以填补守约方的损失为主要功能，而不以严惩违约方为目的。因此，当事人主张约定的违约金过高请求予以适当减少的，人民法院应当依法予以调整。认定本案所涉合同约定的违约金是否过高，应以 A 开发公司逾期交付的违约行为给韩某造成的实际损失为基础。对于“实际损失”的理解，应当全面、客观。因逾期交付所遭受的损失受购买商铺的用途、房价的跌涨、商铺所处位置所带来的生产经营的便利程度等诸多因素的影响，故确定逾期交付的实际损失应综合多种因素予以认定。A 开发公司认为合同约定的违约金过高，请求予以降低，应当由 A 开发公司就双方约定的违约金过分高于给韩某造成的实际损失承担举证责任。对此，A 开发公司举示了案涉商铺周边四户商铺的租赁合同及收据，意在证明韩某的实际损失仅限于租金损失，该租金损失远低于韩某主张的经济补偿金。法院经审查认为，A 开发公司举示的周边四户商铺的平均租赁价格，仅能作为认定涉案商铺租赁价值的参考，作为认定韩某的实际损失的依据尚不充分，但可构成对违约金约定公平性产生合理怀疑，在此情况下，韩某主张违约金合理的，亦应当承担相应的举证责任。韩某虽称其购买商铺目的是为商业经营，认为其实际损失应为商业经营损失，但其亦未能就商业经营的实际损失举示证据加以证明。考虑到逾期交付商铺所造成的实际损失难以形成一个客观统一的标准，应结合合同的履行情况、当事人的过错程度以及预期利益等，根据公平原则对违约金是否过高作出裁量。本案中如按合同约定的违约金标准计算，A 开发公司将支付的违约金高达 1 117 774.32 元，超过韩某所支付的购房款一倍之多，明显过高。这将导致本案中的违约金弥补损失的功能弱化，而惩罚违约的色彩浓厚，明显与《合同法》设立违约金制度的目的和功能不符，导致双方权益失衡，有违民法公平原则。鉴于A开发公司逾期交付涉案商铺构成明显违约，依照前述违约金标准认定的考量因素，法院最终对A开发公司应承担的违约金予以适当调整。

［**裁判结果**］

一审法院判决：（1）A开发公司将海伦新一百商场内一层A区7号，建筑面积为41.0256平方米商铺交付给韩某，超过41.0256平方米商铺3%以内据实结算，除此之外无偿归韩某所有；（2）A开发公司给付韩某经济补偿金1 117 774.32元。

二审法院判决：（1）维持一审法院判决第1项；（2）变更一审法院判决第2项为：A开发公司给付韩某违约金688 000.00元。

［**裁判思路**］

本案以违约金性质、举证责任、待证事实不明情况下如何裁判三个问题为基础，根据当事人申请，对违约金数额进行了调整，具体理由如下：

1.《合同法》第114条规定的违约金具有“补偿和惩罚”双重性质，系以填补守约方的损失为主要功能，而非旨在严惩违约方。鉴于违约金主要体现为一种民事责任形式，因此对于合同约定的违约金过高的，人民法院可以根据当事人的请求适当进行调整。

2. 关于举证责任，根据“谁主张，谁举证”原则，违约方对于违约金约定过高的主张应承担举证责任，违约方提供了足以让法官对违约金约定公平性产生合理怀疑的初步证据，守约方主张违约金约定合理的，亦应提供相应的证据。

3. 在合同双方当事人均未能举示充分证据证明违约损失的具体数额，无法根据实际损失与违约金的差额作出违约金是否过高判断的情形下，人民法院可以结合合同的履行情况、当事人的过错程度以及预期利益等，根据公平原则对违约金是否过高作出裁量。

［**引申思考**］

（一）违约金的调整

关于守约方向违约方主张支付违约金，违约方拒绝支付的，当事人可以采取何种方式主张权利，以及法院针对当事人请求调整违约金数额时常见问题的基本处理原则如下：

1. 当事人请求法院依照《合同法》第114条第2款的规定调整违约金的，可以通过反诉或者抗辩的方式提起。

2. 商品房买卖合同中的违约金条款属于合同中的结算和清理条款，依

《合同法》第 98 条之规定，合同解除并不影响违约金条款的效力。

3. 当事人依照《合同法》第 114 条第 2 款的规定，请求法院增加违约金的，增加后的违约金数额以不超过实际损失额为限。增加违约金以后，当事人又请求对方赔偿损失的，不予支持。

4. 当事人在诉讼中提出违约金调整请求的，法院应根据案件的具体情形，以违约造成的实际损失为基准，综合衡量合同履行程度、当事人的过错、预期利益、当事人缔约地位强弱、是否适用格式合同或条款等多项因素，根据公平原则和诚实信用原则予以综合权衡。

5.《商品房买卖合同解释》第 16 条规定：当事人以约定的违约金过高为由请求减少的，应当以违约金超过造成的损失 30% 为标准适当减少。该条文在司法实践中很难具有操作性，应当结合违约金性质、当事人举证证明情况予以综合判断。

6. 违约方主张合同约定违约金过高的，应对其主张承担举证责任，非违约方主张违约金约定合理的，亦应提供相应的证据。

7. 当事人在诉讼中未主张调整违约金数额的，法院不主动调整。违约方以合同不成立、合同未生效、合同无效或者不构成违约进行免责抗辩而未主张违约金过高的，法院可以就违约方是否需要主张违约金过高问题进行释明。

8. 当事人在一审程序中经法院释明未请求调整违约金数额，在二审程序中请求调整的，不予支持。一审法院未释明的，当事人在二审程序中仍可主张调整。

9. 合同中关于当事人违反合同的违约金条款约定明显不对等的，法院可以向当事人释明，当事人不请求调整的，法院不主动对当事人约定的违约责任进行调整。

（二）违约金的诉讼时效

关于买受人请求出卖人承担逾期交房、逾期办证等各项违约金的诉讼时效期间应当如何计算的问题。

1. 当事人在合同中明确约定逾期交房、逾期办证等各项违约行为应承担违约金具体数额的，为一时性债权，从合同约定或法定的交房、办证期限届满之次日起算诉讼时效期间。

2. 当事人在合同中约定以日或月为单位累计计算违约金数额的，属于继续性债权，以每个个别的债权分别适用诉讼时效；买受人要求支付逾期交房或逾期办证违约金，出卖人在一审法庭辩论终结前提出诉讼时效抗辩的，违约金保护范围为当事人起诉之日前 3 年。期间有时效中断或中止情形的，适用《民法总则》关于诉讼时效中断或中止的相关规定。

3. 当事人在合同中没有约定违约金或损失数额难以计算的，按中国人民银行同期基准贷款利率之上加收30%~50%或中国人民银行同期同类贷款利率计算违约金的数额，也属于继续性债权，其诉讼时效期间的计算按上述第2项处理。

［法律法规链接］

《合同法》第114条

《合同法解释（二）》第29条

《商品房买卖合同解释》第5条、第16条

《民事诉讼法》（2017年修正）第170第1款第（2）项

21. 买受人主张逾期办证违约金计算方式及诉讼时效问题

【典型案例】

A开发公司与汪某、吴某商品房销售合同纠纷案[①]

［案号］

（2017）湘01民终7341号

［案情］

2004年5月12日，汪某、吴某（买受人）与A开发公司（出卖人）签订《商品房买卖合同》，约定：（1）汪某、吴某购买A开发公司开发项目中的第5幢4单元307号房，总房价金额321 909元。（2）A开发公司应当在2004年10月31日前交付房屋。（3）A开发公司应当在房屋交付使用后270工作日内，将办理权属登记需由A开发公司提供的资料报产权登记机关备案。如因A开发公司的责任，买受人不能在规定期限内取得房地产权属证书的，汪某、吴某不退房，A开发公司按已付房价款的1%向买受人支付违约金。

合同签订后，汪某、吴某履行了支付购房款等相关义务并于2005年10月21日取得涉案房屋的房屋所有权证。因涉案房屋的国有土地使用证一直未能办理，小区业主从2009年开始多次到辖区管理社区投诉，要求A开发公司办理涉案房屋的国有土地使用证未果。2016年9月1日，社区再次因小区

① 案例来源：载中国裁判文书网，网址：http://wenshu.court.gov.cn/，最后访问时间：2017年7月25日。

业主的诉求，要求物业公司及即A开发公司负责人到社区与业主协调。在协调会上，A开发公司的办公室主任李某（办理国有土地使用证的负责人）向与会业主出具承诺书1份，载明“全体业主：通过2016年9月1日业主代表会议，创普房地产承诺在2016年12月1日之前与国土部门协商好办证事宜，如未办理，届时由社区牵头，集体去公司维权。尽早将全体业主国土证办理完毕”。2016年9月9日起，该市实施不动产统一登记。小区部分业主经A开发公司的协调在房产登记部门已办理了《不动产权证书》。迄今，汪某、吴某因未能取得国有土地使用证，与A开发公司发生纠纷，遂诉至一审法院，请求：（1）A开发公司将房屋权属登记所需资料报产权登记机关备案；（2）A开发公司赔偿违约金3219元。

一审中，双方均确认2008年12月31日前A开发公司已将涉案房屋实际交付汪某、吴某，2010年12月31日A开发公司应将房屋所有权证及国有土地使用证办理完毕的事实。

［法院认为］

一审法院认为：双方签订的《商品房买卖合同》，系双方当事人真实意思表示，未违反法律、行政法规的强制性规定，内容合法有效，双方均应依约全面履行各自的义务。现汪某、吴某按约支付A开发公司购房款，A开发公司应根据合同约定在房屋交付使用后270个工作日内为汪某、吴某取得房地产权属证书（包括国有土地权属证书）。合同中双方对限定A开发公司办理房地产权属证书的时间约定不明，庭审过程中，双方对此各持己见。而涉案《商品房买卖合同》系A开发公司为汪某、吴某提供的格式合同，双方对格式条款的理解发生争议，根据《合同法》第41条之规定，应作出不利于提供格式条款一方即A开发公司的解释。汪某、吴某认为合同约定的“规定期限”应为房屋交付使用后270个工作日内，符合通常的理解，应予以采信。现汪某、吴某未取得国有土地权属证书属实，A开发公司的行为已构成违约，应承担支付违约金的民事责任。

关于A开发公司辩称汪某、吴某的主张已超过诉讼时效的问题。庭审中，经法院释明，双方均确认2008年12月31日前A开发公司已将涉案房屋交付汪某、吴某，2010年12月31日A开发公司应将房屋所有权证及国有土地使用证办理完毕的事实。根据已查明事实，汪某、吴某等小区业主从2009年始多次到辖区街道社区反映国有土地权属证未办理的相关事宜，直至2016年9月1日，A开发公司的办公室主任李某（时任办理国有土地使用证的负责人）向业主出具承诺限期办证否则维权的函件，根据相关法律规定，本案诉讼时效应从2016年12月2日重新计算，至汪某、吴某诉至一审法院时尚未超过诉讼时效，A 开发公司该辩称意见不予采纳。本案虽因政策调整，A 开发公司无需分别为汪某、吴某办理房屋所有权证及国土使用权证，但其仍负有为汪某、吴某办理不动产权证书的合同附随义务。

A 开发公司不服一审判决，提起上诉。

二审法院认为：双方签订的《商品房买卖合同》系真实意思表示，且无法定无效情节，合法有效，双方当事人均应全面履行合同义务。汪某、吴某按照合同约定向 A 开发公司足额支付了购房款，但 A 开发公司未在合同约定期限内为汪某、吴某办妥房屋国有土地使用权证，构成违约，故一审法院判令 A 开发公司按照合同约定向汪某、吴某支付逾期办证违约金并无不当。对于 A 开发公司提出的汪某、吴某要求支付逾期办证违约金的诉讼请求已经超过诉讼时效的主张，根据查明的事实，一审法院认定本案诉讼时效从 2016 年 12 月 2 日重新计算亦无不妥，故对 A 开发公司提出的该项主张不予支持。

[裁判结果]

一审判决：（1）A 开发公司于 90 日内协助汪某、吴某办理不动产权证书的登记手续；（2）A 开发公司支付汪某、吴某违约金 3219 元；（3）驳回汪某、吴某的其他诉讼请求。

二审判决：驳回上诉，维持原判。

[裁判思路]

本案审理过程主要涉及商品房买卖合同常见的逾期办证违约金如何计算，以及违约金诉讼时效两个焦点问题。

（一）逾期办证违约金或赔偿损失的计算

关于逾期办证违约金或赔偿损失的计算问题，《商品房买卖合同解释》第 18 条进行了明确的规定，主要涉及逾期办证违约金或赔偿损失计算的起点、止点和计算标准三个问题。[①]

1. 逾期办证违约金或赔偿损失的计算起点。《商品房买卖合同解释》第 18 条第 1 款规定从合同约定或法定的办证期限届满之日起算，即：（1）商品房买卖合同约定的办理房屋所有权登记的期限；（2）商品房买卖合同的标的物为尚未建成房屋的，自房屋交付使用之日起 90 日；（3）商品房买卖合同的标的物为已竣工房屋的，自合同订立之日起 90 日。

2. 逾期办证违约金或赔偿损失的计算止点。原则上应当以出卖人履行完办证义务之日止。如何判断出卖人是否履行完办证义务，实践中，出卖人的

---

① 左峰、陈旻：《房屋买卖案件裁判思路与操作》，中国法制出版社 2011 年版，第 91 页。

办证义务应当为将办理房产权属登记所需的资料报备于房产登记机关，具备办证条件，并向买受人履行了告知义务，故逾期办证违约金或赔偿损失的计算止点应计算至出卖人完成上述义务之日止。履行告知义务可根据以下两种情形认定：（1）买受人有明确联系方式，出卖人按该联系方式通知之日为终止之日；（2）买受人未确认联系方式，或买受人变更了确认的联系方式但未告知出卖人导致无法通知的，具备办证条件日为终止日。

3. 违约金或赔偿损失的计算标准。《商品房买卖合同解释》第 18 条第 2 款规定：合同没有约定违约金或者损失数额难以确定的，可以按照已付购房款总额，参照中国人民银行规定的金融机构计收逾期贷款利息的标准计算。

（二）商品房买卖合同中的诉讼时效问题

商品房买卖合同纠纷中所涉及的诉讼时效争议问题，主要是买受人享有的交房请求权、办证请求权、逾期交房和逾期办证违约金请求权是否适用诉讼时效的相关规定。

1. 买受人交房请求权与诉讼时效。出卖人负有将符合合同约定和法定条件的商品房交付给买受人，买受人享有要求出卖人交付房屋的请求权。司法实践中，一般认为买受人的该请求权在性质上属于债权请求权，应适用《民法总则》有关诉讼时效的相关规定。但在诉讼时效期间的起算上，应区分具体情况：在合同约定的房屋交付期限届满时，房屋具备法定交付条件的，诉讼时效期间自合同约定的交付期限届满之日起计算；房屋尚不具备法定交付条件的，诉讼时效期间自房屋具备法定的交付条件之日起计算。

2. 买受人的办证请求权与诉讼时效。民法理论上对办证请求权是否适用诉讼时效存在争议，实践中，一般认为买受人在已经实际占有使用房屋后，请求出卖人履行办证义务的请求权具有物权属性，不应适用诉讼时效的规定。该观点虽然在民法理论上存在不同见解，但在实践中不存在争议。主要原因在于买受人作为商品房买卖中的弱势群体，其利益应当优先得到保护，这样做有利于平衡买受人与出卖人之间的利益，以及稳定交易，促进和谐。

3. 买受人逾期交房、逾期办证违约金请求权与诉讼时效。违约金债权应当适用我国《民法总则》有关诉讼时效期间的规定，但该债权自何时起算诉讼时效期间，实践中存在较大争议。我们认为，根据逾期交房、逾期办证违约金债权的性质将其区分为一时性债权和持续性债权，并分别适用不同的诉讼时效规定更为合理。具体理由如下：（1）当事人在合同中明确约定逾期交房、逾期办证等各项违约金具体数额的，为一时性债权，从合同约定或法定的交房、办证期限届满之次日起算诉讼时效期间。（2）当事人在合同中约定以日或月为单位累计计算违约金数额的，属于继续性债权，以每个个别的债权分别适用诉讼时效；当事人因逾期交房或逾期办理权属登记而提起违约之诉，相对方在一审法庭辩论终结前提出诉讼时效抗辩的，违约金保护范围为当事人起诉之日前三年。（3）当事人在合同中没有约定违约金或损失数额难以计算的，按中国人民银行同期基准贷款利率之上加收30%~50%或中国人民银行同期同类贷款利率计算违约金的数额，也属于继续性债权，其诉讼时效期间的计算按上述第2项处理。

本案中，A开发公司在合同约定期限内没有为汪某、吴某办理国有土地使用权证书，构成违约，应承担相应的违约责任。A开发公司主张汪某、吴某已过诉讼时效的问题，根据已查明事实证明，汪某、吴某一直在向A开发公司主张权利，故其诉讼时效符合法律规定的中断事由。

［法律法规链接］

《合同法》第41条、第60条、第107条

22. 按照协议约定就违约责任的具体承担方式作出选择后，不得适用选择性条款主张其他追究违约责任的方式

【典型案例】

A开发公司与张某、马某商品房买卖合同纠纷案[①]

［案号］

（2014）民提字第106号

［案情］

2005年9月29日，张某、马某与A开发公司签订《商品房买卖合同》。其中第3条、第4条约定“张某、马某购买A开发公司开发的‘金山龙谷’（1-10、111-34、1-21、111-05、111-08、1-8-2、111-17-2、111-19-2、11-25、11-27）共10套别墅，合同总价为人民币200万元”；第8条约定“出卖人应当于2005年12月29日前，依照国家和地方人民政府的有关规定，将具备下列第1种条件，并符合本合同约定的商品房交付买受人使用：1. 该商品房经监理公司质量验收合格”；第9条约定“除本合同第8条规定的特殊情

① 案例来源：载中国裁判文书网，网址：http://wenshu.court.gov.cn/，最后访问时间：2017年6月28日。

形外，出卖人如未按本合同规定的期限将该商品房交付买受人使用，按下列1种方式处理：（1）按逾期时间，分别处理；（2）逾期超过30天后……买受人要求继续履行合同的，合同继续履行，自本合同第8条规定的最后交付期限的第二天至实际交付之日止，出卖人按日向买受人支付已付房价款万分之四的违约金”；第15条约定，出卖人应当在商品房交付使用后360个工作日内，将办理权属登记需要由出卖人提供的资料报产权登记机关备案。如因出卖人的责任，买受人不能在规定期限内取得房地产权属证书的，出卖人按已付房款的0.1%向买受人支付违约金。合同签订后，张某、马某已将购房款200万元付给A开发公司。双方已对该合同进行备案登记。

2005年10月10日，A开发公司与张某、马某签订《退房退款协议书》，第1条约定“甲方建议乙方退房，乙方同意退房，甲乙双方本应解除签订的《商品房买卖合同》，甲方立即退还乙方已交付的购房款，但由于甲方资金周转困难，无法立即退还购房款给乙方。因此，延期至2005年11月29日前将全部购房款分批退清给乙方，并愿意承担逾期退还购房款的违约责任，违约金为每月按乙方已交纳购房款的4%计付，由甲方于每月1日以现金转账方式支付给乙方。时间从2005年10月10日起计算”。第5条约定“甲方如再延长退还购房款期限时，乙方须无条件同意给甲方延长一个月的退款期，甲、乙双方必须签订延长补充协议书，如甲方每月承担的违约金不按时支付的，乙方则不同意延长退还购房款期限”。

2005年10月28日，双方又签订《延期退还购房款补充协议书》(以下简称《补充协议书1》)，该协议约定：（1）甲方退还全部房款给乙方的期限延期至2005年12月28日止；（2）双方于2005年10月10日签订的《退房款协议书》除甲方退还房款的期限变更外，其他条款继续有效。2005年12月27日，应A开发公司要求，双方又签订《延期退还购房款补充协议书》(以下简称《补充协议书2》)，协议约定：（1）甲方退还全部房款给乙方的期限由2005年12月28日延期至2006年3月28日；（2）双方签订的《补充协议书1》除甲方退还房款的期限变更外，其他条款继续有效。A开发公司在《退房款协议书》《补充协议书2》订立后退款期限内，未依约退还购房款。自2005年10月10日始，A开发公司依《退房款协议书》《补充协议书2》按购房款的4%按月给付张某、马某违约金至2006年3月27日。后经张某、马某催促，A开发公司于2006年7月1日支付2006年3月28日至2006年6月27日的违约金。但A开发公司始终未交房，之后亦未支付违约金。2008年11月22日，张某、马某在《法制快报》刊登公告，称多次找A开发公司要求交房办证没有结果，要求A开发公司在刊登公告之日起10个工作日内交房办证。A 开发公司至今未履行。

2009 年 6 月 5 日，张某、马某向一审法院提起诉讼，请求判令：（1）A 开发公司立即为案涉 10 套房屋办理产权证；（2）A 开发公司支付逾期违约金 91.2 万元；（3）A 开发公司支付逾期办证违约金 2000 元。

A 开发公司于纠纷前共支付违约金 72 万元，诉讼中已执行违约金 132 万余元，10 套房屋中的 9 套已经过户到张某、马某名下。

[法院认为]

一审法院认为：张某、马某与 A 开发公司签订的《商品房买卖合同》《退房退款协议书》《补充协议书》(两份) 是双方真实意思表示，合同内容均未违反法律禁止性规定，为有效合同。双方约定按月给付 4%的违约金，约定该违约条款的条件为：因 A 开发公司原因要求张某、马某退房而不能及时退还购房款时，承担的逾期和延期退还购房款的违约责任，即只有 A 开发公司不按时给付违约金和退还购房款，张某、马某才有权要房办证；从其内容和时间看，签订的三份协议应属对《商品房买卖合同》的补充。A 开发公司在张某、马某催促下仍不履行义务，故对张某、马某请求 A 开发公司按《商品房买卖合同》约定交房并办理产权手续，予以支持；A 开发公司逾期不履行，张某、马某请求从延期届满后 2006 年 7 月 1 日起依约要求 A 开发公司支付逾期交房违约金，其理由正当。A 开发公司在不退还购房款和支付违约金后，又未请求延期履行协议，其应当在延期协议届满后向张某、马某交房，从应交房的 2006 年 7 月 1 日起至今已超过 360 个工作日，张某、马某主张办证违约，请求支付办证违约金，理由亦正当。

A 开发公司不服一审法院判决，提起上诉，具体理由为：（1）一审法院判决认定案涉《商品房买卖合同》有效错误；（2）既然认定案涉多份合同有效，判令 A 开发公司交房属自相矛盾。

二审法院认为：A 开发公司主张 200 万元价格与案涉房屋价值不对等，显失公平，本案实为民间借贷，合同应认定无效，但 A 开发公司对该主张无证据予以证实。双方于 2005 年 9 月即签订《商品房买卖合同》，并进行了备案登记，后又签订《退房退款协议书》《补充协议书 1》《补充协议书 2》约定了退房退款的期限，亦约定在未全部退清购房款及违约金的情况下，张某、马某有权按《商品房买卖合同》条款执行。A 开发公司未按《退房退款协议书》约定的时间退清购房款，并按约定多次向张某、马某支付违约金，其实际上履行了涉诉的合同、协议，故一审法院判决对本案相关协议作出有效认定并无不当。现 A 开发公司未按约定的时间退清购房款，双方约定的退房条件未成就，其理应按约定交付房屋并承担逾期交房及办证的违约责任。

A 开发公司不服二审法院判决，向检察机关申请抗诉。

一次再审法院认为：关于本案合同的性质和效力的问题。《商品房买卖合同》《退房款协议书》《补充协议书》是双方真实意思表示，未违反法律禁止性规定。本案合同有关违约金的约定是有条件的，是因 A 开发公司原因要求对方退房而不能及时退还购房款时才承担逾期和延期退还购房款的违约责任。从本案合同的履行情况看，购房人支付了购房款，并办理了备案登记，最后退款期限届满后，A 开发公司仍未能退款，于 2007 年 11 月 5 日签订的《退回购房款计划书》仍明确为商品房买卖，并表示愿承担违约责任，合同的履行事实也表明双方的意思表示真实。A 开发公司主张本案《商品房买卖合同》实为民间借贷，但至今未举证证实该问题。本案合同和协议不存在欺诈、胁迫的情形，如显失公平和订立合同时有重大误解的，A 开发公司亦没有依法行使撤销权。因此，A 开发公司申诉主张本案合同无效没有事实和法律依据。

A 开发公司不服该再审法院判决，向上一级法院申请再审。

二次再审认为：本案争议焦点为，（1）案涉《商品房买卖合同》是否有效；（2）如案涉《商品房买卖合同》有效，该合同是否已被解除；（3）张某、马某是否有权主张案涉房屋的所有权和逾期交房违约金。

1. 关于案涉《商品房买卖合同》是否有效的问题。A 开发公司主张本案《商品房买卖合同》名为商品房销售，实为高息借贷，未举示证据予以证明，故对其主张，不予支持。

2. 关于案涉《商品房买卖合同》是否已被解除的问题。案涉《商品房买卖合同》应已解除，具体理由如下：（1）双方已通过签订《退房退款协议书》就退房退款事宜达成意思一致。根据协议第 1 条约定可知，购房人马某、张某已同意将案涉《商品房买卖合同》中约定的房屋退还给卖房人 A 开发公司，而 A 开发公司也同意向马某、张某退还全部购房款并承担不能及时退款的违约责任，且《补充协议书 1》《补充协议书 2》再次确认了双方已约定解除《商品房买卖合同》。（2）双方当事人已将到期不退还购房款和给付违约金约定为以《商品房买卖合同》条款为内容的新合同生效条件。双方在签订《退房退款协议书》时已约定解除了《商品房买卖合同》，并就解除合同后果—退房退款及违约金等事宜作了明确约定。而所谓如果 A 开发公司不按约定退还房款，马某、张某有权按《商品房买卖合同》条款执行，则是解除合同后，马某、张某与 A 开发公司约定的针对 A 开发公司如不按约退还房款及违约金的一种事后救济措施，即双方新达成了一个附条件生效的合同，是以案涉《商品房买卖合同》条款为内容的合同。如果 A 开发公司未按约定向马某、张某退还购房款和给付违约金这一条件成就，那么马某、张某与 A 开发公司新签订的合同生效。

3. 关于张某、马某是否有权主张案涉房屋的所有权和逾期交房违约金问题。根据已查明的事实可知，双方在《补充协议书2》中约定了A开发公司退还购房款的最后期限为2006年3月28日，《退房退款协议书》约定的退还购房款的期限亦为2006年3月28日。根据《退房退款协议书》第4条可知，2006年3月28日期限届满时，如A开发公司不提出延长退还购房款期限，又不全部退清购房款及违约金给张建、马某的，张某、马某有权按购买签订的《商品房买卖合同》条款执行，即张某、马某有权选择让以《商品房买卖合同》条款为内容的新成立的合同生效。根据上述事实可知，在2006年3月28日这一日期到期时，张某、马某要么选择同意延长退还购房款期限，继续收取逾期退还购房款违约金；要么选择让《商品房买卖合同》条款为内容的新成立的合同生效。由于双方在《补充协议书2》后，再未就案涉房屋退房款、违约金等问题达成过书面协议，故现有证据能证明的双方关于退房款退还和违约金给付问题的最后书面约定就是，在2006年3月28日这一日期到期时，张某、马某对于下一步权利主张享有选择权。而在2006年3月28日之后，A开发公司依据《退房退款协议书》确定的逾期退还购房款的违约金标准分别在2006年4月、5月和7月分三次向张某、马某支付共计32万元违约金（分别为3、4、5、6月的违约金）。张某、马某为此分别出具了三张收条，证明收到了上述逾期退还购房款违约金。即从2006年3月28日之后，双方仍是按《退房退款协议书》约定标准给付或收取违约金，结合张某、马某在庭审中对该行为解释为“因为对方也说明了不交房，不配合办证，所以我们答应了履行退房退款协议，收了他们违约金”的理由，可以印证双方给付和收取违约金的依据仍是在履行《退房退款协议书》，这也意味着张某、马某当时仍是在要求返还购房款，而非选择要求交房办证。那么在A开发公司不再给付逾期付款违约金或不退还购房款时，张某、马某不能再依据《商品房买卖合同》条款要求A开发公司向其交付案涉房屋并办理相关产权证件，也不能要求A开发公司支付相应逾期交房违约金和逾期办证违约金。综上，张某、马某一审基于《商品房买卖合同》条款提出的诉讼请求，缺乏依据，不予支持。至于A开发公司不退还购房款、不再给付逾期返还购房款违约金的责任问题，张某、马某可另行起诉主张。另外，关于A开发公司一审反诉关于确认《商品房买卖合同》无效的请求以及张某、马某撤销房屋登记备案的请求，则因缺乏依据，亦不予支持。

［裁判结果］

一审法院判决：（1）A开发公司交付“金山龙谷”共10套房屋给张某、

马某；（2）A 开发公司从 2006 年 7 月 1 日起以 200 万元为基数按日万分之四支付逾期交房违约金给张某、马某；（3）A 开发公司支付逾期办证违约金 2000 元；（4）A 开发公司为张某、马某办理好产权证。

二审法院判决：驳回上诉，维持原判。

一次再审法院判决：驳回申诉，维持原判。

二次再审法院判决：（1）撤销一审、二审、一次再审法院判决；（2）驳回张某、马某诉讼请求；（3）驳回 A 开发公司反诉请求。

［裁判思路］

本案审理核心在于案涉《商品房买卖合同》已被双方协议解除的前提下，如何理解双方在《退房退款协议书》第 4 条中的约定，从该条约定目的解释而言，双方约定该条的目的是为了解决《商品房买卖合同》协议解除后，A 开发公司不按约定期限返还房款该如何追究 A 开发公司违约责任的问题。① 从条文语义和上下文逻辑上分析，一旦 A 开发公司在约定期限届满时，不履行相应返还房款义务时，张某、马某既可以选择要求 A 开发公司按约定继续支付违约金，又可以选择要求 A 开发公司按《商品房买卖合同》执行办理案涉房屋的产权证。而从双方解除《商品房买卖合同》后签订一系列协议及给付违约金的情况来看，双方先后两次签订《补充协议书》，最终将退还购房款的最后时间和违约金支付的截止时间推迟为 2006 年 3 月 28 日。即经几次签订补充协议，双方只是将《退房退款协议书》中的退还购房款和违约金的期限作了延期处理，那么本案纠纷仍应以《退房退款协议》为基础。根据《退房退款协议书》第 4 条约定的内容可知，本案中的违约金是针对 A 开发公司不按约定返还购房款这一违约行为的违约责任方式，而得到房屋所有权也是针对这一违约行为约定的违约责任方式，即本案中双方对一种违约行为约定了两种违约责任承担方式供守约方选择。这是本案双方所达成的合意，即给付违约金和转移房屋所有权两者是二选一的关系，故张某、马某不能在返还购房款的同时又主张房屋所有权。从已查明事实看，张某、马某在 2006 年 3 月 28 日之后，又分三次共收取 32 万元违约金（分别为 3、4、5、6 月的违约金）。双方继续给付和收取违约金的行为可证明，A 开发公司已用行为表示要求以支付违约金为代价继续推迟返还购房款，而张某、马某也用行为表示其同意继续延期退还购房款。进而，张某、马某也通过选择收取违约金事实上放弃了选择主张执行《商品房买卖合同》相关条款。

---

① 最高法院民事审判第一庭编：《民事审判指导与参考》2014 年第 4 集，人民法院出版社 2015 年版，第 217 页。

需要注意的是，如A开发公司此后再次不给付违约金，张某、马某也不能直接主张执行《商品房买卖合同》相关条款。因为双方在《退房退款协议》及《补充协议》中只对2006年3月28日届满时，不返还购房款及违约金约定了张某、马某有权主张执行《商品房买卖合同》相关条款，双方并未对A开发公司何时应返还购房款以及不支付违约金该承担什么形式的违约责任作出明确约定。因此，在张某、马某以接受违约金的形式已放弃主张执行《商品房买卖合同》相关条款的情形下，张某、马某再次提出要求执行《商品房买卖合同》相关条款的主张，不能得到支持。

[法律法规链接]

《合同法》第114条

《民事诉讼法》（2017年修正）第170条第1款第（3）项

23. 开发商售房不得保留外墙面所有权及使用权

【典型案例】

熊某与A置业公司侵权纠纷案

[案情]

2011年7月14日，熊某为从事经营活动，从A置业公司处购买房屋（商业用途）一套，并签订了《商品房买卖合同》，该合同附件约定“鉴于本项目系SJC一期开发地块，故从SJC整体规划、功能及形象考虑，本项目屋面使用权、墙面使用权归出卖人，买受人设置店招、广告牌时，应当服从与遵守SJC整体规划、功能和形象的需要，并服从与遵守出卖人或物业公司的管理”。

2011年9月29日，物业公司通知熊某要求其从2011年10月1日起每年向物业公司交纳2万元的广告费，否则强行拆除广告招牌。2011年10月上旬，物业公司强行拆除熊某店面的招牌。熊某以其合法权益受损为由诉至法院。

[法院认为及裁判结果]

本案在审理过程中，形成了两种不同观点：

第一种观点认为，既然熊某与A置业公司在《商品房买卖合同》中约定了开发商保留了外墙面使用权，系双方的真实意思表示，熊某就应该遵从该约定，并向开发商交纳广告费。

第二种观点认为，外墙面属业主共有，开发商不能保留外墙面的使用权，业主对与其专有部分紧密相连的外墙面可以进行合理利用。

本案判决最终采纳了第二种观点。本案中，熊某与某置业公司所签订的房屋买卖合同中有关保留外墙面使用权的约定无效，A 置业公司、物业公司无权要求熊某支付外墙面广告费，物业公司强行拆除熊某店面招牌的行为损害了熊某的合法权益，应当进行赔偿。

［**裁判思路**］

本案的焦点问题是开发商售房是否可以保留外墙面所有权及使用权，案件审理思路及具体理由如下：

（一）外墙面不属于单个业主，亦不属于开发商，而属于业主共有，开发商不能在出售房屋时在商品房买卖合同中约定保留外墙面的所有权和使用权

第一，根据建筑物区分所有权的理论即壁心和最后粉刷表层说，专有部分所有权人行使权利的边界不能超过壁心，而外墙面明显超过壁心，因此，外墙面不能归单个业主专有，仅能归全体业主共有。第二，依据《物权法》第 16 条“不动产登记簿是物权归属和内容的根据”的规定，在登记机构的不动产登记簿上，亦不可能将特定房屋的特定外墙面登记在单个业主名下，既然外墙面无法登记在单个业主名下，那么只能属于该特定房屋的全体业主。第三，根据《建筑物区分所有权解释》第 3 条“除法律、行政法规规定的共有部分外，建筑区划内的以下部分，也应当认定为物权法第六章所称的共同部分：（一）建筑物的基础、承重结构、外墙、屋顶等基本结构部分，通道、楼梯、大堂等公共通行部分，消防、公共照明等附属设施、设备，避难层、设备层或者设备间等结构部分……”的规定，外墙面属于特定房屋全体业主共有，司法解释对外墙面权属作出如此的规定，有利于更好地利用外墙面，符合《物权法》物尽其用的立法目的。第四，从外墙面的物理属性来看，外墙面属于房屋共有组成部分，与房屋专有部分密不可分，不可能由开发商所有，因为开发商出售专有部分时已经将外墙面的面积计入了房屋建筑面积，开发商亦不可能为业主支付单独的成本，因此，开发商不得在商品房买卖合同中约定保留外墙面的所有权、使用权，不得向业主收取费用。另外，开发商在商品房买卖合同中的上述约定，属于霸王条款，有违诚实信用、公平原则，应当认定无效。

（二）外墙面虽属业主共有，但单个业主可以对与其专有部分紧密相连的外墙面进行合理使用

根据《建筑物区分所有权解释》第 4 条“业主基于对住宅、经营性用房

等专有部分特定使用功能的合理需要，无偿利用屋顶以及与其专有部分相对应的外墙面等共有部分的，不应认定为侵权。但违反法律、法规、管理规约，损害他人合法权益的除外”的规定，业主可以合理使用外墙面，但必须合理、合法，即无偿使用且不得违反法律、法规、管理规约或者损害他人合法权益。就本案而言，熊某利用与其商铺相连的外墙面从事经营活动，属于合理使用，无须支付费用。

[法律法规链接]

《物权法》第16条

《建筑物区分所有权解释》第3条、第4条

24. 业主对所购特殊商品房享有特别知情权

【人民司法案例】

穆某等三人与A开发公司侵权纠纷案[①]

[案号]

（2011）南民一终字第432号

[案情]

2009年6月，穆某等三人购买了A开发公司开发的卧龙苑小区9号楼1单元103、102、101室。购房时，由于A开发公司未告知三住户其在负一楼（即地下室）安装有高压配电设备，三住户入住后感觉室内有持续噪音。随后，三住户发现负一楼有A开发公司安装的供整个小区使用的高压配电设备，其中含有3台变压器、12台配电箱，另外还有一套应急发电设备及配套油罐，且配电设备的输入与输出电缆及排热管道均用金属支架与上面楼板固定相连，顶部距上面楼板150厘米左右，现场没有安装隔音、隔磁设施。为此，穆某等三人诉至一审法院，请求判令开发商停止侵害，并拆除安装在地下室的高压配电设备。

[法院认为]

一审法院认为：本案属于民法规定的特殊侵权行为，依法应适用举证责任倒置的原则，而A开发公司没有提供相应证据证明其不对穆某等三人造成

---

① 案例来源：《人民司法·案例》2012年第14期。

侵害。同时，A 开发公司在穆某等三人买房时未告知其负一楼安装有高低压配电设备，也侵害了穆某等三人购房的知情权。

A 开发公司不服一审法院判决，提起上诉。

二审法院认为：关于 A 开发公司应当履行告知义务的问题。A 开发公司称买房人看房时应对周围环境进行考察，对此，A 开发公司将全小区的变电设备及应急发电设备安放在 9 号楼的地下室，在出售房屋时应对 9 号楼的业主特别是一楼的购房户予以释明，以保障消费者的知情权。通过现场勘查，该小区地下室面积较大，均设计为车位予以出售，小区院内绿地下方的地下空间完全可以用来安放该供电设备：关于是否对穆某等三人造成环境污染的问题。通过实地勘察，地下室机房内噪音较大，下午四点多在穆某家中能够听到交流变压器的明显噪音。关于电磁波辐射及散热问题，因没有进行鉴定，无法予以认定。综上，A 开发公司开发的楼盘，虽然经过相关的行政部门的审批、验收，但将该小区所使用变压设备和应急发电设备安装在穆某等三人房屋对应的地下室，对长期生活居住的穆某等三人有较大的影响，应当予以拆除并迁移到不妨碍小区居民居住与生活的地方。

[裁判结果]

一审法院判决：A 开发公司拆除 9 号楼负一楼安装的全部高压配电设备及应急发电设备，并迁移到不影响小区居民安全生活的地方。

二审法院判决：驳回上诉，维持原判。

[裁判思路]

本案涉及两个焦点问题：一是业主知情权问题；二是举证责任倒置问题。

1. 知情权属于我国《合同法》规定的先合同义务范畴，A 开发公司在业主购房时，对安装在住宅楼负一楼的高压配电设备未履行告知义务，侵犯了购房者知情权。《合同法》第 42 条规定：当事人在订立合同过程中有下列情形之一，给对方造成损失的，应当承担损害赔偿责任……（2）故意隐瞒与订立合同有关的重要事实或者提供虚假情况；（3）有其他违背诚实信用原则的行为。所谓先合同义务，又称前合同义务或先契约义务，是指在要约生效后合同生效前的缔约过程中，缔约双方基于诚信原则而应负有的告知、协力、保护、保密等合同附随义务。是建立在民法诚实信用、公平原则基础上的一项法律义务。

需要说明的是，虽然商品房买卖属于一种特殊的商品买卖，受《商品房买卖合同司法解释》等单独法律法规予以保护及约束，但因买卖中引发的纠纷仍可参考《消费者权益保护法》中相关规定及理论原则，且两者之间存在很多共同之处及相似处理原则，如惩罚性原则及对欺诈之认定等。《消费者权益保护法》第 8 条第 1 款规定：消费者享有知悉其购买、使用的商品或者接受的服务的真实情况的权利，结合本案，A 开发公司向穆某等三人出售的房屋的负一楼安装高低压变电设备及相关设置，对上述三人使用房屋存在较大影响，而 A 开发公司在出售房屋时未告知该情况，无疑侵害穆某等三人的知情权。

2. A 开发公司应对其安装在住宅楼负一楼的高压配电设备与环境污染之间不存在因果关系承担倒置举证责任。所谓举证责任倒置，是指基于法律规定，将通常情形下本应由提出主张的一方当事人就某种事由不负担举证责任，而由对方当事人就某种事实存在或不存在承担举证责任，如果该方当事人不能就此举证证明，则推定提出主张一方主张的事实成立的一种举证责任分配制度。在一般证据规则中，"谁主张，谁举证"是举证责任分配的一般原则，而举证责任的倒置则是这一原则的例外。《民事诉讼证据规定》第 4 条第（3）项规定，因环境污染引起的损害赔偿诉讼，由加害人就法律规定的免责事由及其行为与损害结果之间不存在因果关系承担举证责任。①

本案中，A 开发公司在穆某等三人购房时未告知其负一楼安装有高低压配电设备，显然侵害了穆某等三人购房的知情权，同时，根据举证责任倒置规则，A 开发公司又未提供相应证据证明其对穆某等三人的生活环境未造成侵害。因此，A 开发公司应承担侵权责任。

[法律法规链接]

《合同法》第 42 条

《民事诉讼证据规定》（2008 年修改）第 4 条第（3）项

① 王林清等：《房屋买卖合同纠纷裁判思路与裁判规则》，法律出版社 2016 年版，第 231 页。

第二节　惩罚性赔偿的司法处理

25. 开发商因其委托代理机构原因导致一房二卖的，不得以此为由请求免除《商品房买卖合同解释》第 8 条规定的惩罚性赔偿

【公报案例】

A 开发公司与苏某、B 顾问公司商品房买卖合同纠纷案[①]

［案号］

（2012）民抗字第 24 号

［案情］

2005 年 3 月 12 日，A 开发公司与 B 顾问公司签订一份《“楚天星座”商品房保底包干销售合同》，同年 6 月，双方签订一份《销售代理补充协议》。2006 年 3 月 28 日，双方签订一份《〈“楚天星座”商品房保底包干销售合同〉补充协议》。双方在《“楚天星座”商品房保底包干销售合同》中约定：B 顾问公司代理销售由 A 开发公司开发的“楚天星座”项目，该商品房建筑面积约 5 万平方米；A 开发公司委托 B 顾问公司代理销售的商品房建筑面积除住宅两层、商铺 700 平方米外，其余全部属代理范围，所有对外销售面积由 A 开发公司签字盖章后，交由 B 顾问公司负责对外销售；为保证销售工作的正常进行，A 开发公司指定一名销售负责人联系及配合 B 顾问公司的销售工作；该项目的《商品房买卖合同》以及文件均需由 A 开发公司加盖公章后方能生效，其他任何单位和个人签订均属无效。

2006 年 4 月苏某与 A 开发公司就购买 06 号、07 号商铺，双方签订了《商品房认购合同》，该两份认购合同均载明甲方（出卖方）为 A 开发公司，乙方（买受方）为苏某，并均加盖有“A 开发公司楚天星座销售合同专用章”，该两份认购合同亦载明售楼部地址及认购房号分别是 06 号和 07 号商

---

① 案例来源：《中华人民共和国最高人民法院公报》2014 年第 1 期。

铺。同月，苏某与A开发公司的房屋销售代理商B顾问公司销售人员签署了两份《商品房买卖合同》。该两份合同载明了各方当事人身份、房屋房号、面积、单价、总价，购买06号商铺的合同中加盖有“A开发公司楚天星座销售合同专用章”，购买07号商铺的合同中加盖有“B顾问公司销售合同专用章”，未加盖A开发公司公章。

苏某除20 000.00元系现金支付外，于2006年4月11日和4月30日分五次向B顾问公司支付购房款4 211 010.00元，并于2006年5月17日通过银行转账支付了购房款1 400 000.00元。B顾问公司分别于2006年4月11日、4月30日和5月17日向苏某开具2 000 000.00元、2 231 010.00元和1 400 000.00元三张收款收据，其金额共计5 631 010.00元，其中，B顾问公司开具的2 000 000.00元收据载明为定金，与两份认购合同记载的定金合计金额相符。

B顾问公司于2006年6月20日向A开发公司发出《解除〈“楚天星座”商品房保底包干销售合同〉的通知》，表示因A开发公司提供不具备合法销售资格的房产，不能按约支付装修款，导致合同目的不能实现，故通知解除合同。此后，B顾问公司销售人员退出售楼部。B顾问公司向A开发公司发出解除合同通知后，仍持有部分房屋销售合同等材料的原件，2006年8月29日双方办理了移交手续。2006年9月29日，A开发公司将本案诉争的07号商铺出售给李某，并于2006年9月30日向市房产局备案。2006年10月31日，苏某到“楚天星座”售楼部要求办理交房手续时，A开发公司以该公司并未与其签订合同，也未收到其购房款为由拒绝办理交房手续。

2008年4月7日，苏某向一审法院提起诉讼，请求判令：(1)确认苏某与A开发公司就“楚天星座”06、07号商铺签署的《商品房买卖合同》有效；(2)A开发公司的行为导致合同目的无法实现，判决解除苏某与A开发公司就“楚天星座”06、07号商铺签署的《商品房买卖合同》；(3)A开发公司返还苏某购房款5 631 010.00元，并赔偿利息损失689 235.00元；(4)A开发公司赔偿苏某5 631 010.00元及仲裁费107 240.00元；(5)B顾问公司就上述第三项请求承担连带责任。

[法院认为]

一审法院认为：(1)关于对苏某主张06号商铺《商品房买卖合同》(以下简称06号合同)效力及其过错责任认定的问题。该合同虽由B顾问公司与苏某接洽签订，但鉴于该合同只有苏某和A开发公司的签章，而没有B顾问公司作为委托代理机构的签章，故该合同的主体只能确定为是苏某和A开发公司，所约定的内容仅对其双方有约束力，B顾问公司在该合同中不享有任何权利和义务。该合同所约定的内容应是双方真实意思的表示，合同形式和内容亦未违反法律规定，该合同应认定为有效合同。合同签订后，购房人应依购房合同的约定按时向房屋开发商交付购房款，但苏某未根据合同相对性原则向A开发公司给付房款，而将购房款付给B顾问公司并由其出具收据，最终使得B顾问公司将该房款不当得利占有。可见，苏某所付购房款不能依约交付给A开发公司，致使该合同目的不能实现，应予解除，其过错系买受人苏某自身造成。（2）关于07号商铺《商品房买卖合同》（以下简称07号合同）效力及其过错责任认定的问题。由于该合同的签章处仅有苏某和委托代理机构B顾问公司的签章，没有A开发公司的签章，根据《商品房销售管理办法》第16条第1款的规定，该合同不具有商品房买卖合同的效力。苏某作为购房人在签订该合同中即使不了解有关法律法规之规定，但按常理亦应明白所签订的合同必须要有开发商签章这一基本交易常识，更不应以合同为凭直接向B顾问公司给付其购房款。因此，苏某与B顾问公司之间所发生的这一购房行为，与A开发公司无关联，A开发公司对此不存在过错。

综上，苏某向B顾问公司支付购房款共计5 631 010.00元的行为，完全是因苏某自身的过错而造成，其责任不在A开发公司。由于B顾问公司是不当收取苏某的购房款，依据《民法通则》第92条之规定，B顾问公司应将收取苏某的购房款予以返还。苏某要求解除06号合同的诉请，鉴于该合同双方已无继续履行的可能，一审法院予以确认。苏某认为其签订购房合同及付购房款是基于B顾问公司的有权代理，其实质是要法院确认B顾问公司在本案中的行为属表见代理。根据《合同法》第49条的规定，苏某所签订的06号合同虽然是B顾问公司以被代理人的名义订立合同，但B顾问公司不是合同的相对方，苏某没有理由向不是合同的相对方支付06号商铺的购房款；而苏某所签订的07号合同，B顾问公司并未以A开发公司的名义签订该合同，且苏某也未向A开发公司支付07号商铺的购房款。因此，本案中B顾问公司的行为均不构成表见代理。故对苏某以此理由要求A开发公司承担返还购房款及赔偿相应损失的诉请，不予支持。

苏某不服一审法院判决，提起上诉。

二审法院认为：（1）根据A开发公司与B顾问公司签订的三份协议约定，B顾问公司代理销售A开发公司的“楚天星座”房屋，双方之间存在委托合同关系。B顾问公司将案涉06、07号商铺出售给苏某，并签订两份《商品房买卖合同》，苏某应为第三人。（2）关于06号合同的效力问题。因合同明确约定了三方身份，B顾问公司虽未在合同上盖章，但有A开发公司公章及苏某签字，该合同应为有效。由于B顾问公司未向苏某出具其与A开发公司签订的《“楚天星座”商品房保底包干销售合同》，苏某对于B顾问公司没有收取购房款的权限是不知情的，且在《商品房买卖合同》中对该事项未作出约定，A开发公司亦未就此事项向苏某宣示，故苏某向B顾问公司支付购房款的行为并无不当。根据《民法通则》第65条第3款的规定，应视为苏某向A开发公司支付了购房款，一审法院认定缺乏事实和法律依据，予以纠正。（3）关于07号合同的效力问题。虽然无A开发公司公章，仅有B顾问公司盖章，但是该合同中明确约定了三方身份，且从06号合同签订过程看，苏某对于B顾问公司作为受托人，有权代理A开发公司销售房屋的事实是清楚的，根据《合同法》第402条的规定，07号合同可直接约束A开发公司和苏某，该合同应为有效。同对06号合同履行事实的认定，应视为苏某向A开发公司支付了购房款。一审法院认定缺乏事实和法律依据，予以纠正。至于B顾问公司收取了两份合同的购房款未交给A开发公司，属另一法律关系，A开发公司可另行主张权利。（4）苏某在两份商品房买卖合同签订后，依约支付了购房款，已履行了合同约定的义务。而A开发公司却擅自将出售给苏某的06、07号商铺出售给他人，已构成违约，并导致合同已无继续履行的可能，苏某要求解除两份《商品房买卖合同》的请求，符合《合同法》有关规定，予以支持。根据《商品房买卖合同解释》第8条第2款的规定，A开发公司应返还购房款并赔偿损失，但由于购房款全部由B顾问公司收取，A开发公司未收取任何款项，且一审法院判决B顾问公司承担返还购房款及赔偿损失责任后，B顾问公司未提起上诉，故对此不作变更，A开发公司对于B顾问公司不能偿还的部分承担补充赔偿责任。依据司法解释规定，苏某有权要求A开发公司承担不超过已付购房款1倍的赔偿责任，但考虑06号合同多处更改且材料不齐整，07号合同无A开发公司公章，属于苏某疏于审查存在过失，酌情判决A开发公司承担购房款金额50%的赔偿责任。

A开发公司不服二审法院判决，向检察机关申请抗诉。

再审法院认为：本案主要争议焦点，一是B顾问公司向苏某销售06号、07号商铺行为的法律后果是否应归属于A开发公司；二是A开发公司是否因另售商铺而对苏某承担相应赔偿责任。

1. 关于B顾问公司向苏某销售06号、07号商铺行为的法律后果是否应归属于A开发公司的问题。根据《民法通则》第63条的规定，本案B顾问公司销售行为的法律后果归属于A开发公司取决于B顾问公司的销售行为是否构成有权代理。本院认为B顾问公司的销售行为已构成有权代理，理由是：第一，A开发公司已授予B顾问公司独家全程的代理权限。第二，B顾问公司系以A开发公司的名义而非以B顾问公司自身名义销售案涉商铺。第三，

06号合同和07号合同签字盖章形式要件齐备。第四，苏某签订的两份《〈楚天星座〉商品房认购合同》均加盖有A开发公司的销售合同专用章。第五，苏某系在楼盘售楼处现场签订合同并通过现场POS机支付主要购房款。综上，B顾问公司基于有效的委托代理关系所实施的代理行为不违反法律法规禁止性规定，应认定为有效。B顾问公司作为委托代理人签订的06号、07号合同应直接约束被代理人A开发公司，B顾问公司作为委托代理人收取款项的法律后果亦应归属于被代理人A开发公司，B顾问公司所为产生的相应民事责任应由A开发公司承担。

2. 关于A开发公司是否因另售商铺而对苏某负担相应赔偿责任的问题。根据《商品房买卖合同解释》第8条规定，只要出卖人在商品房买卖合同订立后事实上存在将该房屋出卖给第三人的行为，无法取得房屋的买受人即可请求出卖人承担不超过已付购房款1倍的赔偿责任，且上述规定中并不存在此种赔偿责任的适用以出卖人具有恶意违约故意为前提的规定。本案中，苏某即有权依据《商品房买卖合同解释》第8条第（2）项规定请求A开发公司承担不超过其已付购房款1倍的赔偿责任，而A开发公司的申诉请求实质上系将其选择及监督委托代理人的经营风险不当转嫁于购房者，不予支持。同时，苏某作为权利人在再审中认可二审酌情判决50%赔偿责任的结果，故对该赔偿比例不予调整。

[裁判结果]

一审法院判决：（1）解除苏某与A开发公司签订的06号商铺《商品房买卖合同》；（2）B顾问公司向苏某返还购房款5 631 010.00元并赔偿其资金占用损失；（3）驳回苏某的其他诉讼请求。

二审法院判决：（1）维持一审法院判决第2项；（2）撤销一审法院判决第1、3项；（3）解除苏某与A开发公司签订的06号、07号商铺《商品房买卖合同》；（4）A开发公司对B顾问公司的给付义务承担补充赔偿责任；（5）A开发公司赔偿苏某2 815 505.00元；（6）驳回苏某的其他诉讼请求。

再审法院判决：维持二审法院判决。

[裁判思路]

本案中，在A开发公司委托B顾问公司销售房屋的情况下，A开发公司因B顾问公司未告知其特定房屋已经售出而导致一房二卖，属于其选择和监督委托代理人的经营风险，不得转嫁于苏某，A开发公司以此为由主张《商品房买卖合同解释》第8条规定的惩罚性赔偿应予免除的请求，人民法院不予支持。

［引申思考］

多重买卖合同买受人的救济方式：

按照合同自由的原则，合同的救济方式由非违约方自主选择行使。在多重买卖情形下，只能有一个买受人取得标的物的所有权。理论上而言，在买卖合同有效的前提下，不能取得该标的物所有权的买受人可以追究出卖人的违约责任，或依据《合同法》有关规定请求变更或撤销合同。① 具体理由如下：

1. 追究出卖人违约责任。多重买卖情形下，其他买受人虽然不能取得该标的物所有权，但由于这些买受人所签订的买卖合同依然有效，他们仍然可以依据有效合同来追究出卖人的违约责任，人民法院对此应予以支持。关于违约责任形式，《合同法》第 107 条规定：当事人一方不履行合同义务或者履行合同义务不符合约定的，应当承担继续履行、采取补救措施或者赔偿损失等违约责任。

关于合同可否实际履行的问题。实际履行，也称强制履行、依约履行、继续履行，作为一种违约后的补救方式，实际履行是指一方违反合同时，另一方有权要求其依据合同的规定继续履行。《合同法》第 109 条、第 111 条分别对金钱债务和非金钱债务两种情况中的实际履行作出了规定。实际履行作为违约补救方式具有其他方式所不能替代的重要作用，《合同法》第 107 条将其作为首要的救济方式。但这种补救方式在法律上的适用受到《合同法》第 110 条规定的限制，即法律上或者事实上不能履行、债务的标的不适于强制履行或者履行费用过高、债权人在合理期限内未要求履行。

关于损失确定的问题。《合同法》第 97 条规定非违约方有权要求赔偿损失。我国法律承认解除合同与赔偿损失并存，不能取得该标的物所有权的买受人有权依据有效合同的违约责任条款追究出卖人的违约责任，在约定违约金不足以弥补损失时还可以要求出卖人承担其他损失。在实践中，一物多卖通常涉及标的物价格上涨的情况，出卖人签订买卖合同后房价上涨，遂以高于原合同价款的金额将房屋出售给后续买受人。而房价上涨的部分，应属于第一个合同买受人在合同实际履行情形下的可得利益，但由于出卖人的二次买卖而无法获得，在计算赔偿数额时应当考虑这一可得利益损失。《商品房买卖合同解释》第 8 条中关于“可以请求出卖人承担不超过已付购房款一倍的赔偿责任”的规定，带有明显惩罚性赔偿性质，反映了司法机关对一物多卖的态度，有利于保护购房者这一相对弱势群体。

2. 请求变更或撤销合同或者请求确认买卖合同无效。在买卖合同订立过

① 何晓航：《房地产纠纷裁判依据新释新解》，人民法院出版社 2014 年版，第 267 页。

程中，如果出卖人隐瞒其就同一标的物已经与其他人签订买卖合同或已办理登记或交付手续，便已构成欺诈，后续买受人可以依据《合同法》的有关规定请求人民法院或者仲裁机构变更或者撤销其与出卖人签订的买卖合同，并由出卖人承担缔约过失责任。对此，《合同法》第 42 条及第 54 条已作出明确规定。《商品房买卖合同解释》第 8 条针对商品房买卖合同纠纷一房多卖情况作出了类似规定。但如果买受人与出卖人订立的买卖合同具有《合同法》第 52 条规定的无效情形，不能取得标的物所有权的买受人此时也可以请求确认其与出卖人订立的买卖合同无效。

由于出卖人的过错导致其与不能取得标的物所有权的买受人签订的合同被撤销或者无效，应承担缔约过失责任。缔约过失责任与违约责任损害赔偿不同，缔约过失责任的范围应以信赖利益作为赔偿的基本范围。缔约过失责任的损害赔偿一般只赔偿信赖利益损失，通过对受害人的赔偿使受害人的利益处于合同未订立时的状态。

需要注意的是，《商品房买卖合同解释》第 10 条规定：买受人以出卖人与第三人恶意串通，另行订立商品房买卖合同并将房屋交付使用，导致其无法取得房屋为由，请求确认出卖人与第三人订立的商品房买卖合同无效的，应予支持。实践中，这涉及无法取得标的物所有权的买受人可否请求确认出卖人与第三人签订的买卖合同无效的问题。对此，该条规定突破债的相对性而赋予不能取得标的物所有权的买受人获得债权法上的救济权，属于为买受人提供了更好的救济手段。但鉴于债权的非具公示性，无法取得标的物所有权的买受人提出此主张时，需要证明第三人知道或应当知道买受人与出卖人之间存在买卖关系。

［法律法规链接］

《民法通则》第 63 条（2017 年《民法总则》第 161 条、第 162 条）、第 65 条第 3 款、第 92 条（2017 年《民法总则》第 122 条）

《合同法》第 49 条、第 402 条

《商品房买卖合同解释》第 8 条

《民事诉讼法》（2017 年修正）第 170 条第 1 款第（1）项、第 207 条

《商品房销售管理办法》第 16 条第 1 款

26. 不能以购买商品房未尽到足够注意义务，不清楚房屋已设定抵押事实为由，主张对案涉房屋适用善意取得

【典型案例】

彭某与A银行、B开发公司借款担保合同纠纷案[①]

［案号］

（2008）民一终字第70号

［案情］

2003年9月18日至2004年4月29日，B开发公司向A银行借款10笔，总金额1953万元。对其中一笔200万元借款，双方于2003年9月17日签订《抵押合同》，约定：B开发公司以其拥有的龙国用（2003）字第061号《国有土地使用权证》项下面积3210.87平方米的建设用地使用权作为抵押物。第14条约定："借款期届满，借款人未能归还借款本息，抵押人自愿委托抵押权人对抵押财产进行变、拍卖，并由抵押权人决定变、拍卖价格，不足部分，继续追偿"。次日，双方在县国土局办理了《土地他项权利证明书》。对其中一笔100万元借款，双方于2004年4月29日签订《抵押合同》，约定：B开发公司以其在建工程"龙里县综合集贸市场"负一层，建筑面积4082.4平方米的房屋所有权作为抵押物。第14条约定："借款期届满，借款人未能归还借款本息，抵押人自愿委托抵押权人对抵押财产进行变、拍卖，并由抵押权人决定变、拍卖价格，不足部分，继续追偿"。同日，双方在县房产局办理了抵押登记，B开发公司取得《他项权利证书》，该《他项权利证书》载明的期限为：2004年4月29日至2006年4月29日。对其中一笔490万元借款，双方于2004年7月29日签订《抵押合同》，约定：B开发公司以其在建工程"龙里县综合集贸市场"正一层，建筑面积4082.4平方米的房屋所有权作为抵押物。第14条约定："借款期届满，借款人未能归还借款本息，抵押人自愿委托抵押权人对抵押财产进行变、拍卖，并由抵押权人决定变、拍卖价格，不足部分，继续追偿"。同日，双方在县房产局办理了抵押登记，B开发公司取得《他项权利证书》，该《他项权利证书》载明的期限为：2004年7月29日至2006年7月29日。

---

① 案例来源：载北大法宝，网址：http://www.pkulaw.cn/，最后访问时间：2017年7月5日。

2006年9月5日，B开发公司将已设定抵押的“龙里县综合市场”正一层4082.4平方米的房屋所有权，即在建工程“龙里县综合集贸市场”正一层，以200万元的价格转让给彭某，双方办理了产权转移登记手续，彭某取得了三份《房屋所有权证》，该《房屋所有权证》载明的建筑面积为4021.84平方米，彭某已支付该笔购房款。

B开发公司向A银行10笔贷款本金为1953万元，B开发公司偿还A银行本金1 170 249.09元，尚欠本金183 597 501.91元及利息。2007年1月30日，A银行向一审法院提起诉讼，请求判令：（1）B开发公司偿还借款本金及利息，逾期不履行则依法变（拍）卖抵押物优先偿还贷款本息；（2）B开发公司将抵押物转让给彭某的行为无效。

2007年11月13日，一审法院委托评估公司对彭某购买的B开发公司“龙里县综合集贸市场”正一层房屋在购买交易日的市场价进行评估，结论为：该房产在估价时点市场价值为6 274 039.00元。

［法院认为］

一审法院认为：A银行与B开发公司签订的《借款合同》，不违反法律规定，应为有效。借款到期后，B开发公司应予偿还，并承担相应的违约责任。关于200万元借款，A银行与B开发公司签订的《抵押合同》约定，B开发公司将其面积3210.87平方米的建设用地使用权作抵押，办理了抵押登记，取得了《土地他项权利证明书》，该《抵押合同》有效。该宗土地所设定的抵押权应归属于A银行，对其主张享有优先受偿权的请求，予以支持。B开发公司以其“龙里县综合集贸市场”在建工程正一层，建筑面积4082.4平方米房产所有权作抵押担保，双方办理了抵押登记，B开发公司取得了《土地他项权利证书》。该《土地他项权利证书》虽记载了抵押的期间，但抵押权属担保物权，依照《担保法解释》第12条第1款的规定，A银行并不因超过登记时记载的担保期间而丧失担保物权。彭某关于买受的房产是超过担保期间后购买，应受法律保护的主张，不予支持。B开发公司在未通知抵押权人A银行的情况下，将抵押物“龙里县综合集贸市场”正一层房屋，以200万元的价格转让给第三人彭某，依照《担保法》第49条第1款的规定，B开发公司将该抵押物转让给彭某的行为，应为无效。且因该房屋以200万元的价格转让给彭某，与当时市场价值6 274 039元相比，存在较大悬殊，B开发公司以明显低的价格转让房屋，彭某不构成善意第三人，故其不能取得该房屋的所有权。A银行关于对该抵押物享有优先受偿权的请求，予以支持。至于彭某不能取得该房屋所有权，在彭某与B开发公司之间产生的责任承担问题，属另一法律关系，双方可另诉解决。

彭某不服一审法院判决，提起上诉。

二审法院认为：本案争议焦点共有两个：1.B 开发公司以其“龙里县综合市场”正一层 4082.4 平方米的房屋所有权作为贷款抵押物与 A 银行签订的《抵押合同》是否合法有效；2. 彭某对诉争房屋是否享有所有权。对于上述两个争议焦点的认定，应当依据我国相关法律及司法解释的规定，并结合本案的具体情况进行综合分析判断。

1. 关于 B 开发公司以其“龙里县综合市场”正一层 4082.4 平方米的房屋所有权作为贷款抵押物与 A 银行签订《抵押合同》是否合法有效的问题。《城市房地产抵押管理办法》关于当事人办理在建工程抵押应当提交文件的规定，是登记机关的行政性审核，不是认定抵押合同效力的法律依据，抵押登记文件是否完备，不影响抵押合同的效力。本案 B 开发公司与 A 银行于 2004 年 7 月 29 日签订的《抵押合同》，为双方平等协商的结果，系双方当事人真实的一致意思表示，内容没有违反法律及行政法规的强制性规定。一审法院判决该《抵押合同》合法有效，适用法律正确，本院予以维持。彭某依据《城市房地产抵押管理办法》的相关规定，请求该《抵押合同》无效的上诉主张，缺乏法律依据，本院不予支持。

2. 关于彭某对诉争房屋是否享有所有权的问题。彭某上诉主张其购买诉争房屋时，不知道已设定抵押，属于善意取得。彭某在购买诉争房屋前，应当认真了解购买的标的物是否存在他项权利的状况，并清楚预见房屋交易过程中可能出现的风险。但彭某不清楚诉争房屋已设定抵押的事实，其关于到当地房地产管理局查证该《抵押合同》档案的主张，庭审中亦未能举证证明该事实的存在。事实证明，B 开发公司未告知彭某诉争房屋已设定抵押的事实，彭某对自己行使购买诉争房屋的权利亦未尽足够的注意义务。B 开发公司在未征得 A 银行同意的情况下，再行转让诉争抵押物给彭某的行为，属于《城市房地产抵押管理办法》第 49 条规定的情形。依据《担保法》第 49 条第 1 款规定，B 开发公司将诉争抵押物转让给彭某的行为，损害了抵押权人 A 银行的利益，应认定无效。彭某关于其不清楚诉争房屋已设定抵押的事实，属于善意取得的上诉主张，没有依据，本院不予支持。

[裁判结果]

一审法院判决：（1）B 开发公司偿还 A 银行借款本金 18 395 750.91 元及利息；（2）B 开发公司转让“龙里县综合集贸市场”正一层 4021.84 平方米房屋所有权给彭某的行为无效，彭某不享有该房屋的所有权；（3）A 银行对 B 开发公司的抵押物享有优先受偿权。

二审法院判决：驳回上诉，维持原判。

［裁判思路］

本案审理主要涉及两个焦点问题，本院认为其中已有理由阐述，现就裁判思路及具体依据分析如下：

（一）关于B开发公司以其“龙里县综合市场”正一层4082.4平方米的房屋所有权作为贷款抵押物与A银行签订的《抵押合同》是否合法有效的问题

关于该问题，彭某上诉主张的主要理由为：本案《抵押合同》未载明《国有土地使用权证》《建设用地规划许可证》和《建设工程规划许可证》的编号，且工程竣工后，B开发公司未重新办理抵押登记，该《抵押合同》违反了《城市房地产抵押管理办法》的相关规定，为无效合同。对于彭某该上诉主张及该事实依据是否充分，是否存在法定的支持理由，首先应当对我国法律关于抵押合同的立法本意和相关司法解释进行必要的了解。

根据1995年实施的《担保法》第34条规定、2000年9月29日实施的《担保法解释》第47条规定、第133条第3款规定可知，上述法律及司法解释规定表明：第一，在《担保法》规定现实财产权利可以作为抵押物的基础上，有条件地扩大了抵押物的范围，即在建房屋的期待权也可以作为抵押标的物。第二，抵押合同为债权合同，除法律另有规定外，抵押合同自成立之日生效。上述规定，填补了《担保法》第34条关于“以依法获准尚未建造的或者正在建造中的房屋或者其他建筑物抵押的，当事人办理了抵押登记，人民法院可以认定抵押有效”的空白，适应了市场经济发展的需要。使得融资活动对于促进金融业和房地产业的发展，保护抵押权人的合法权益都有着非常重要的意义。

依据《担保法》及《担保法解释》的相关规定衡量本案：第一，B开发公司为向贵州市商业银行借款490万元，以其依法获准正在建设的“龙里县综合集贸市场”在建工程正一层房屋作为贷款担保，该抵押物属于依法可以设定的抵押财产。第二，抵押物登记机关依照法定程序，以其公示方式将该抵押物上设定的抵押权以及抵押权变更、终止等事项已记载于特定的抵押物登记簿，并对外产生抵押登记的公示和公信效力。第三，《抵押合同》的形式与内容为双方自愿平等协商的结果，B开发公司领取了《他项权利证书》，A银行也依约向B开发公司发放了贷款。由此证明，本案《抵押合同》为双方当事人一致真实意思表示，内容不违反法律和行政法规的强制性规定。《抵押合同》不仅依法成立，而且符合《担保法》及《担保法解释》规定的法定生效要件，且已为当事人实际履行。至于《抵押合同》未载明《国有土地使用权证》《建设用地规划许可证》和《建设工程规划许可证》编号，以及项目在建工程竣工后，B开发公司没有重新办理抵押登记等情形，均属行政机关对当事人申请抵押登记或重新申请办理抵押登记所作出的行政审核管理性质的规定，非认定《抵押合同》效力的强制性法律规定。彭某上述理由显然依据不足。

（二）关于彭某对诉争房屋是否享有所有权的问题

关于该问题，彭某上诉主张其购买诉争房屋时，不知道诉争房屋已设定抵押的事实，属于善意取得。这涉及两个法律问题：一是彭某购买B开发公司已设定抵押的房产是否为善意取得。二是本案诉争房屋出现先抵后售的情况，即同一抵押标的物存在抵押权与债权冲突的情况下，应当如何处理。

首先，应当对善意取得的概念以及法律要件进行必要的了解。善意取得，又称即时取得。是指无权处分他人财产的占有人，擅自将其占有的他人财产交付于买受人后，如果买受人取得该财产时是处于善意，则其取得该财产的所有权，原财产所有人不得要求受让人返还该财产。善意取得制度意在保护民事主体的财产所有权，稳定社会经济和正常的商品交易安全。本案诉讼时，我国民事立法尚未对善意取得制度作出明确具体的规定，仅《民通意见》第89条有一原则性规定，尚不足以解决审判实践中对于善意取得纠纷的认定和处理。《商品房买卖合同解释》亦未对已设定抵押的商品房“先抵后售”的预售纠纷如何处理作出明确规定。

其次，在处理“先抵后售”纠纷案件中，对于认定买受人是否为善意取得，应区分不同情况予以处理：（1）出卖人在预售商品房时向买受人告知已设定土地使用权抵押的事实，买受人仍愿意购买的，表明买受人自愿承担将来抵押权人实现抵押权其不能取得房屋所有权的后果。上述情况下，买受人以抵押事实存在主张撤销预售合同的，不予支持。（2）出卖人预售房屋时已通知抵押权人并告知买受人在建工程已抵押的事实，买受人自愿购买的，对于买受人以抵押事实的存在，主张撤销预售合同的主张，亦不予支持。

无论是以土地使用权设定抵押，还是以依法获准在建工程抵押引起的纠纷，出卖人对告知买受人已设定抵押的事实均负举证责任。如果出卖人在预售房屋时未告知或不能证明已告知买受人已设定抵押的事实，买受人可根据《商品房买卖合同解释》第9条第2款之规定，以出卖人欺诈为由请求撤销预售合同、返还已付的购房款及利息，赔偿损失，并可以请求出卖人承担不超过已付购房款1倍的惩罚性赔偿责任。①

本案彭某诉称，其不清楚该诉争房屋已经设定抵押的事实。诉讼中，B开发公司作为出卖人未举证证明已向彭某履行了告知该预售房屋设定抵押的义务。

① 最高法院民事审判第一庭编：《民事审判指导与参考》2008年第3集，法律出版社2009年版，第217~218页。

B开发公司预售房屋时，彭某欲取得的房屋所有权的障碍已经存在，其对于潜在的交易风险没有足够的了解。在抵押权人A银行、B开发公司及彭某方当事人的利益关系中，出卖人B开发公司无论处于善意还是恶意，其行为均不合法，违反了《担保法》第49条第1款规定。B开发公司将诉争抵押物转让给彭某的行为，损害了抵押权人A银行的利益。买受人彭某在此交易中虽“无辜”，但在A银行此前已成为该抵押物的特定抵押权人的情况下，彭某无权以其不清楚诉争房屋已设定抵押的事实，属于善意取得为由主张房屋所有权。

需要特别说明的是，《物权法解释（一）》2016年3月1日起施行，该司法解释第15条、第16条、第17条、第18条关于善意取得作出了明确规定，如依据上述规定，本案彭某主张善意取得案涉房屋的问题即已有明确结论。

［**法律法规链接**］

《担保法》第34条、第49条

《担保法解释》第12条第1款、第47条、第133条

《民事诉讼法》）（2017年修正）第170条第1款第（1）项

《城市房地产抵押管理办法》第28条、第49条

27. 一房二卖所涉合同效力及物权确权问题的处理原则

【典型案例】

赵某与A开发公司破产清算组、B置换公司、刘某确认房屋所有权纠纷案[①]

［**案号**］

（2008）民提字第39号

［**案情**］

赵某对A开发公司享有债权，据此，赵某与A开发公司于2003年8月14日签订协议书约定，A开发公司将诉争房屋折抵债务给赵某，并由双方当事人另行签订房屋买卖合同。同日，赵某与A开发公司签订《商品房买卖合同》，并将签约日期倒签为2002年12月31日。2004年3月22日，一审法院

① 案例来源：载北大法宝，网址：http://www.pkulaw.cn/，最后访问时间：2017年7月6日。

受理A开发公司破产还债一案时，赵某未向一审法院申报债权。

2003年7月21日，A开发公司因贷款担保将本案诉争房屋抵押给银行，并在房产部门办理了抵押登记。2004年3月22日，A开发公司破产还债一案，在一审法院立案。2005年11月28日，银行与B置换公司签订《债权转让合同》，向B置换公司转让其对A开发公司享有的债权99 800 000.00元，该债权为有财产担保的债权，担保方式为不动产抵押，抵押物为包括本案诉争之房的156套商品房。《债权转让合同》还约定，在B置换公司支付全部转让价款后，有权以自己的名义对外销售抵押物。2006年11月1日，B置换公司与刘某签订《房产买卖协议》，将本案诉争房屋卖给刘某，刘某已经支付全部购房款，并领取了该房屋的产权证书，实际占有使用诉争房屋至今。

诉争房屋出卖给刘某后，赵某向一审法院提起诉讼，请求：1. 确认B置换公司与刘某之间就诉争房屋所订立的房屋买卖协议无效；2. 判令A开发公司清算组依法协助赵某办理诉争房屋的权属证书。

[法院认为]

一审法院认为：本案是房屋所有权确认纠纷。A开发公司因贷款担保将诉争房屋抵押给银行，并在房产管理部门办理了抵押登记，银行取得诉争房屋担保物权的行为未违反法律，合法有效。2005年11月28日，银行将该担保物权所担保的债权转让给B置换公司。后B置换公司与刘某签订《房产买卖协议》，将诉争房屋卖给刘某，刘某领取了该房屋的产权证书。由于赵某与A开发公司签订《商品房买卖合同》后，没有在房产管理部门办理产权变更登记，不能产生物权变动的法律效力，故刘某的物权有效并具有优先于赵某基于合同产生的债权的效力。赵某基于《商品房买卖合同》，享有的只是债权请求权，没有对抗第三人的效力，故对赵某主张确认B置换公司与刘某订立的《房产买卖协议》无效及A开发公司清算组协助赵某办理诉争房产权属证书的诉讼请求，不予支持。

赵某不服一审法院判决，提起上诉。

二审法院认为：本案争议的焦点问题为赵某应否取得诉争房屋的所有权。根据本案查明的事实，银行依法对A开发公司享有债权，其与B置换公司签订《债权转让合同》，将该债权转让给B置换公司，B置换公司支付了转让款。同时，该合同约定，B置换公司有权以自己的名义对外销售抵押物、该《债权转让合同》是双方当事人真实意思表示，不违反法律、行政法规的强制性规定，应为有效。2003年8月14日，赵某与A开发公司签订《商品房买卖合同》，虽然双方当事人倒签合同缔约时间，但该合同亦为当事人的真实意思表示，内容合法，且合同已经开始履行，即赵某实际支付了该合同项下的购房款，亦应认定为有效合同。此后，B置换公司与刘某签订合同，将诉争房屋出卖给刘某，刘某支付了全部购房款，办理了房屋过户手续，取得了诉争房屋的产权证明，并实际占有使用该房屋至今，一审法院认定该房屋买卖合同有效，适用法律并无不当。鉴于诉争房屋已经办理房产过户手续，刘某取得了诉争房屋的产权证，应认定该房屋已经发生了物权变动的法律后果。赵某在与A开发公司签订《商品房买卖合同》后，未办理房产过户手续。一审法院认为赵某只对A开发公司享有债权请求权，其不能对抗刘某依法取得物权的效力，依据充分。据此，赵某要求A开发公司为其办理诉争房屋过户手续的上诉请求，不予支持。赵某基于其与A开发公司的合同关系而产生的债权纠纷，可另寻法律途径解决。

[裁判结果]

一审法院判决：驳回赵某的诉讼请求。

二审法院判决：驳回上诉，维持原判。

[裁判思路]

随着我国近年经济高速发展，房地产市场交易及资本运作模式发生较大变化，一房二卖的情况并不鲜见。由此引发的合同效力及物权确权纠纷中，应当如何处理，司法实践中已有明确观点和法律依据。本案中，赵某与A开发公司于2003年8月14日签订的《商品房买卖合同》，为双方真实意思表示，内容合法，赵某实际支付了该合同项下的购房款，且合同已经开始履行，应认定为有效合同。而银行依法将其对A开发公司享有的债权转让给B置换公司，B置换公司支付了转让款，该《债权转让合同》为双方当事人真实意思表示，不违反法律、行政法规的强制性规定，应为有效。同时，B置换公司根据该合同约定，有权以自己的名义将诉争房屋出卖给刘某，刘某亦支付了全部购房款，办理了房屋过户手续，并取得了诉争房屋的产权证明，且实际占有使用该房屋，该《房产买卖合同》亦为有效。在诉争房屋存在两份有效的《房产买卖合同》情况下，根据《物权法》的相关规定，不动产的物权变动，必须以登记为必要条件。不动产物权的登记制度是不动产物权的公示方法，是指物权在发生变动时，必须将变动的事实通过一定的公示方法向社会公开，从而使第三人知道物权变动的情况，以避免第三人遭受损害并保护交易安全。物权具有排他性，物权的变动也产生排他效果。[①] 基于上述理由，由于诉争房屋已由刘某办理房产过户手续，取得了房屋的产权证，应认定该

① 最高法院民事审判第一庭编：《民事审判指导与参考》2009年第2集，法律出版社2009年版，第245~246页。

房屋已经发生了物权变动的法律后果。赵某在与A开发公司签订《商品房买卖合同》后，未办理房产过户手续。故一审法院认为赵某只对A开发公司享有债权请求权，其不能对抗刘某依法取得物权的效力，依据充分。

[法律法规链接]

《担保法》第41条、第42条

《物权法》第6条、第9条第1款

《民事诉讼法》（2017年修正）第170条第1款第（1）项

28.《商品房买卖合同解释》第8条规定的惩罚性赔偿，一般不应与《合同法》第113条规定的可得利益损失赔偿同时适用

【典型案例】

郑某与A公司商品房买卖合同纠纷案[①]

[案号]

（2014）民一终字第198号

[案情]

2004年1月16日，A公司与郑某签订《商铺认购书》，约定：将万通中心商铺一层1231、1232号商铺，面积251.77平方米，单价20 000元每平方米，总价5 035 400元出售给郑某。并约定了定金交付、银行按揭付款的比例等条款。

2004年3月13日双方签订《商品房买卖合同》，约定：将A公司万通中心商铺一层1235号商业用房，面积251.77每平方米，单价20 000元每平方米，总价5 035 400元出售给郑某。2004年3月16日，郑某付清首付款2 014 400元，余款3 021 000元办理了银行按揭贷款。A公司于2005年6月将该商铺交付给郑某，之后由郑某对外出租。郑某使用期间，未办理房屋产权过户手续。2004年3月13日，郑某与银行签订了《个人住房按揭合同》，就上述房产购房余款3 021 000元办理了按揭贷款手续，贷款期限为2004年7月1日至2014年6月30日，并以上述房产作了抵押。

① 案例来源：载中国裁判文书网，网址：http：//wenshu.court.gov.cn/，最后访问时间：2017年7月7日。

2012年1月16日，A公司与B百货公司签订《商品房买卖合同》，A公司将郑某已购商铺在内的一层46~67号商铺2089.09每平方米，以单价9 000元每平方米，总价18 801 810元售予B百货公司。2012年1月20日双方办理了房屋产权过户手续。

A公司向B百货公司交接上述房产期间，A公司与郑某就郑某所购商铺的回购问题进行过协商，双方由于付款等问题最终未达成一致意见。

郑某向一审法院提起诉讼，请求判令：（1）解除《商品房买卖合同》；（2）A公司返还郑某已付购房款5 035 400元及至2013年7月21日按揭贷款利息1 070 474.58元，赔偿房屋涨价损失12 898 177.10元，查档费550元，并请求A公司承担已付购房款一倍的赔偿5 035 400元，合计24 040 001.68元。

诉讼期间，根据郑某申请，一审法院委托司法鉴定机构对案涉商铺以委托日为基准日的市场价格进行了评估。经评估，案涉商铺总价为17 933 600元。在审理过程中，一审法院委托上述鉴定机构以2012年1月20日作为基准日的市场价格予以了补充评估。经评估，案涉商铺此时的总价为16 549 100元。

［**法院认为**］

一审法院认为：（1）关于双方签订的《商品房买卖合同》应否解除的问题。双方签订的《商品房买卖合同》是双方当事人真实意思表示，不违反法律法规的强制性规定，合法有效。一审庭审中，双方当事人均认可并同意合同解除，鉴于A公司与B百货公司已经办理了案涉商铺的产权过户手续，B百货公司已支付购房款，郑某与A公司之间的合同已无法继续履行。因此，郑某与A公司之间的《商品房买卖合同》应予解除。（2）关于A公司应否返还郑某购房款5 035 400元，赔偿郑某按揭贷款利息1 070 474.58元、房屋涨价损失12 898 177.10元、查档查询费550元和已付房款一倍的赔偿5 035 400元的问题。由于双方当事人之间合同予以解除,A公司因合同收取的购房款5 035 400元应向郑某返还。由于A公司的行为违反了其与郑某的合同约定,应承担相应的违约损害赔偿责任。根据《商品房买卖合同解释》第8条及《合同法》第113条之规定,虽然A公司的行为给郑某造成了损失,但该损失应当以合同正常履行后郑某可以获得的利益为限。A公司于2012年1月20日为陌华公司办理了案涉商铺的过户手续,导致其与郑某的合同无法履行，应以此时的案涉商铺市场价与购买价之间的差价11 513 700元向郑某赔偿。郑某主张的按揭贷款利息为合同正常履行后郑某为获得利益所支出的必要成本，不予支持。关于郑某主张的已付房款一倍的赔偿，虽然A公司存在违约行为，但A公司向B百货公司过户商铺产权时，就案涉商铺的回购问题与郑某进行过洽谈，且以同样方式回购了其他商铺，该行为有别于上述司法解释规定的一房二卖中出卖人存在欺诈或恶意的情形，对郑某的此项诉求不予支持。

郑某及A公司均不服一审法院判决，提起上诉。

二审法院认为：本案争议焦点为，（1）A公司是否应赔偿郑某已付购房款1倍的损失5 035 400元；（2）一审法院判决A公司赔偿郑某商铺差价损失11 513 700元是否正确。

1. 关于A公司是否应赔偿郑某已付购房款一倍的损失5 035 400元的问题。首先，《商品房买卖合同解释》第8条规定明确了赋予买受人请求出卖人承担合同解除后的民事责任，并承担不超过已付购房款一倍的惩罚性赔偿责任的权利。其次，根据《合同法》第113条第1款的规定，合同履行后的可得利益应当由违约方予以赔偿，而结合《商品房买卖合同解释》第8条的制定背景及目的，该条规定的“损失”并不包括对可得利益损失的赔偿。因此，综合上述情形考虑，虽然A公司存在违约行为，但郑某已经占有案涉商铺6年多并用于出租，A公司向B百货公司过户商铺产权时，就案涉商铺的回购问题与郑某进行过洽谈，且以同样方式回购了其他商铺，有别于《商品房买卖合同解释》第8条规定的情形，一审对郑某该主张的判决并无不当，予以维持。

2. 关于一审法院判决A公司赔偿郑某商铺差价损失11 513 700元是否正确的问题。郑某一审起诉所主张的房屋涨价损失，实际上指的就是可得利益损失。根据《合同法》第113条第1款规定，结合本案，A公司与郑某签订《商品房买卖合同》时，《商品房买卖合同解释》已经实施。因此，A公司应当预见到，如其违反合同约定，根据该解释第8条的规定，其可能承担的违约责任，除对方当事人所受直接损失外，还可能包括已付购房款一倍的赔偿。综合本案中郑某实际占有并出租获益的实际情况，以及A公司将案涉房产转售他人的背景、原因、交易价格等因素，一审判令A公司赔偿郑某11 513 700元，导致双方当事人之间利益的显失平衡，超出了当事人对违反合同可能造成损失的预期。为了更好平衡双方当事人的利益，二审法院酌定A公司赔偿郑某可得利益损失5 035 400元。

［裁判结果］

一审法院判决：（1）解除郑某与A公司签订的《商品房买卖合同》；（2）A公司向郑某返还已付购房款5 035 400元，赔偿商铺差价损失11 513 700元和查档查询费550元；（3）驳回郑某的其他诉讼请求。

二审法院判决：（1）维持一审法院判决第1项、第3项；（2）变更一审法院判决第2项为：A公司向郑某返还已付购房款5 035 400元，赔偿可得利益损失 5 035 400 元和查档查询费 550 元。

[裁判思路]

本案审理的核心问题，在于如何理解《商品房买卖合同解释》第 8 条规定的出卖人应承担的违约责任。

第一，根据《商品房买卖合同解释》第 8 条的规定，本案中，A 公司在将案涉房屋出卖给郑某后，又将其出售给 B 百货公司并办理了产权过户手续，在形式上符合《商品房买卖合同解释》第 8 条规定的情形。根据该条规定，首先，出卖人应当承担解除合同、返还已付购房款及利息、赔偿损失，上述为合同解除后出卖人应承担的责任；其次，买受人并可请求不超过已付购房款一倍的赔偿责任，而该责任系出卖人因其恶意违约行为应承担的惩罚性赔偿责任。从文义理解，上述两种责任是并行不悖的，无法取得房屋的买受人可以请求出卖人同时承担上述两种责任。①

第二，郑某请求 A 公司赔偿购房按揭贷款利息及已付购房款 1 倍的损失，对此应否支持，应当在正确理解《商品房买卖合同解释》第 8 条规定的背景、涵义的基础上，结合本案的实际情况加以认定。关键问题在于对《商品房买卖合同解释》第 8 条中所称“损失”的理解，对此，应当以该司法解释制定时的考虑及理论研究背景加以理解。损害赔偿，又称为赔偿损失，是指违约方以支付金钱的方式弥补受损害方因违约行为所减少的财产或者所丧失的利益，包括所受损失和可得利益。理论与实践中，对合同解除的损害赔偿范围存在较大争议。我们认为，根据《民法总则》和《合同法》有关规定及损害赔偿理论，合同解除后的损害赔偿首先应包括因恢复原状而发生的损害，因为合同解除的法律效果就是要将当事人之间的权利义务关系恢复到合同订立前的状态，恢复原状作为合同解除的首要责任，其目的就在于通过当事人之间相互返还已履行的财产，恢复到当事人的财产原始状况。如通过返还财产的办法仍不足以使当事人的财产关系恢复到原来状态，还有因订立、履行合同或返还财产等实际支出的费用，就需借助损害赔偿予以补救。这些费用主要为因返还财产支出的必要费用、为订立合同或履行合同而造成的财产实际损失等，也即所受损失。但解除合同的损害赔偿不包括对可得利益损失的赔偿。根据《合同法》第 113 条规定，可得利益是在合同完全履行的情况下才能产生，只是在当事人一方不履行合同义务或者履行不符合约定，相对方请求人民法院强制违约方履行时应承担的赔偿责任，可得利益的取得是以合同

---

① 最高法院民事审判第一庭编:《民事审判指导与参考》2015 年第 1 集，人民法院出版社 2015 年版，第 253 页。

双方继续履行为前提的。在合同解除的情况下，表明守约当事人不愿继续履行合同，放弃了可得利益，因此，赔偿损失范围内不应包括可得利益的损失。但在商品房买卖纠纷中，仅仅赔偿所受损失，在房价快速大幅上涨的情形下，往往会导致出卖人违约成本过低，为平衡买卖双方的利益，司法解释该条规定还对出卖人课以赔偿相应的购房款利息以及不超过已付购房款一倍的惩罚性赔偿。按此理解，A公司按照《商品房买卖合同解释》第8条规定应承担的赔偿责任总计不应超过1200万元，而一审判决根据《合同法》第113条规定，已判决A公司承担民事责任数额达1600万元。且在本案中，案涉房屋已经交付给郑某6年多，郑某已通过出租获益，且A公司在当地政府的主导下与郑某进行了房屋回购的洽谈，这有别于《商品房买卖合同解释》第8条的情形。所以，一审判决对郑某主张的按揭贷款利息及已付购房款一倍的赔偿未予支持并无不当，符合《合同法》第113条、《商品房买卖合同解释》第8条的精神以及本案的实际情况。

第三，对于可得利益损失的计算有其特定的法律规则。《合同法》第113条明确规定损失赔偿额应当相当于因违约所造成的损失，包括合同履行后可以获得的利益，但不得超过违反合同一方订立合同时预见到或者应当预见到的因违反合同可能造成的损失。《民商事合同纠纷指导意见》第10条规定：人民法院在计算和认定可得利益损失时，应当综合运用可预见规则、减损规则、损益相抵规则以及过失相抵规则等，从非违约方主张的可得利益赔偿总额中扣除违约方不可预见的损失、非违约方不当扩大的损失、非违约方因违约获得的利益、非违约方亦有过失所造成的损失以及必要的交易成本。因此，根据可预见规则，2004年双方订约卖房，考虑到无论哪一方当事人都难以预期2012年的房价，故仅仅以合同无法继续履行时点的市场价与郑某购买价之间的差额计算可得利益损失，难免有失公平，且本案A公司并非明显为了牟利而恶意违约及郑某于占有房屋期间所获收益等情况，一审判决A公司承担1100万的可得利益损失在法律和事实上均有不当。而参考《商品房买卖合同解释》第8条关于惩罚性赔偿的规定确定可得利益损失较为恰当。且双方签约时，《商品房买卖合同解释》已经生效实施，A公司应当预见到如果违反合同约定，则其除去应承担对方所受损失外，还包括买方已支付购房款一倍的惩罚性赔偿。如上所述，本案不应支持惩罚性赔偿，但以此为参照标准确定应赔偿的可得利益损失有事实及法律依据，故二审法院最终确定A公司赔偿郑某的可得利益损失金额调整为5 035 400元。

[法律法规链接]

《合同法》第113条

《商品房买卖合同解释》第 8 条
《民事诉讼法》（2017 年修正）第 170 条第 1 款第（2）项
《民商事合同纠纷指导意见》第 10 条

第三节　商品房《包销合同》的司法处理

在商品房开发经营中，对资本的要求较一般的经营活动更高。开发商总是希望其开发的商品房能尽快地售出，回笼所投入的资金，以降低资金压力，降低经营风险，获取更多利润。而商品房销售中介商往往在市场销售的环节上更具专业，其希望将开发商开发的商品房“批发”过来再行销售以获取差价利润，但商品房的价值巨大，作为不动产的交易还需产生过户的税费等相关费用，商品房销售中介商往往难以承受此过程中需要的资金要求。开发商与中介商这种利益的博弈催生了商品房包销行为的诞生。实际上，商品房包销的模式也降低了商品房交易的成本，促进了商品房的销售，对房地产市场起到了积极的作用。在现实的生活中，商品房包销的经营方式也已经成为房地产销售的一种重要营销模式。但在商品房包销过程中常因为包销人没有取得房地产经营资格等问题产生各类纠纷，本章就商品房包销纠纷的裁判规则进行了初步的探讨。

29. 当事人以违反税收征管法律法规的强制性规定主张民事合同无效的，应重点审查订立合同之目的是否存在《合同法》第 52 条所规定的“违法性”

【典型案例】

A 置业公司与 B 开发公司、C 咨询公司商品房包销合同纠纷案[①]

［案号］

（2006）民一终字第 55 号

① 案例来源：载北大法宝，网址：http://www.pkulaw.cn/，最后访问时间：2017 年 7 月 11 日。

[案情]

2004年1月4日，B开发公司、C咨询公司作为乙方与甲方A置业公司签订《包销合同》，约定：乙方包销甲方开发的众昌金城大厦4至28层办公建筑面积28 000平方米，包销底价为每平方米9000元，乙方可自行确定销售价格，销售价格高于包销底价的部分归乙方所有。不论盈亏，乙方均应保障甲方按期如数获得约定的包销总额。众昌金城大厦包销总额约为3亿元，如实际销售面积有变化，则按上述单价标准计算销售总额。甲、乙双方应各自承担所取得的“销售所得”所产生的营业税及附加税，同时乙方开具超出部分款项（扣除乙方支付予甲方超出部分款项的营业税和附加税）的咨询服务业发票给甲方。双方在本协议签署后，于2004年7月31日前，在监管银行开设两个甲方账户，该项目所有销售所得均应存入该两个账户，并由银行监管按约操作，如甲方违反本条约定，除退还乙方保证金20万元外，须向乙方赔偿违约金2000万元，如乙方违反本条约定，则甲方有权没收乙方保证金2000万元；如甲方无故提前中止本合同，需双倍返还乙方已支付之保证金，并另行赔偿乙方1000万元；如乙方无故提前中止本合同，甲方除没收乙方已支付的保证金外，乙方另需赔偿甲方1000万元。双方另就商场代销事宜、预售合同的签订、宣传策划费用的承担等做了约定。

2005年1月12日，A置业公司向B开发公司与C咨询公司发出律师函，认为：B开发公司与C咨询公司从事的包销房地产行为实际上属变相从事房地产开发，超越了经营范围；B开发公司与C咨询公司收取底价以上部分的房款差价已超出了房地产咨询费的范畴，约定开具咨询服务业发票也违反了《价格法》及相应房地产咨询收费限价的规定；B开发公司与C咨询公司在销售过程中，有关广告及宣传的内容均未事先取得A置业公司的认可。故A置业公司表示决定解除与B开发公司与C咨询公司所签《包销合同》，并通知B开发公司与C咨询公司从即日起立即停止一切销售行为，有关善后事宜可协商解决，A置业公司收取的2000万元保证金将予以退还。后A置业公司在售楼处张贴了公告，封闭了售楼处，遂引发本案诉讼。

B开发公司和C咨询公司起诉称，在B开发公司与C咨询公司无任何违约情况的前提下，A置业公司无故单方解约，同时拒绝配合B开发公司与C咨询公司与客户签署网上销售合同，显属恶意违约。请求判令：（1）A置业公司支付已完成销售部分（417套）的包销溢价87 626 562元；（2）A置业公司赔偿因其违约致使未实现包销部分的可得利益损失39 651 454元；（3）A置业公司因违反《包销合同》第5.4条之约定，承担违约金2000万元；（4）A置业公司双倍返还包销保证金4000万元。一审法院立案后，B开发公司与

C咨询公司于2005年5月16日向一审法院申请变更诉讼请求，明确表示因A置业公司违约，继续履行合同已无实际可能。经双方核对，确认至2005年7月11日，已签售登记445套房屋，其中416套为B开发公司与C咨询公司所售双方无争议，第一项诉请所主张的417套房屋的包销溢价包括了该416套，其放弃主张多出1套房屋的销售溢价，以双方确认的416套房屋的售价和面积为准，主张包销溢价。

[法院认为]

一审法院认为：B开发公司、C咨询公司与A置业公司所签《包销合同》系双方当事人真实意思表示，内容未违反法律法规的禁止性规定，应为有效协议，双方均应按约履行。现双方主要争议在于A置业公司单方提出解约是否构成违约。A置业公司提出解约理由为：(1)《包销合同》属委托合同，根据《合同法》第410条规定，委托人可随时解除；(2)B开发公司与C咨询公司超越经营范围，开具咨询费发票的约定违反《价格法》；(3)B开发公司与C咨询公司所做广告未经A置业公司确认，存在一房多售、未办理定金合同网上备案登记等违规行为。结合A置业公司上述理由，第一，我国立法并未对《包销合同》的性质予以规定，通常是将之作为无名合同，或参照当事人的意思自治和合同目的，适用与近似的有名合同的法律规定处理。委托合同受托人是按照委托人的指示处理委托事务，委托人向其支付相应的报酬。而《包销合同》是指开发商与包销人之间订立商品房《包销合同》。合同约定开发商以包销基价，将其开发建设的房屋交由包销人以开发商的名义进行销售，包销期满，对包销人未销售的房屋由包销人按照合同约定的包销价格进行购买。因此，《包销合同》不同于委托合同，包销人不仅享有销售差价利益，同时也承担销售风险。包销关系一旦成立，销售权就归属包销人所有，开发商因此丧失了自行销售处分的权力。故A置业公司主张本案《包销合同》属委托合同，不予支持。第二，B开发公司与C咨询公司是否超越经营范围，如何开具发票均属于行政管理范畴，在国家法律、行政法规对包销人的主体资格没有禁止性规定的情况下，A置业公司以此为由要求解约，亦无依据。第三，关于一房多售的问题，B开发公司与C咨询公司作为包销方，拥有销售权，但买受人最终是与A置业公司签约，A置业公司完全可以把关防止一房多售的情况发生，不能以此作为A置业公司解除《包销合同》的理由。关于B开发公司与C咨询公司所作广告是否经A置业公司确认以及定金合同网上备案登记的问题，既非双方约定的解除事由，亦非法定解除事由。但B开发公司与C咨询公司于诉讼中变更请求，同意合同终止履行，故确认双方所签《包销合同》予以解除。

由于A置业公司的违约行为，致《包销合同》不能完全履行，B开发公司与C咨询公司的签约目的及依合同应当获取的利益无法全部实现，对此A置业公司应承担相应责任。关于B开发公司与C咨询公司主张的已实现包销房屋之溢价款，合同虽终止履行，但已履行部分应按照合同约定并根据双方确认的情况计算B开发公司与C咨询公司应得的包销溢价。关于B开发公司与C咨询公司主张的可得利益损失，根据《包销合同》16.4条约定，参照已售房屋均价计算未售部分的可得利益损失，并无证据显示在A置业公司承担了上述违约责任后，尚不足以弥补B开发公司与C咨询公司的该项损失，故对于B开发公司与C咨询公司同时主张的可得利益损失，不予支持。关于B开发公司与C咨询公司主张的A置业公司未设立包销监管账户的责任问题，在A置业公司未按约设立监管账户的情况下，B开发公司与C咨询公司并未提出异议，仍开始了包销，可视为双方以实际行为变更了合同的约定。B开发公司与C咨询公司主张的该项违约金理由不成立，不予支持。

A置业公司不服一审法院判决，提起上诉，请求判令撤销一审法院判决第1、2项，改判驳回B开发公司和C咨询公司除返还2000万元保证金外的其他诉讼请求。具体理由为：本案《包销合同》第5.3条约定的目的在于使B开发公司、C咨询公司偷逃巨额所得税和土地增值税，B开发公司、C咨询公司就其包销所得开具的是咨询服务业发票，而按照咨询服务业最高收费标准不得高于成交价的3%。按照一审法院判决数额，B开发公司、C咨询公司实际收取了超出成交价35%的咨询服务费，违反了国家有关税收、价格方面法律法规的强制性规定。根据《合同法》第52条以及《税收征收管理法实施细则》第3条第2款的规定，本案《包销合同》应当认定无效。

二审法院认为：本案的争议焦点是B开发公司，C咨询公司与A置业公司签订的《包销合同》是否有效。从《包销合同》第5.3条约定的内容来看，双方只是未就企业所得税和土地增值税作出约定，但即使当事人未约定，纳税义务主体仍应按照税收法律、行政法规的相关规定交纳各种税费。所以，在B开发公司、C咨询公司尚未实际收到包销溢价，计税前提还不存在的情况下，A置业公司仅依据《包销合同》约定认为B开发公司、C咨询公司偷逃漏税，理据明显不足。原国家计委、建设部《关于房地产中介服务收费的通知》第6条第4款规定，实行独家代理的，收费标准由委托方与房地产中介机构协商，可适当提高，但最高不超过成交价格的3%。房地产包销是在实践中逐渐发展起来的，我国相关法律、行政法规并没有具体明确的规定。从法律关系性质上讲，包销法律关系既有别于“独家代理”，也不同于一般意义上的房地产中介服务。因此，A置业公司认为B开发公司、C咨询公司就其得到的包销溢价开具咨询服务业发票，违反了前述《通知》有关条款规定的理由和主张，不能成立。退而言之，如果B开发公司、C咨询公司收到包销溢价后确实存在偷逃税收的行为，其应承担的是税收法律、行政法规规定的责任，与A置业公司应该承担合同解除后的相应责任之间没有关联性，也不能据此认定《包销合同》无效。

[**裁判结果**]

一审法院判决：（1）A置业公司支付B开发公司、C咨询公司包销溢价款71 147 007.97元；（2）A置业公司双倍返还B开发公司、C咨询公司保证金共计4000万元，并赔偿1000万元；（3）B开发公司、C咨询公司其余诉讼请求不予支持。

二审法院判决：驳回上诉，维持原判。

[**裁判思路**]

本案争议焦点问题是应否以违反税收征管法律、行政法规为由，认定B开发公司、C咨询公司与A置业公司签订的《包销合同》无效。分析如下：

（一）本案当事人订立《包销合同》的目的并非意在偷逃税款

从《包销合同》第5.3条约定内容看，双方当事人确实未就企业所得税、土地增值税等税赋的交纳做出约定。但就民事行为实践而言，当事人在民事合同中通常只会对相关税赋的实际承担问题做出约定，而对需交纳何种税赋一般不会进行约定。因为税收征管法律、行政法规对包括企业所得税和土地增值税在内的各种税赋的征缴都有明确规定，不论当事人是否约定，都不影响相应税款的征缴。换言之，未就企业所得税和土地增值税交纳问题做出约定，并不说明当事人就是要偷逃应缴税赋。据此，认定案涉《包销合同》存在目的违法，没有依据。

（二）关于B开发公司、C咨询公司收取包销溢价超过咨询服务业最高收费标准的问题

包销是房地产市场发展过程中的产物。按照现行民事基本法律所作的类型化区分标准看，属于无名法律关系。从当事人权利义务关系、风险负担乃至利润分配等方面看，包销具有高风险、高收益的特征，与代理以及其他房地产中介服务存在本质的不同。从境外房地产市场的包销实践看，也没有对包销商收取包销溢价的比例限制。在我国法律、行政法规尚无对包销明确规定的前提下，不能将《价格法》以及原国家计委、建设部《关于房地产中介服务收费的通知》作为认定包销商收取包销溢价是否合法的依据。

（三）关于B开发公司、C咨询公司就其所得包销溢价出具咨询服务业发票的问题

本案包销溢价是B开发公司、C咨询公司依据合同取得，作为企业营业收入，其应按照税收征管法律、法规交纳企业所得税。至于B开发公司、C咨询公司就该笔所得开具咨询服务业发票，涉及的是包销溢价收入应当如何计税以及纳税义务主体应当如何开具计税凭证的问题，不属于民法调整范围。如果B开发公司、C咨询公司确实存在偷逃税款的行为，其须承担的应当是税收征管法律、行政规定的处罚后果，与A置业公司依据《包销合同》约定支付包销溢价等责任之间没有联系。[①]

［**法律法规链接**］

《合同法》第52条、第410条

《税收征收管理法实施细则》（2016年修订）第3条第2款

《民事诉讼法》（2017年修正）第170条第1款第（1）项

30. 购房人与包销人就商品房销售引发的纠纷中，开发商是否承担连带责任的区别认定

【典型案例】

白某、孟某与A开发公司、B咨询公司商品房预售合同纠纷案[②]

［**案号**］

（2017）津02民终2827号

［**案情**］

A开发公司与B咨询公司为包销合作关系，A开发公司为开发商，B咨询公司为销售商。2013年6月14日，白某、孟某与B咨询公司约定，由白某、孟某购买A开发公司开发的商品房澜海庄园8-602室，约定价款为每平方米6000元，总房款520 000多元，定金50 000元。白某、孟某于当天向A

① 最高法院民事审判第一庭编：《民事审判指导与参考》2008年第3集，法律出版社2009年版，第241页。

② 案例来源：载中国裁判文书网，网址：http://wenshu.court.gov.cn/，最后访问时间：2017年7月26日。

开发公司交纳了10 000元定金，于2013年6月20日，将剩余的定金40 000元交纳给了B咨询公司。2013年8月30日和2013年10月8日，白某、孟某两次向B咨询公司汇款300 000元购房款。白某、孟某交款后，A开发公司一直未与白某、孟某签订合同，现因A开发公司开发的案涉项目房屋已经被法院查封，合同已经无法履行。

白某、孟某向一审法院提起诉讼，请求：（1）A开发公司、B咨询公司返还白某、孟某购房款350 000元；（2）A开发公司、B咨询公司支付白某、孟某利息50 000元；（3）诉讼费用由A开发公司、B咨询公司承担。

[法院认为]

一审法院认为：商品房包销是开发商与包销人之间订立商品房包销合同，约定开发商以包销基价，将其开发建设的或尚未建成但符合预售条件的期房，交由包销人以开发商的名义进行销售，包销期满，包销人对未销售的房屋按照合同约定的包销价格购买的行为。因此，包销人对包销的房屋享有销售权，并有权获取包销基价与销售价之间的差价。且包销人以开发商的名义进行销售，开发商进行相关手续的配合，如签订合同盖章、办理产权手续等。因此，包销关系不同于代理关系、亦不是居间服务关系。本案中，A开发公司与B咨询公司系包销合作关系，B咨询公司取得了房屋的销售权及定价权，B咨询公司在销售过程中所获取的溢价为其合理合法的收入，受到法律保护。白某、孟某在购买澜海庄园8-602室号房屋时，所汇款项10 000元用于向A开发公司预留房屋外，其余房款340 000元均汇款给了B咨询公司，现因合同已经无法履行，故B咨询公司应当返还白某、孟某购房款340 000元，A开发公司返还10 000元认购款。白某、孟某主张利息，按照银行同期贷款利率计算，经计算白某、孟某主张50 000元，并不高于银行同期贷款的利息金额，故应予以支持，其中A开发公司应当返还白某、孟某利息金额为1635.31元，B咨询公司应当返还白某、孟某利息48 364.69元。白某、孟某要求A开发公司、B咨询公司承担连带责任，没有法律依据，不予支持。

白某、孟某不服一审法院判决，提起上诉。

二审法院认为：本案争议焦点为A开发公司是否应返还全部购房款，B咨询公司是否应承担连带给付责任。根据查明事实可知，A开发公司与B咨询公司签订的包销协议，B咨询公司以A开发公司的名义对外销售房屋，A开发公司配合B咨询公司与白某、孟某签订合同及办理房屋的过户手续，房屋的买卖双方应为白某、孟某与B咨询公司。A开发公司与B咨询公司为包销关系，白某、孟某主张A开发公司与B咨询公司为代理关系，其与A开发公司存在房屋买卖关系，缺乏事实和法律依据。B咨询公司依据包销协议取得了房屋的销售权及定价权，B 咨询公司有获取房屋款项的权利，且白某、孟某购买房屋时亦将定金 40 000 元及购房款 300 000 元支付给 B 咨询公司，因双方合同不能履行，B 咨询公司应返还白某、孟某支付的上述款项。一审法院判令 B 咨询公司返还上述款项，并无不当。因无证据证明 B 咨询公司将收取的上述款项支付 A 开发公司，故白某、孟某依据包销协议第 3 条要求 A 开发公司返还全部款项，不予支持。白某、孟某依据包销协议第 7 条要求 A 开发公司返还全部款项，因双方尚未签订房屋买卖合同，本案不适用该条款的规定，故白某、孟某依据该条款要求 A 开发公司返还全部款项，不予支持。白某、孟某以房屋被法院查封，由于 A 开发公司、B 咨询公司的过错致使无法与其签订房屋买卖合同，白某、孟某主张 A 开发公司、B 咨询公司承担连带责任，于法无据，不予支持。

[裁判结果]

一审法院判决：（1）A 开发公司返还白某、孟某购房款 10 000 元及利息 1635.31 元；（2）B 咨询公司返还白某、孟某购房款 340 000 元及利息 48 364.69 元；（3）驳回白某、孟某的其他诉讼请求。

二审法院判决：驳回上诉，维持原判。

[裁判思路]

本案的争议焦点主要是 A 开发公司、B 咨询公司是否应对返还白某、孟某购房款及利息承担连带责任，白某、孟某是否有权主张由 A 开发公司返还全部购房款及利息。首先，应当明确包销合同的法律性质，其次应当分析开发商及包销人是否应对买受人承担连带责任。

（一）包销合同的法律性质

商品房包销是开发商与包销人之间订立商品房包销合同，约定开发商以包销基价，将其开发建成并符合出售条件的房屋，或者尚未建成但符合预售条件的期房，交由包销人以开发商的名义进行销售，销售期满，对包销人未销售的房屋由包销人按照合同约定的包销价格购买的行为。即当开发商开发建设的商品房项目符合法律法规规定的销售条件时，开发商与包销人之间以书面合同方式确立双方之间的商品房包销法律关系，确定包销价格、付款方式及交付期限等条款，从而使包销人取得对包销房屋自主定价、独家销售的权利，包销人以开发商名义对外销售，同时承担在约定期限届满购买剩余房屋的义务。[①]

---

① 王林清等：《房屋买卖合同纠纷裁判思路与裁判规则》，法律出版社 2016 年版，第 284 页。

司法实践中对于商品房包销的法律性质存在多种不同观点，因目前我国立法对商品房包销没有规定，理论与实践中对其性质亦无明确定论，所以，司法实践中通常将其作为一中无名合同予以规范，而对于无名合同应当参照当事人的意思自治及合同目的，适用与该合同相近似的有名合同的法律规定处理，没有近似有名合同的，根据《合同法》第8条规定，应用《合同法》的原则和民法原理处理。

（二）开发商与包销人买受人承担连带责任

关于该问题，结合本案实际情况，存在两种观点：一种观点认为，开发商应当承担连带责任，对于买受人来说，买卖行为是由包销人与开发商共同完成的，收房利益也由开发商与包销人共同享有，当买受人的合同权利受到侵害，开发商与包销人之间的违约责任没有先后、大小之分，故应承担连带责任；另一种观点认为开发商不应承担连带责任，因为开发商与包销人之间形成的是商品房包销法律关系，而包销人与买受人之间形成的商品房销售法律关系，这是包销人与开发商及买受人之间分别形成的两个独立的法律关系，故买受人因与包销人引发的纠纷，应在商品房销售法律关系主体之间解决，而不应突破合同相对性，由开发商承担连带责任。

我们认为，上述观点均有一定理由，具体在案件审理中，还应根据《商品房买卖合同解释》第22条的规定，结合各方之间合同的约定，确定开发商、包销人和买受人的诉讼地位及权利义务。

[法律法规链接]

《民事诉讼法》(2017年修正）第170条第1款第（3）项

第四节　商品房买卖合同解除权的司法处理

《合同法》第97条规定：合同解除后，尚未履行的，终止履行；已经履行的，根据履行情况和合同性质，当事人可以要求恢复原状、采取其他补救措施，并有权要求赔偿损失。在商品房买卖合同解除后，对于买受人而言，开发商已经交付房屋的，买受人应将房屋返还给开发商，开发商未交付房屋的，买受人丧失要求开发商交付所购房屋的权利；对于已经办理了房屋过户手续的，买受人须将房屋产权过户到开发商名下，对于开发商而言，买受人未缴纳房款的，开发商丧失要求买受人支付购房款的权利；买受人已经缴纳购房款的，开发商应当将所收取买受人缴纳的购房款全部返还给买受人。对于因商品房买卖合同的解除所造成的损失，由双方按照过错程度的大小承担责任。这里的损失包括房屋装修损失、房屋产权过户所发生的税费及房屋跌价损失等。看似明确的规定，但是司法实践中仍需要研究和探讨的问题依然很多，本节就商品房买卖合同解除的裁判规则进行了初步探讨。

31. 合同解除致合同关系归于消灭的法律后果不为违约责任，而是返还不当得利、赔偿损失等形式的民事责任

【公报案例】

A电力公司与B开发公司房屋买卖合同纠纷案①

[案号]

（2007）桂民一初字第2号、（2009）民一终字第23号

[案情]

2003年3月12日，A电力公司（甲方）与B开发公司（乙方）签订《定向开发协议》，委托B开发公司为A电力公司建设办公综合楼和商品住宅小区。协议约定：办公楼主楼初定21层，占地面积约30亩，建筑面积约3万平方米。同时双方就设立共管账户、付款方式、合同工期、担保义务、双方其他权利义务以及违约责任等方面进行了约定。协议签订后，A电力公司分别于2003年4月16日、10月17日、2004年11月15日向B开发公司支付共计2590万元。2003年7月8日，B开发公司取得了市规划局颁发的《建设用地规划许可证》。2005年2月5日，B开发公司完成A区1-3#综合楼土方开挖、桩基础、基坑支护的招标工作。2005年3月28日，B开发公司取得A区1-3#综合楼基础的《建筑工程施工许可证》。

2005年3月30日，A电力公司与B开发公司签订《补充协议》，约定将办公楼主楼初定为26层，建筑面积为45 955平方米。当B开发公司无法按期交付时，则A电力公司可以选择通知B开发公司解除协议或继续等待。如果A电力公司选择继续等待，则等待时间由A电力公司决定，等待后仍然可以解除协议。B开发公司保证在A电力公司取得《房屋所有权证》前，未经A电力公司同意，不得以任何形式抵押土地使用权给第三方。A电力公司须

① 案例来源：《中华人民共和国最高人民法院公报》2010年第5期。

按本协议规定的时间及工程建设进度向B开发公司支付工程款，逾期未付的，A电力公司每天应向B开发公司支付应付价款万分之二的违约金。如逾期30天未支付视为A电力公司无力继续履行协议，B开发公司有权单方终止协议。因B开发公司开发手续等原因造成本协议无效、无法履行或抵押土地使用权给第三方的，B开发公司必须承担违约责任，向A电力公司退回全部开发资金本息，双倍返还定金，并赔偿因此给A电力公司造成的经济损失。B开发公司不能按本补充协议工作周期规定的时间完成有关工作的，视为违约，对每一笔付款逾期的违约，B开发公司每天应向A电力公司支付已收价款万分之二的违约金。如逾期30天则视为B开发公司无力继续履行协议，A电力公司有权单方面终止协议。如B开发公司无法按协议约定的时间交付工程，A电力公司有权要求B开发公司按日支付违约金，每日违约金为基本建设开发费的万分之三。B开发公司违反土地抵押约定，则应当按日支付违约金，每日违约金标准为基本建设开发费的万分之三，并且赔偿A电力公司因此而产生的一切损失。如果B开发公司无法按时取得《房屋所有权证》及他项权利证书，则应当按日支付违约金，每日违约金为基本建设开发费的万分之三，并且赔偿A电力公司因此而产生的一切损失。

2006年12月9日，承建案涉工程的建筑公司致函B开发公司，称因B开发公司长期欠付工程进度款造成材料供应中断，生产陷入半瘫痪，决定于2006年12月10日全部停工。2007年5月23日，市建设部门在案涉工程质量事故处理工作协调会议纪要上明确：财富国际广场工程存在的安全和质量问题，属重大工程质量事故。该工程至今处于停工状态。

2007年7月30日，A电力公司向一审法院起诉，请求判令：（1）解除《定向开发协议》以及《补充协议》；（2）B开发公司返还A电力公司已付投资款11 050万元及利息1476.04万元；（3）B开发公司返还A电力公司定金100万元；（4）B开发公司支付工期逾期违约金5187万元；（5）B开发公司支付办公楼抵押违约金5037.59万元；（6）B开发公司赔偿A电力公司办公楼项目损失13 123.3万元。具体理由为：双方协议签订后，B开发公司怠于履行合同义务，实际工期大大拖延。2005年3月30日，双方又签订了《补充协议》，由于B开发公司存在工期延误、质量不合格以及违反抵押禁止义务等多处严重违约行为，已经构成根本违约，合同目的根本无法实现，A电力公司有权依法解除合同。

一审诉讼期间，A电力公司委托评估公司对A电力公司综合办公楼房地产重新购置而产生价格上涨的损失价格评估。评估结论为损失13 123．3万元。

[**法院认为**]

一审法院认为：1. 关于本案合同的性质及效力问题。双方当事人签订的《定向开发协议》和《补充协议》既有合作开发房地产的内容，也有建筑工程承包合同的条款，但双方当事人最终目的是由A电力公司向B开发公司支付购房对价款，B开发公司交付预定的办公综合楼所有权给A电力公司的一种交易。该交易行为中双方当事人权利义务关系的实质符合房屋买卖合同的本质特征。因此，本案合同应认定名为基地定向开发，实为房屋买卖合同纠纷。

2. 关于履行合同中的违约和责任承担，以及合同应否解除的问题。《补充协议》签订后，A电力公司依约向B开发公司累计支付购房款共达11 050万元，B开发公司未能按协议约定的进度完成A电力公司的办公综合楼工程，且B开发公司在建设过程中被市建设部门认定存在安全和质量问题，属重大工程质量事故，并于2006年12月10日全面停工，至今因仍未能复工，致使A电力公司购买办公综合楼的合同目的不能实现，B开发公司构成履行合同中的根本违约。根据《合同法》第94条第1款的规定，本案符合法定解除合同的条件，对于A电力公司解除合同的主张，予以支持。B开发公司主张A电力公司不支付进度款违约在先，并且本案合同仍可继续履行，不同意解除合同，但该工程于2006年12月10日全面停工，A电力公司中止履行义务是行使不安抗辩权，不构成违约，且至今仍因质量原因未能复工，对B开发公司提出可继续履行合同的主张，不予支持。

3. 关于合同解除后的责任承担问题。《合同法》第97条对合同解除后的法律后果已有明确规定。本案合同解除是基于B开发公司的违约事实而产生的法律后果，解除合同不属于违约责任方式，而属于合同违约后的一种补救措施。合同解除后的法律后果不表现为违约责任，而是主要表现为包括不当得利返还和损害赔偿的民事责任。本案合同解除后，应由B开发公司返还A电力公司的购房款11 050万元及赔偿重置办公综合楼的损失13 123.3万元。因重置费损失的赔偿足以弥补A电力公司的损失，因而不再支持A电力公司要求赔偿购房款利息的损失。对于双倍返还定金问题，根据《补充协议》第2.3.4条约定，A电力公司于2003年4月16日支付的具有履约定金性质的50万元因《补充协议》重新约定为预付土地款而不再具有定金性质，故对A电力公司主张双倍返还定金不予支持。关于A电力公司要求B开发公司支付工期逾期违约金和B开发公司擅自抵押土地的违约金的诉请：由于本案合同本质上属于房屋买卖合同，合同中关于施工工期和抵押土地的内容约定不符合房屋买卖合同的特征，且根据《合同法》第97条的规定，合同解除的法律后果是使合同关系归于消灭，解除合同的后果，违约方的责任承担方式也不表现为支付违约金，故对A电力公司要求支付违约金的主张，亦不予支持。

B开发公司不服一审法院判决，提起上诉，具体理由为：（1）《定向开发协议》及《补充协议》不属于商品房买卖合同；（2）A电力公司在签订合同前明知B开发公司未取得房屋预售许可证，故涉案合同无效；（3）B开发公司未支付工程进度款为行使不安抗辩权，不应认定为违约行为；（4）一审法院判决认定B开发公司赔偿A电力公司13 123.3万元无事实根据。

二审法院认为：（1）关于涉案合同的效力。依据本案事实，从双方当事人的约定来看，双方所签订的《定向开发协议》，是双方当事人真实意思表示，且不违反法律的禁止性规定，应为有效合同。（2）关于合同是否应当解除以及合同解除后如何处理的问题。双方在交付方面对于解除权已有明确约定，依据本案事实，现B开发公司并未按期交工，A电力公司有权解除合同。（3）关于合同解除后的责任承担问题。依据《合同法》第97的规定，本案合同解除后，应由B开发公司返还A电力公司的购房款和利息。关于A电力公司主张的双倍返还定金问题，A电力公司支付的50万元定金因《补充协议》重新约定为预付土地款而不再具有定金性质，不应予以返还。关于A电力公司要求B开发公司支付工期逾期违约金和B开发公司擅自抵押土地的违约金的诉讼请求：因合同解除的法律效果是使合同关系归于消灭，解除合同的后果，违约方的责任承担方式也不表现为支付违约金。因此，对A电力公司要求支付违约金的主张，亦不予支持。鉴于本案合同解除后A电力公司另行购买办公楼等需要支付费用，而B开发公司专门按照A电力公司的要求定向建设的住宅楼和商品住宅小区，合同不履行后也会给B开发公司造成一定损失。综合考虑本案的实际情况，酌定B开发公司赔偿A电力公司损失1000万元。

[裁判结果]

一审法院判决：（1）解除A电力公司与B开发公司签订的《定向开发协议》及《补充协议》；（2）B开发公司返还A电力公司购房款11 050万元；（3）B开发公司赔偿A电力公司损失13 123.3万元；（4）驳回A电力公司的其他诉讼请求。

二审法院判决：（1）维持一审判决第1项、第4项；（2）变更一审判决第2项为：B开发公司返还A电力公司11 050万元及利息；（3）变更一审判决第3项为：B开发公司赔偿A电力公司损失1000万元。

[裁判思路]

本案关于合同解除后的法律后果，违约方应当承担的民事责任形式，在一审法院判决及二审法院判决的本院认为部分已有详细阐述。根据《合同法》第97条“合同解除后，尚未履行的，终止履行，已经履行的，根据履行情况和合同性质，当事人可以请求恢复原状、采取其他补救措施，并有权要求赔偿损失”之规定，结合本案，当事人对合同解除有异议的，应当通过人民法院裁判方式来最终认定合同是否可以解除。合同解除导致合同关系归于消灭，故合同解除的法律后果不表现为违约责任，而是返还不当得利、赔偿损失等形式的民事责任。

[引申思考]

本案主要阐述了合同解除的法律后果，以及表现的民事责任形式。现从本案A电力公司以诉讼方式保障行使合同解除权，以及诉讼中B开发公司行使异议权的角度，对合同解除程序的相关依据及问题进行如下解析：

《合同法》第96条对行使解除权的程序作了规定：当事人一方依照本法第93条第2款、第94条的规定主张解除合同的，应当通知对方。合同自通知到达对方时解除。对方有异议的，可以请求人民法院或者仲裁机构确认解除合同的效力。法律、行政法规规定解除合同应当办理批准、登记等手续的，依照其规定。依此规定，当事人在行使其解除权时，应当遵守法定的程序。《合同法》赋予合同一方享有解除权的同时，赋予合同另一方异议权。《合同法》第96条同样对非解除权人异议权作了规定。

《合同法》规定，合同解除权人行使解除权时，应通知对方，合同自通知到达对方时解除，无需征得对方同意，这对于保护合同解除权人的合法权益具有重要意义。但解除权是一种形成权，只需权利人的单方行为，而不必征得相对人同意，便能达到解除合同的目的。这有可能造成合同当事人间权益的失衡和不对等。因此，为了平衡双方的利益，法律在保障一方行使解除权时，同时赋予另一方即相对人异议权，即在解除通知到达对方当事人后，如果对方当事人对解除合同的效力有异议的，可以提起确认之诉。《合同法》采取了裁判方式作为行使异议权的方式，这种方式增加了行使异议权的成本，但一定程度上可以抑制异议权的滥用。但仅此还不够，更重要的应当对异议期限作出明确规定。

异议期间的确定应当与解除权的行使期限的确定相当。根据合同自由原则，应当允许当事人在合同中对异议期间作出约定。根据以上的原则，司法解释对异议期间的确定规定了两种方式：[①] 一是当事人约定异议期间。即在约定解除权时，事先约定异议权的行使期间，异议期间届满相对方没有表示异议的，相对方的异议权消灭。解除权人也可以在行使解除权时提出合理的异议期间，如果对方表示同意，即可视为对异议期间作出了约定。二是司法解

① 何晓航：《房地产纠纷裁判依据新释新解》，人民法院出版社2014年版，第299页。

释规定异议期间。在双方没有事先约定异议期间，事后也无法就异议期间达成协议时，法律需要确定非解除权人行使异议的期间。综合各方的意见，结合审判实践的需要，司法解释将异议期间确定为 3 个月。如非解除权人在约定的异议期间或者法定的异议期间内没有行使异议权，按照司法解释的规定，在约定的异议期限届满后才提出异议并向人民法院起诉的，人民法院不予支持；当事人没有约定异议期间的，在解除合同或者债务抵销通知到达之日起 3 个月以后才向人民法院起诉的，人民法院不予支持。

合同解除权是形成权，一旦解除通知到达相对人，合同即行解除。异议权是一种请求权，是请求撤销合同解除行为。尽管异议权被认为是为了保护相对人即非解除权人的合法权益，防止解除权利人滥用解除权，而赋予非解除权人的一种对解除权表示异议的权利，但对非解除权人来说，也必须谨慎地行使而不能滥用异议权。异议期限届满非解除权人没有表示异议的，应当认为非解除权人的异议权消灭。非解除权人未在约定或法定期限行使异议权的，异议权丧失，合同无争议地解除。非解除权人在约定或法定期限届满后向人民法院起诉的，人民法院不予支持。

《商品房买卖合同解释》第 15 条第 2 款即是对解除权行使期限的规定。该款规定，法律没有规定或者当事人没有约定解除权行使期限的，经对方当事人催告后，解除权应在解除权发生之日起 3 个月内行使。对方当事人没有催告的，解除权应当在解除权发生之日起 1 年内行使，逾期不行使的，解除权消灭。本款中的 3 个月和 1 年这两个期间，均属于除斥期间，即为不变期间，不存在期间的终止、中断和延长的情形。但 1 年的期间设定，是有条件的除斥期间，并不是解除权消灭的绝对期间。也就是说，如果对方当事人在解除权发生之日起的 1 年内进行催告，仍应再延长 3 个月，解除权人未行使解除权的，解除权消灭。

［法律法规链接］

《合同法》第 94 条、第 97 条

《民事诉讼法》（2017 年修正）第 170 条第 1 款第（3）项

32. 合同一方当事人不构成根本性违约，另一方当事人请求解除合同的，不予支持

【典型案例】

A 物价局与 B 开发公司商品房买卖合同纠纷案①

［案号］

（2009）民一终字第 64 号

［案情］

1999 年 5 月 20 日，A 物价局与 B 开发公司签订《开发协议》，约定 B 开发公司按照 A 物价局设计要求为其建设办公大楼，大楼建成后全部售给 A 物价局。同年 5 月 24 日，A 物价局付 B 开发公司定金 200 万元（协议履行后作为购房或租房款，利息按银行同期利息执行）。施工期间，A 物价局先后支付 B 开发公司 700 万元，约定利息按银行同期利率计息。

1999 年 6 月 21 日，B 开发公司取得的市土地局颁发的《国有土地使用权证》，该证载明，土地使用者：B 开发公司，土地坐落：杏花岭小二府巷以北，土地用途：商业用地，面积：2061.5 平方米，使用年限：40 年，自 1998 年 10 月 29 日算起。此为双方当事人 2002 年 12 月 23 日签订《商品房买卖合同》项下的 2061.5 平方米土地《国有土地使用权证》。

2000 年 6 月，办公大楼完工。同年 7 月，双方联席会议决定：办公大楼内部装潢工程开始施工，其中，电脑、通信网络等五项线路工程 2000 年 8 月完工，2000 年 10 月 31 日交付使用。后由于资金等问题，双方协商于 2000 年 12 月 28 日将大楼一、二层和地下室与建行进行了置换。2002 年 12 月 23 日，双方签订《商品房买卖合同》和《补充条款》，约定 A 物价局购买同兴大厦除地下室及地面一、二层外所有建筑和 3.09 亩土地所有权，总价值 1780 万元，土地所有权转让过户 A 物价局。A 物价局共计付 B 开发公司 1500 万元。A 物价局购买 B 开发公司办公楼为“3、4、5、6、7、8 层”，买受人承认并履行 B 开发公司与建行所签《协议书》第 8 条，即“同兴大厦楼后小院甲方虽无产权，但乙方保证甲方长期无条件无偿使用”。

依《商品房买卖合同》和双方商定，2002 年年底前 A 物价局支付 B 开发

---

① 案例来源：载北大法宝，网址：http://www.pkulaw.cn/，最后访问时间：2017 年 7 月 13 日。

公司1300万元，余款480万元扣除质保金40万元后为440万元，在房屋及附属设施、院落土地等权属证书办理完毕后交A物价局。2003年2月27日，B开发公司把已过户的《房屋所有权证》交A物价局。办公楼3至8层房屋所有权证，2003年2月26日办理完毕；土地证从2002年12月24日办理，2003年A物价局支付测绘费5 673.50元，2003年2月26日支付土地评估费23 000元，但B开发公司至今未办下土地证；附属平房及小二楼369 64平方米房屋产权证，B开发公司已于2002年12月24日办理房屋产权证，现仍未交付A物价局；2003年3月至4月，因专家论证和评估协调消防不合格及发生“非典”问题，至同年10月开始办理。2004年5月，B开发公司将附属小二楼租给了街道办事处开设门诊。同年9月28日，B开发公司通知A物价局移交，但B开发公司表示只移交办公主楼3至8层，附属小二楼及其他附属物未交付。

2003年3月18日，A物价局向B开发公司发出《承诺书》。《承诺书》载明：我局与建行购买的同兴大厦所占土地所有权已转到我局名下。因此，为明确该大厦楼座所占土地的所有权关系，我局特向B开发公司郑重承诺：同兴大厦楼座所占上地784平方米为我局与建行共有。其中各方所占的土地面积按各方购房面积占同兴大厦总面积的比例计算。《承诺书》由A物价局盖章，局长签名。

2004年12月25日，A物价局向一审法院提起诉讼，请求判令：解除双方签订的《商品房买卖合同》及《补充条款》，B开发公司退还购房款1500万元，并赔偿经济损失。具体理由为：1999年5月，双方签订《开发协议》。A物价局累计付1500万元，履行了合同义务，但B开发公司不能交付房屋及附属设施和办理产权过户手续，给其造成巨大损失。

[法院认为]

一审法院认为：双方当事人签订的《开发协议》《商品房买卖合同》和《补充条款》是为解决A物价局办公用房，利用B开发公司3.09亩的土地，按A物价局要求建设签订的合同，为双方当事人真实意思表示，符合法律规定，合法有效，双方当事人应依约履行义务。B开发公司已按A物价局要求完成工程建设，将房屋交付A物价局，A物价局也支付大部房价款，大部分合同义务亦依约履行，未构成根本性违约。《合同法》规定当事人可以解除合同的条件是未履行主要债务或因违约致合同目的不能实现。因此，A物价局解除合同的请求不符合法律规定，对其返还价款的主张，不予支持。依合同约定，B开发公司只交付办公主楼3~8层，未交付附属设施，并将小二楼租给他人，获取租金，违反了合同约定，损害了A物价局的合法权益，应酌情赔偿A物价局80万元。A物价局依约应付房款1780万元，已付1500万元，尚欠280万元，二项相抵，A物价局尚应付B开发公司200万元。

A物价局不服一审法院判决，提起上诉。

二审法院认为：1. 关于B开发公司是否擅自将办公楼地下室及地上一、二层房屋与建行进行了置换，损害了A物价局利益的问题。依据查明的案件事实，2000年12月28日，B开发公司以自己的名义与建行签订《协议书》约定，将办公楼地下室及地上一、二层与建行进行置换。根据2002年12月23日B开发公司与A物价局签订的《商品房买卖合同》第3条和《补充条款》第3条，以及2003年3月18日A物价局所做《承诺书》内容，结合一审庭审中A物价局亦认可其知道B开发公司与建行置换房屋的事实可知，上述协议及承诺书变更了《开发协议》关于B开发公司将建成后的办公楼全部售给A物价局的约定。因此，应当认定双方当事人签订《商品房买卖合同》及《补充条款》时，A物价局对B开发公司置换转移房屋所有权的事实是明知认可的，不存在B开发公司隐瞒置换房屋的事实。

2. 关于B开发公司未交付办公楼后院小二楼、平房等附属设施给A物价局，是否构成A物价局请求解除《商品房买卖合同》及《补充条款》法定理由的问题。根据《合同法》第94条规定，本案诉讼前，B开发公司取得了《商品房买卖合同》项下2061.5平方米土地的《国有土地使用权证》，并将办公楼3至8层《房屋所有权证》交付物价局。诉讼中，B开发公司亦取得了办公楼后院小二楼、平房及附属设施的《房屋所有权证》，对于其将小二楼出租街道办事处开设门诊，从中获利的违约行为，已经一审法院判决向A物价局承担了80万元的违约赔偿责任。事实证明，虽B开发公司向A物价局交付剩余房屋存在违约，但B开发公司诉讼中取得了剩余房屋的权属证明，双方办理土地使用权及房屋产权变更过户已无法律上的障碍。因此，从鼓励交易及财产的有效利用方面考虑，一审法院判决《开发协议》《商品房买卖合同》及《补充条款》有效，双方继续履行，并无不妥，本院予以维持。A物价局关于B开发公司已构成根本性违约，请求解除合同的上诉主张，缺乏事实根据及法律依据，不予支持。

[裁判结果]

一审法院判决：（1）A物价局与B开发公司签订的《开发协议》《商品房买卖合同》和《补充条款》有效，双方应依约履行；（2）B开发公司将同兴大厦3层至8层房屋及附属小楼、平房及土地证相关的一切手续交付A物价局；（3）A物价局支付B开发公司剩余购房款200万元。

二审法院判决：驳回上诉，维持原判。

[裁判思路]

本案双方争议的实质是《商品房买卖合同》及《补充条款》是否具备了《合同法》第 94 条规定的法定解除条件。

合同解除，通常情况下是在当事人不能正常履行合同义务，一方当事人不得已采取的一种做法。合同被解除后，则基于合同发生的债权债务关系归于消灭，这样既不利于资源的有效利用，也不符合鼓励交易的原则。由于违约行为是合同解除的一个重要原因，故《合同法》对违约解除的条件进行了严格的限制，即无论协议解除，还是法定解除，都必须具备一定的解除条件。《合同法》第 94 条规定表明，法定解除是指在合同成立以后，没有履行或者没有完全履行完毕之前，当事人一方通过行使法定解除权而使合同效力归于消灭的行为。其特点是，由法律直接规定解除条件，当此种条件成就时，当事人可以解除合同。换言之，法定解除是一方当事人行使法定解除权的结果，在法定解除条件成就时，解除权人可以直接行使解除权，不必征得对方当事人同意。该条件就是在一方当事人严重违约，足以导致“不能实现合同目的”，才能解除合同。而“不能实现合同目的”，是指当事人在订立合同时所追求的目标和基本利益不能实现。如果是合同内容某些条款欠缺或合同履行中一方当事人存在轻微违约行为，但未给对方当事人造成重大损失，对这样的合同不分情况均作为解除的对象，将不利于市场经济的发展和促进社会财富的增加。《合同法》以一方当事人根本性违约，足以导致“不能实现合同目的”为限定作为限定另一方当事人享有法定解除的条件，符合市场发展的需要，对于维护合同解除制度的严肃性、鼓励交易和保护合同当事人的权益与利益以及促进社会经济繁荣都具有重要意义。

综上，结合本案，一、二审法院作出关于“A 物价局与 B 开发公司签订的《开发协议》《商品房买卖合同》和《补充条款》有效，双方应依约履行”的裁判，亦主要是遵循了《合同法》第 94 条关于法定解除合同的原则，即以 B 开发公司的违约行为是否构成根本性违约，其违约行为是否足以导致双方签订的《商品房买卖合同》及《补充条款》目的不能实现作为裁判思路。

涉案《商品房买卖合同》和《补充条款》均属于双务合同范畴，双方合同的显著特点就是对价关系的给付，即 A 物价局是支付购房款的义务，是 B 开发公司享有的合同权利，而 B 开发公司交付办公大楼的义务，是 A 物价局享有的合同权利。同时，B 开发公司在履行主义务的同时，还应当向 A 物价局履行合同附随义务，如该办公大楼《国有土地使用权证》与《房屋使用权证》，此为双方订立《商品房买卖合同》与《补充条款》不可缺少的部分，对此附随义务的违反同样会导致 A 物价局订立合同的目的不能实现。由于违约责任从性质上是违反合同义务所产生的法律后果，所以合同义务也是合同责任的前提与基础。这就是说，如果B开发公司没有依约履行建设并交付办公大楼的合同主要义务，A物价局依据合同约定有权请求B开发公司履行交付义务或承担违约责任，也只有在B开发公司违反合同义务的情况下，才能产生其应承担的合同违约责任。

本案依据查明的案件事实，B开发公司获得了该项目用地的《国有土地使用权证》，履行了《商品房买卖合同》及《补充条款》约定的为A物价局建设办公大楼并交付3~8层之主要义务。办公大楼后院小二楼、平房及附属设施的《房屋使用权证》，B开发公司已于诉讼中获得。因此，二审法院判决认定“双方办理土地使用权及房屋产权变更过户已无法律上的障碍”。此情况下，不能认定B开发公司履行合同已构成根本性违约，不能强行判决双方消灭合同关系。只有继续履行才能符合双方订立《商品房买卖合同》及《补充条款》的合同目的。

需要说明的问题是，一审中双方关于《开发协议》的合法性及已经履行的事实无异议，在A物价局起诉请求解除《商品房买卖合同》与《补充条款》的情况下，一审法院判决《开发协议》合法有效，继续履行，似有不妥。据此，二审法院判决表述为“A物价局起诉请求解除《商品房买卖合同》及《补充条款》，一审法院判决根据其请求作出的事实认定，并无不当”“又鉴于双方当事人应继续履行合同，对于A物价局关于请求B开发公司支付利息的上诉主张，不予支持”。

通过一、二审法院判决对本案之说理论证，虽表述有所不同，但在认定B开发公司是否构成根本性违约，是否足以导致双方订立《商品房买卖合同》及《补充条款》目的不能实现这一重要问题上，一、二审法院判决所遵循的基本原则和落脚点是一致的。即合同一方当事人只有不履行主义务，足以导致双方不能实现合同目的，构成根本性违约，另一方当事人才能行使法定解除权。如果合同一方当事人只是部分违约，另一方当事人则不能行使法定解除权，而应通过违约方承担违约责任或者实际履行、赔偿损失等补救措施使合同继续履行。[①]

[法律法规链接]

《合同法》第94条

《民事诉讼法》（2017年修正）第170条第1款第（1）项

---

① 最高法院民事审判第一庭编：《民事审判指导与参考》2010年第1集，法律出版社2010年版，第251~252页。

33. 合同约定解除与债权合意抵销

【典型案例】

A科技公司与B投资公司、C公司、D投资公司房屋买卖合同纠纷案①

［案号］

（2014）民一终字第58号

［案情］

2008年7月1日，B投资公司与C公司签署《协议》约定：在C公司履行了ST天桥重组框架协议第4条约定的收购拟剥离资产的义务，且按照评估基准日的评估值全额支付该部分资产的收购价款条件下（初步估算约1.8亿元，最终以实际支付数额为准），B投资公司同意在受让C公司所持有的6000万股ST天桥股份限售期满后，双方共同协商在合适的时间以每股9元（含）以上的价格将该股份转让。B投资公司转让的股份累计达到6000万股时，将所售6000万股每股6元（不含）至9元（含）收入的部分或全部，按照C公司收购拟剥离资产实际支付数额支付给C公司，但最高支付金额不超过1.8亿元。截至本案第一次一审庭审结束前，B投资公司和C公司尚未进行ST天桥6000万股股份的转让。根据上述协议，C公司已于2008年5月19日将ST天桥6000万股股份转让给信达投资公司。

2009年6月30日，A科技公司为甲方，C公司为乙方，B投资公司为丙方，D投资公司为丁方，签订《资产转让协议》，约定：转让标的案涉房屋一层A、A1号、二层房屋产权及相应土地使用权。A科技公司系于2006年12月28日通过公开拍卖方式购得上述转让标的，并依据法院于2007年4月23日出具的民事裁定书取得产权，但拍卖后法院未办理续封手续，该转让标的目前仍登记在C公司名下，且C公司已将上述房产对外出租。C公司与B投资公司于2008年7月1日签署《协议》。转让价款为A科技公司因转让归其所有的转让标的自B投资公司获得的款项。A科技公司愿意将转让标的转让给B投资公司，B投资公司同意受让该转让标的。C公司作为转让标的的登记公示的所有权人以及房产出租人，知晓、同意A科技公司、B投资公司间

① 案例来源：载中国裁判文书网，网址：http://wenshu.court.gov.cn/，最后访问时间：2017年7月15日。

的转让行为，并保证配合办理所有相关的变更登记手续以及本协议约定的结算事宜。A科技公司将本协议项下转让标的以1.9亿元转让给B投资公司。A科技公司、C公司确认，B投资公司应将上述转让价款按协议约定期限支付至A科技公司指定的账户。各方同意并确认，B投资公司分两期支付转让价款，第一期1.5亿元，第二期4000万元。A科技公司、C公司保证于2009年10月31日前办理完毕全部变更登记手续，将转让标的过户至B投资公司名下，并将变更登记之后的权属证书原件、租赁协议原件等与转让标的有关的资料全部移交给B投资公司。若A科技公司、C公司未按约变更登记并移交资料，则A科技公司、C公司按万分之五的标准支付违约金。若A科技公司、C公司未能在2009年10月31日之前变更登记并移交资料，B投资公司有权解除该协议。A科技公司、C公司特此明确，B投资公司一旦解除本协议，则C公司放弃《协议》第一条约定的对B投资公司全部债权，C公司用此种方式代替A科技公司偿还B投资公司已付转让价款及违约金，偿还最高金额以1.8亿元为限。自该协议生效之日起，转让标的所产生的租金收入归B投资公司所有。就A科技公司、C公司在该协议项下因未履约而应向B投资公司承担的全部债务，包括但不限于返还已支付的转让款、支付违约金并赔偿其他经济损失等，D投资公司自愿提供不可撤销的连带责任保证，保证期间为主债务履行期届满之日起两年。同日，B投资公司通过银行按《资产转让协议》向约定账户汇款1.5亿元。

2009年11月4日，B投资公司曾向A科技公司、C公司、D投资公司通过特快专递方式发出一份《解除合同通知》，明确要求行使约定抵消权。由于B投资公司要求收回重新发出，故A科技公司、D投资公司仅有复印件，没有正本原件。

2010年1月8日，B投资公司以特快专递的方式，分别向A科技公司、C公司、D投资公司发出解除合同通知，称：根据《资产转让协议》第5.2条的约定，解除合同的条件已经成就，B投资公司通知A科技公司和C公司，上述《资产转让协议》自A科技公司和C公司收到解除合同通知之时解除，请立即偿还B投资公司已付转让价款1.5亿元并支付协议约定的违约金。在该通知中，B投资公司还表明，其保留《资产转让协议》第5.2条约定的权利。在致D投资公司的解除合同通知中，B投资公司还表明，请D投资公司根据《资产转让协议》第10.3条的约定，清偿B投资公司已付转让价款1.5亿元及协议约定的违约金。A科技公司、C公司、D投资公司分别于2010年1月11日、1月9日和1月10日签收上述解除合同通知。

B投资公司向一审法院起诉，请求判令：（1）A科技公司、C公司偿还

B投资公司已付房屋转让价款1.5亿元并支付违约金；（2）A科技公司、C公司向B投资公司支付《资产转让协议》有效期限内的房屋租金5 108 508元；（3）D投资公司对A科技公司、C公司在第1项诉讼请求中的债务承担连带保证责任；（4）C公司在第一项诉讼请求中的债务未能清偿，且在《资产转让协议》鉴于所述《协议》第一条约定的B投资公司享有的债权转为现实债权时，以该等值债权偿还未清偿部分债务。

2009年4月22日，ST天桥正式变更为B地产公司。二审诉讼中，该股份的限售期已经届满，但股价尚未达到约定的股价期间。双方也对此没有新的协商。B投资公司主张该债权属于附条件附期限的或有债权、尚未转为现实债权，且C公司尚有部分重组中承诺的条件没有完成，故约定抵消不能现在行使。A科技公司、C公司、D投资公司认为，约定抵消一经协商一致即发生法律效力，不论债权是否到期、是否附条件，均不影响约定抵消的行使。

[法院认为]

一审法院认为：A科技公司、C公司、B投资公司和D投资公司签订的《资产转让协议》，系各方当事人的真实意思表示，亦未违反法律、法规的强制性规定，应属合法有效，各方当事人应当严格按约履行。

1. 在B投资公司依约履行了支付转让价款的义务后，A科技公司、C公司未能按照其承诺履行过户和相关权属证书、协议资料移交等义务，B投资公司依照《资产转让协议》5.2条的约定解除合同，法院予以确认。协议解除后，A科技公司应当将已收取的转让价款1.5亿元返还给B投资公司，并按约支付违约金。D投资公司亦应按照其承诺，承担连带清偿责任。但关于B投资公司要求C公司偿还转让价款的诉讼请求，依据《资产转让协议》的约定，B投资公司是向A科技公司支付的转让价款，C公司并非资产的出让方，亦未收取转让款，故应驳回要求C公司偿还转让款的诉讼请求。

2. 关于B投资公司要求A科技公司、C公司向其支付《资产转让协议》有效期内房屋租金的请求。转让标的租金收入归产权人C公司所有，B投资公司无权就此向A科技公司求偿。按照《资产转让协议》约定，鉴于B投资公司已依约解除了《资产转让协议》，故C公司应当向B投资公司支付自2009年6月30日各方签订《资产转让协议》时起至2010年1月9日C公司收到解除合同通知之日止的房屋租金3 020 876.28元，对于B投资公司要求给付合同解除后的房屋租金，不予支持。

3. 虽然《资产转让协议》第5.2条约定的限售期限已经届满，且B投资公司已经实际占有约定的股票份额，但本案为房屋买卖合同纠纷，对于约定抵销条款中涉及的股权重整内容不应该在本案中进行审理。即使进行审理，结合《协议》的内容，在抵销条款中设定的附加条件仍未达到。在现阶段，C公司对B投资公司债权实现的时间目前并不确定，不能仅凭股权的变更情况就认定其价值基本相当于1.5亿元债权，且B投资公司对此抵销也不予认可。关于能否进行抵销，应在B投资公司与C公司及相关各方根据《协议》进行清算后，且涉及的股票实际出售变现后，由各方当事人另行诉讼进行解决。在本案中，A科技公司、C公司主张直接进行抵销的答辩理由并不合理。一审法院认为，2009年11月4日解除合同通知的存在，并不能作为B投资公司同意直接进行抵销的证据，故A科技公司、C公司主张直接进行抵销的意见不成立，不予支持。关于2009年11月4日的解除合同的通知，虽然B投资公司不予认可，但根据证据举证责任及证据认定分析，应认定该函件真实存在。该函件虽与2010年1月8日函件存在对约定抵销条款主张的不同意见，但由于2010年1月8日函件在后，并变更了2009年11月4日解除合同通知中的有关内容，应视为新的要约，A科技公司、C公司、D投资公司对两份函件均仅是签收并未明确发表意见，应视为未作出新的承诺。

A科技公司不服一审法院判决，向二审法院提起上诉。

二审法院认为：本案争议焦点为A科技公司应否返还B投资公司1.5亿元购房款及支付违约金。从以下几个方面进行分析：

（一）B投资公司发出落款时间为2009年11月4日《解除合同通知》的证据采信及性质认定

一审中，B投资公司对2009年11月的特快专递详情单的真实性没有异议，但因《解除合同通知》没有原件，对证明事项有异议，而A科技公司、C公司称原件被B投资公司以“调整个别字眼”为由收回。根据《民事诉讼证据规定》第7条及第73条规定，结合本案，B投资公司认可特快专递详情单的真实性，虽然以无原件为由不予认可，但在A科技公司、C公司做出合理说明后并未进一步提供反证，一审法院根据举证责任及证据认定分析，认定落款时间为2009年11月4日《解除合同通知》函件真实存在正确，予以确认。

一审法院认为B投资公司又于2010年1月8日发出新的《解除合同通知》变更原通知有关内容，应视为新的要约，A科技公司、C公司、D投资公司对两份函件均仅是签收并未明确发表意见，应视为未作出新的承诺属对于《解除合同通知》性质认定错误，适用法律不当。理由如下：（1）从《资产转让协议》第5.2条文意理解，应包括两层意思：一是约定了合同解除条件，当条件成就时，B投资公司有权解除案涉《资产转让协议》；二是合同解除的后果为，C公司放弃《协议》第一条约定的对B投资公司的全部债权，以此方式代替A科技公司偿还B投资公司以最高债权额1.8亿元为限的已付转让价款及违约金。（2）从合同履行情况分析。B投资公司发出《解除合同通知》时间为2009年11月4日，属于《合同法》第96条规定的解除权人行使合同解除权的行为。该《解除合同通知》到达对方时，案涉《资产转让协议》解除。（3）从法律性质分析。根据《合同法》第14条、第21条规定，本案B投资公司在合同解除条件成就后，于2009年11月4日行使了合同约定解除权，该通知到达相对方时发生解除合同后果，既不属于要约，亦不需要相对方的承诺。如相对方不同意解除合同，可请求人民法院或者仲裁机构主张权利。但本案中，A科技公司、C公司、D投资公司一直认可B投资公司该解除合同通知效力。

（二）C公司对B投资公司享有的债权能否依据《资产转让协议》5.2条约定抵销B投资公司支付的1.5亿元购房款及违约金

1. 通过对《资产转让协议》5.2条及B投资公司与C公司2008年7月1日《协议》的文义理解，两者具有牵连性，且《资产转让协议》5.2条明确约定B投资公司在符合合同约定解除条件、解除《资产转让协议》后，C公司放弃鉴于所述《协议》第一条约定的对B投资公司的全部债权，C公司用此种方式代替A科技公司偿还B投资公司以最高债权额1.8亿元为限的已付转让价款及违约金。

2. 从合同履行情况分析。在截止2009年11月4日B投资公司行使解除权时，6000万股股票尚处于限售期，股价也尚未达到可以出售的9元以上，C公司对B投资公司享有债权的条件尚未成就。在此情况下，B投资公司可有两种选择：一是要求A科技公司返还购房款及承担违约金；二是放弃期限利益，按照《资产转让协议》5.2条约定，由C公司代替A科技公司偿还以最高债权额1.8亿元为限的已付转让价款及违约金。而一旦B投资公司选择后者，承载其意思表示的《解除合同通知》到达对方，则发生债权抵销的后果。具体理由如下：

第一，B投资公司于2009年11月4日发出的《解除合同通知》，明确要求由C公司可以放弃根据《协议》对其享有的最高额为1.8亿元为限持债方式代替A科技公司偿还转让价款及违约金，并未要求A科技公司返还转让价款及承担违约金，即其明确通知C公司已不再享有《资产转让协议》鉴于所述《协议》第一条约定的对B投资公司的债权，其对D投资公司发出的《解除合同通知》，也是明确告知由C公司以放弃债权方式代替偿还转让价款及违约金。

第二，B投资公司辩称C公司对其享有债权为附条件、附期限的或有债权，债权成立条件不具备、不能抵销难以成立。首先，中国证券公司上海分公司出具《过户登记确认书》，确认6000万股股份已过户至B投资公司，截至2009年3月26日，资产出售对价177 536 900元已全部收到，负债转移工作全部完成，仅剩部分出售资产的变更手续正在办理中。其次，根据《资产转让协议》5.2条约定，应视为在B投资公司解除合同后，B投资公司与C公司债权抵销协商一致、达成合意。再次，就性质而言，B投资公司债权与C公司依据《协议》第1条对B投资公司债权因《资产转让协议》5.2条的合意，属于约定抵销，根据《合同法》第100条之规定，约定抵销不以双方互负债务均已到期为必要，只要双方协商一致，愿意在履行期到来之前将互负债务抵销，应尊重当事人的意思自治。

第三，从《解除合同通知》后果而言，根据《合同法》第96条规定，B投资公司在约定解除合同条件成就时，发出《解除合同通知》，并要求根据《资产转让协议》第5.2条约定，要求由C公司承担偿还责任，在该通知到达时，案涉《资产转让协议》解除，B投资公司的转让价款及违约金债权与C公司基于《协议》第一条约定对B投资公司债权发生抵销后果。

第四，B投资公司作为理性商事主体，应承担自己的行为后果，不得随意撤回相关的意思表示。B投资公司与A科技公司、C公司、D投资公司签订了《资产转让协议》时间为2009年6月30日，B投资公司持有的6000万股股票的限售期为2008年12月29日至2011年12月29日，当事人签订的《资产转让协议》对于违约责任约定期限为2009年10月31日，股票尚在限售期，此时各方确认C公司可以放弃对B投资公司全部债权来代替偿还，实质确认C公司对B投资公司债权业已存在而不因股票限售受到影响。

综上，A科技公司上诉主张根据《资产转让协议》约定及B投资公司发出的落款时间为2009年11月4日的《解除合同通知》，B投资公司的转让价款及违约金债权与C公司基于《协议》第一条约定对B投资公司债权发生抵销，该主张事实依据和法律依据充分，予以支持。一审法院判决对此认定法律适用不当，予以纠正。

[裁判结果]

一审法院判决：（1）A科技公司返还B投资公司1.5亿元；（2）A科技公司和C公司向B投资公司支付违约金；（3）C公司向B投资公司支付房屋租金3 020 876.28元；（4）D投资公司对判决第1、3项的还款承担连带保证责任；（5）D投资公司承担连带保证责任后，有权向A科技公司和C公司追偿；（6）驳回B投资公司的其他诉讼请求。

二审法院判决：（1）撤销一审法院判决；（2）C公司向B投资公司支付房屋租金3 020 876.28元；（3）D投资公司对判决第2项的还款承担连带保证

责任；（4）D 投资公司承担连带保证责任后，有权向 C 公司追偿；（5）驳回 B 投资公司的其他诉讼请求。

［裁判思路］

本案的处理涉及合同法实务中的两大难点问题：一是合同的解除，结合本案为当事人约定解除合同条件成就时，解除权人发出《解除合同通知》的法律后果；二是债权债务的抵销，结合本案为在相对方债务未届履行期限或者未至偿付条件时，解除权人放弃期限利益、主动要求抵销，能否发生抵销后果。

（一）合同约定解除权的特点及性质

根据《合同法》第 93~94 条之规定，合同解除包括协议解除、约定解除和法定解除。其中约定解除是指当事人双方订立合同时，在合同中约定一方解除合同的条件，或者在订立合同以后，另行约定一方解除合同的条件，在合同成立以后，没有履行或者没有完全履行之前，出现了约定的解除合同的条件时，约定的享有解除权的人可以行使解除权，终止合同的权利义务。合同约定解除权特点：一是既可以在订立合同中约定一方解除合同的条件，也可以在订立合同后另行约定解除合同条件；二是约定将来享有解除权本身并不导致合同的必然解除，仅是赋予当事人某种情况下解除合同的权利，是否行使由解除权人平衡利益后决定；三是约定将来享有合同解除权，是对将来合同效力的约定；四是约定解除合同的条件发生，并不导致合同的自动解除，必须由解除权人行使解除权才能解除。

根据《合同法》第 96 条的规定，解除权就其性质而言，为形成权。形成权是指权利人以自己的意思表示，使民事法律关系发生、变更或者消灭的权利。行使解除权为单方法律行为，所谓单方法律行为是一方行为人的意思表示就能成立的民事行为，其特点是无需他人的同意就能发生法律效力，与相对人无关。

一审法院适用法律不妥之处即是对于合同约定解除权性质的认识，一方面认可 2009 年 11 月 4 日的《解除合同通知》的真实存在，另一方面认为 2010 年 1 月 8 日《解除合同通知》在后，且变更了前一个通知的有关内容，视为新的要约，由于 A 科技公司、C 公司、D 投资公司对两份函件均未明确发表意见，应视为未作出新的承诺。我们认为，解除权为形成权，约定解除合同的条件发生以后，只要约定享有解除权的一方作出解除合同的意思表示，合同的权利义务就终止了，而无需再获得另一方的同意。且依司法实践，解除的意思表示一般不得撤销，对此合同法尽管未作规定，但因解除的意思表示生效已生解除效果，且保护相对人合理信赖，一般不得撤销，除非相对人同意。

（二）关于本案的合意抵销

抵销，是一种使合同权利义务终止的原因，就广义而言，是指二人互负债务场合，依一方意思表示或者双方合意，使彼此债务全部或者部分地归于消灭。依发生的根据不同，分为法定抵销和合意抵销，法定抵销之规定见于《合同法》第 99 条，当事人互负到期债务，该债务的标的物种类、品质相同的，任何一方可以将自己的债务与对方的债务抵销，但依照法律定或者按合同性质不得抵销的除外；合意抵销之规定见于《合同法》第 100 条，当事人互负债务，标的物种类、品质不相同的，经双方协商一致，也可以抵销。合意抵销与法定抵销在双方债务归于消灭的后果上是相同的，但二者在构成要件、适用对象等方面均有差异。合意抵销的要件一般包括：一是原则上以二人互负债务为要件，但此要件理论界仍有争议，有观点认为，合意抵销一方当事人以其对于第三人的债权与对方对于自己的债权抵销的合同，犹如待物清偿合同，一方当事人以其对于对方的债权与对方对于第三人的债权抵销，则有第三人清偿之性质，多数人之间循环的对立债权，也可通过全体合意达成的合同使之消灭。从对当事人意思自治的尊重、抵销制度的目的及其具有的便利功能而言，应无不可。合意抵销区别于法定抵销的另一特点是标的物种类、品质可以不同，双方的债权或一方的债权虽未届清偿期，仍得以合同目的为抵销。①

本案 B 投资公司辩称 C 公司对其享有债权为附条件、附期限的或有债权，转化为现实债权前不能抵销。我们对该主张能否成立得从几个方面进行分析判断：一是从《资产转让协议》5.2 条及 B 投资公司与 C 公司 2008 年 7 月 1 日《协议》的文意理解。两者具有牵连性，从合同内容而言，约定合同解除条件及合意抵销后果。二是从合同履行情况进一步分析。在当事人约定的案涉房屋办理过户及移交相关资料的 2009 年 10 月 31 日，乃至《解除合同通知》的落款时间 2009 年 11 月 4 日，确如 B 投资公司所辩称，6000 万股股票尚处于限售期、股价也尚未达到可以出售的 9 元以上，C 公司对 B 投资公司享有债权的条件尚未成就。在此情况下，B 投资公司可有两种选择：一是要求作为房屋出卖方的 A 科技公司返还购房款及承担违约金，二是放弃期限利益、按照《资产转让协议》5.2 条约定，由 C 公司代替 A 科技公司偿还以最高债权额 1.8 亿元为限的已付转让价款及违约金。而一旦 B 投资公司选择后

① 最高法院民事审判第一庭编：《民事审判指导与参考》2015 年第 2 集，人民法院出版社 2015 年版，第 254 页。

者，承载其意思表示的《解除合同通知》到达对方，则发生债权抵销的后果。B 投资公司作为理性商事主体，应承担自己的行为后果，不得随意撤回相关的意思表示。

［法律法规链接］

《合同法》第 14 条、第 21 条、第 93 条、第 94 条、第 96 条、第 99 条、第 100 条

《民事诉讼证据规定》第 7 条、第 73 条

《民事诉讼法》(2017 年修正) 第 170 条第 1 款第（2）项

第五节 涉及民间借贷或按揭贷款的商品房买卖合同的司法处理

近年来，因商品房按揭所引发的法律纠纷与日俱增，特别是因房地产按揭法律关系是一个法律关系结合体，若其中一个法律关系脱节，会使本来平衡的法律关系失衡，从而引发一系列矛盾，迫切需要提出妥善的法律解决方案。商品房按揭本身并不是一种单一的法律关系，它是一种包含了买卖、借贷、抵押、保证、保险等多种法律关系在内的集合体。上述诸种法律关系在商品房买卖按揭关系中共生、共存，其中最重要的是商品房买卖合同关系与商品房担保贷款合同关系。此两种合同之间既具有紧密的关联性，又具有相互的独立性。商品房买卖合同关系与商品房担保贷款合同关系的紧密关联性表现为：（1）为买房而进行按揭贷款，所贷之款只能用于买房，须专款专用；（2）买卖合同的标的物，与贷款合同的担保物具有同一性；（3）主体存在交叉重叠，买受人为借款人，开发商为担保人。与此同时，商品房买卖合同与商品房担保贷款合同之间相互独立，主要表现为：（1）法律关系主体独立。两个法律关系的主体分别为出卖人与买受人、借款人与贷款人，尽管买受人与借款人重叠，但其身份独立。（2）法律关系客体独立。商品房买卖合同的客体是房屋，而商品房担保贷款合同的客体是货币。（3）法律关系内容独立。两种合同的权利义务截然不同。本章就商品房担保贷款合同纠纷的裁判规则进行了探讨。

34. 当事人协商一致终止借款合同关系并建立商品房买卖合同关系性质的，如何确定双方法律关系的性质及借款本息数额

【典型案例】

A公司与甲、乙、丙、丁商品房买卖合同纠纷案

[**案情**]

A公司先后向甲、乙、丙、丁四人借款多次，签订了《商品房预售合同》，并在房屋产权交易管理中心办理备案登记。双方在借款合同补充协议中约定，为担保借款还款，A公司自愿将房地产预告登记至甲、乙、丙、丁四人名下，借款合同到期前，A公司需以2.6亿元的价格回购上述房屋，若不能在规定日期内回购，应依合同约定的时间办理完毕相关过户手续，若A公司在规定期限内回购上述房产，双方之间房屋买卖合同终止。借款到期后，A公司未能偿还借款，双方经协商对账，重新签订了《商品房买卖合同》，约定A公司将上述预告登记范围内的房屋和部分未经预告登记的房屋以4亿元的价格出售给甲、乙、丙、丁四人，并将对账确定的借款本息合计3.6亿元转为购房款，余款于实际交付房屋并办理产权登记后交付。后A公司未按双方约定的时间交付房屋，甲、乙、丙、丁遂起诉至法院，要求A公司承担逾期交房的违约责任。

[**法院认为**]

一审法院认为：当事人以签订买卖合同作为民间借贷合同的担保，借款到期后借款人不能还款，出借人请求履行买卖合同的，应当按照民间借贷法律关系审理。因此，对于甲、乙、丙、丁要求A公司承担逾期交房违约责任的诉讼请求，不予支持。

甲、乙、丙、丁不服一审法院判决，提起上诉。

二审法院认为：双方经协商一致终止借款合同关系并订立《商品房买卖合同》，将对账确认的借款本息转变为已付购房款。该《商品房买卖合同》并非为双方之间的借款合同履行提供担保，而是借款合同到期债务人难以清偿债务时，通过将债务人所有的商品房出售给债权人的方式，实现双方权利义务平衡的一种交易安排，应为合法有效。但对转化为购房款的借款本金及利息，经审查存在超出法定保护限额的部分，因此不应认为甲、乙、丙、丁作为购房人已经履行其支付购房款义务，其要求A公司承担逾期交房违约责任

的请求，不应予以支持。

［裁判结果］

一审法院判决：驳回甲、乙、丙、丁的诉讼请求。

二审法院判决：驳回上诉，维持原判。

［裁判思路］

对于出借人与借款人在借款合同到期后，签订商品房买卖合同，约定出借人购买借款人所有的房屋，并将借款和利息转为购房款的情形，应当如何认定双方之间法律关系的性质的问题。

我们认为，民事法律关系的产生、变更、消灭，除基于法律特别规定，需要法律关系参与体的表示一致形成。而民事交易活动过程中，当事人的意思表示发生变化的情况并不鲜见，该意思表示的变化，除为法律特别规定所禁止外，均应予以准许。本案《商品房买卖合同》签订时，双方之间的借款已经到期，而A公司没有能够按期归还借款及利息。在此情况下，双方经协商一致终止借款合同关系，订立《商品房买卖合同》，建立商品房买卖合同关系，将对账确认的借款本息转变为已付购房款。该《商品房买卖合同》就已经并非为双方之间的借款合同履行提供担保了，而是借款合同到期A公司难以清偿债务时，双方协商通过将A公司所有的商品房出售给甲、乙、丙、丁四位债权人的方式，实现双方权利义务平衡的一种交易安排。因此，本案情形与《民间借贷司法解释》第24条第1款所规定的“当事人以签订买卖合同作为民间借贷合同的担保”的情形并不相同，因而不能适用该条司法解释规定，按照民间借贷法律关系确定本案双方当事人之间的法律关系性质。《商品房买卖合同》的内容表明，甲、乙、丙、丁四人具有向A公司购买房屋的真实意愿，A公司亦具有向甲、乙、丙、丁四人出售该房屋的真实意愿。当事人的上述交易安排，并未违反法律、行政法规的强制性规定，亦不属于《物权法》第186条规定禁止的情形。尽管案涉购房款的支付源于当事人之间曾经存在的借款合同关系，但尊重当事人嗣后形成的变更法律关系性质的一致意思表示，是贯彻合同自由原则的题中应有之意。所以，本案A公司与甲、乙、丙、丁四人之间的法律关系性质，应当按照双方对账后签订的《商品房买卖合同》确定。

在确定双方当事人法律关系性质为商品房买卖合同关系的同时，还应当注意到其在双方原借款合同关系基础上达成的这一特殊背景关系。对于一般的商品房买卖合同权利义务，在确认合同真实有效的情况下，应当按照合同约定确定。而本案中，由于双方均认可购房款系由借款本息转来，那么就还需对借款本金和利息数额予以审查核实。本案经审查，双方在《商品房买卖合同》中确定的借款本息数额，包含了超出司法解释规定人民法院予以保护范围的高额利息。我们认为，在当事人将该欠款转化为已付购房款，并请求司法确认和保护购房者合同权利时，应避免当事人通过签订《商品房买卖合同》的方式，将违法高息合法化。对于超出法定保护范畴的高额利息，不能确认其转为购房款。本案中，虽然当事人之间法律关系的性质应当认定为商品房买卖合同关系，但双方在履行商品房买卖合同时的权利义务关系，则还应结合《商品房买卖合同》签订时尚欠借款本金和合法利息数额等予以认定，并据此确定当事人是否构成违约，能否支持其违约责任请求等。

需要说明的是，在审理此类案件时，还需注意两个方面的问题：一是《物权法》第186条规定“抵押权人在债务履行期届满前，不得与抵押人约定债务人不履行到期债务时抵押财产归债权人所有”，这是法律关于禁止流质契约的规定。国家立法对此作出规定，是为了避免债务人因经济窘迫将价值很高的财产用于担保价值较小的债权，防止债权人乘人之危获利，损害债务人或第三人的利益，这一规定体现了民法的公平原则。如果当事人之间约定在债务人不清偿债务时，债权人可以不经清算而当然取得标的物所有权时，则应依照上述法律规定，认定其构成流质契约，从而否定该合同的效力。二是从司法实践的情况看，存在利用以物抵债协议等进行虚假诉讼的情形，严重扰乱了诉讼秩序，损害了司法权威。因此要加强对此类纠纷的甄别，严格审查债权债务关系的真实性，对于当事人通过以物抵债协议等恶意转移财产、规避国家政策、损害他人合法权益等虚假诉讼行为，要严格按照《民事诉讼法》《刑法修正案（九）》等相关法律规定，追究相关人员的法律责任。

结合本案，借款合同到期借款人未能按约归还借款，但双方当事人经对账协商，决定终止借款合同关系并建立商品房买卖合同关系的，除存在法定无效情形外，应当按照当事人意思表示，确定双方法律关系转化为商品房买卖合同关系。对于双方约定转化为购房款的借款本金及利息的数额，应当根据双方之间原借款合同及借款、还款等证据予以审查认定，不宜仅按照双方合同约定直接确认转为购房款的欠款数额。

［法律法规链接］

《物权法》第186条

《民间借贷司法解释》第24条、第26条

35. 当事人基于同一笔款项先后签订《商品房买卖合同》和《借款协议》，并就借款到期是否偿还从而促使《商品房买卖合同》能否履行的约定有效

【典型案例】

朱某与A开发公司商品房买卖合同纠纷案[①]

[案号]

（2010）晋民再终字第103号

[案情]

2007年1月25日，朱某与A开发公司签订14份《商品房买卖合同》，主要约定朱某向A开发公司购买百桐园小区十号楼14套商铺。同日，A开发公司将该14份合同办理了销售备案登记手续，并于次日向朱某出具两张总额10 354 554元的销售不动产发票。

2007年1月26日，朱某与A开发公司签订一份《借款协议》，主要约定：A开发公司向朱某借款1100万元，期限至2007年4月26日；A开发公司自愿将其开发的百桐园小区十号楼商铺抵押给朱某，抵押的方式为和朱某签订《商品房买卖合同》，并办理备案手续，开具发票；如A开发公司偿还借款，朱某将抵押手续（合同、发票、收据）退回，如到期不能偿还，A开发公司将以抵押物抵顶借款，双方互不支付对方任何款项等。该合同签订后，朱某向A开发公司给付了1100万元借款，A开发公司出具了收据。截至2007年4月26日，A开发公司未能偿还该借款。

朱某向一审法院提起诉讼，请求确认朱某与A开发公司签订的14份《商品房买卖合同》有效，判令A开发公司履行商品房买卖合同。

A开发公司辩称，朱某和A开发公司签订的《商品房买卖合同》是对借款的抵押担保，没有形成真实的买卖合同关系。担保未办理登记手续，双方约定的条款为绝押条款，抵押无效。朱某与A开发公司之间为借款担保纠纷而非房屋买卖合同纠纷，朱某起诉案由错误，故应驳回其诉讼请求。

[法院认为]

一审法院认为：双方签订的14份《商品房买卖合同》，意思表示真实，依法办理了备案登记手续，应当受到法律保护。根据双方在后签订的《借款

---

① 案例来源：《中华人民共和国最高人民法院公报》2014年第2期。

协议》约定，可以认为借款协议的约定，实际为商品房买卖合同签订生效后，在履行合同过程中，双方对商品房买卖合同作出的补充。其中《借款协议》约定将到期不还的借款作为给付的房款，实际上是为已签订并正在履行的14份《商品房买卖合同》附加了解除条件，即到期还款买卖合同解除，到期不能还款买卖合同继续履行。现A开发公司到期未能还款，14份《商品房买卖合同》所附解除条件未成就，应当继续履行。

A开发公司不服一审法院判决，提出上诉称：A开发公司与朱某之间是借款法律关系，双方签订的《商品房买卖合同》及发票只是属于《借款合同》的抵押手续，并没有形成真实的买卖合同关系。请求撤销一审法院判决，驳回朱某的诉讼请求。

二审法院认为：双方签订的《商品房买卖合同》是双方当事人的真实意思表示，且在国家规定的相关部门登记备案，应认定有效。双方在合同履行过程中又签订了借款合同，该合同仅是《商品房买卖合同》的补充，故一审法院判决继续履行商品房买卖合同并无不妥。另外，由于A开发公司向朱某出具1100万元的收款收据，其主张仅收到10 354 554元，证据不足，不予支持。

A开发公司不服二审法院判决，向检察机关申请抗诉。

一次再审法院认为：1. 关于本案双方是民间借贷合同关系还是商品房买卖合同关系问题。本案双方是民间借贷合同关系而非商品房买卖合同关系。A开发公司与朱某签订的借款协议约定"为保证甲方的资金安全，乙方自愿将本公司开发的百桐园小区10号楼商铺以4600每平方米的价格抵押给甲方，抵押面积为2250.99平方米，和甲方签订商品房买卖合同并到市房地局办理备案手续，同时给甲方开具与备案买卖合同相对应的不动产销售发票。"证明朱某的真实意思表示是A开发公司以商铺作为向朱某借款的抵押担保。朱某在起诉状中陈述"2007年1月，A开发公司拟向朱某借款，1月26日，双方签订借款协议，约定A开发公司向朱某借款1100万元……为保证朱某资金安全，双方在协议中约定：A开发公司将其开发的百桐园小区十号楼商铺抵押给朱某，抵押方式为和朱某签订商品房买卖合同……"朱某在一审中的辩论意见为"是怕不给钱才签订协议……当然就是为了保证资金安全"也印证了借款是其真实意思表示，而商品房买卖合同是借款合同的抵押担保内容。

2. 关于《借款协议》中"到期不能还款用抵押物抵顶借款，双方之间互不再支付对方任何款项"的约定是否违反法律的强制性规定问题。该约定违反法律的强制性规定，应属无效。综上，检察机关的抗诉理由成立。鉴于就争议法律关系的性质释明后，朱某仍不变更诉讼请求，朱某关于确认双方签订的商品房买卖合同有效并继续履行的请求不予支持，但朱某可依法另行提起诉讼主张其权利。

朱某不服一次再审法院判决，向上一级法院申请再审。

二次再审法院认为：案涉 14 份《商品房买卖合同》和《借款协议》均为依法成立并生效的合同。《借款协议》约定的商品房买卖合同的解除条件未成就，故应当继续履行案涉 14 份《商品房买卖合同》。一次再审法院判决适用法律错误，应予撤销。二审法院判决虽在判决理由表述上不够准确和充分，但判决结果正确，可予以维持。

［裁判结果］

一审法院判决：（1）朱某与 A 开发公司签订的 14 份《商品房买卖合同》有效；（2）A 开发公司应当按照该《商品房买卖合同》的内容履行合同。

二审法院判决：驳回上诉，维持原判。

一次再审法院判决：（1）撤销一审法院判决和二审法院判决；（2）驳回朱某的诉讼请求。

二次再审法院判决：（1）撤销一次再审法院判决；（2）维持二审法院判决。

［裁判思路］

朱某主张其与 A 开发公司之间是商品房买卖合同关系。A 开发公司主张双方之间是民间借贷关系。一次再审法院认为，双方是民间借贷合同关系而非商品房买卖合同关系，商品房买卖合同是借款合同的抵押担保内容，借款协议中“到期不能还款用抵押物抵顶借款，双方之间互不支付对方任何款项”的约定违反法律的强制性规定，应属无效。我们认为，本案中,14 份《商品房买卖合同》涉及的款项和《借款协议》涉及的款项，在数额上虽有差额，但双方当事人对于 14 份《商品房买卖合同》所涉款项和《借款协议》所涉款项属同一笔款项并无异议。也就是说双方当事人基于同一笔款项先后签订了 14 份《商品房买卖合同》和《借款协议》，且在市房地局办理了 14 份《商品房买卖合同》销售备案登记手续。根据《合同法》第 32 条规定，当事人采用合同书形式订立合同的，自双方当事人签字或盖章时合同成立。该法第 44 条第 1 款规定：依法成立的合同，自成立时生效。案涉 14 份《商品房买卖合同》和《借款协议》均为依法成立并已生效的合同。本案双方当事人实际上就同一笔款项先后设立商品房买卖和民间借贷两个法律关系。从本案 14 份《商品房买卖合同》和《借款协议》约定的内容看，案涉《商品房买卖合同》与《借款协议》属并立又有联系的两个合同。案涉《商品房买卖合同》与《借款协议》之间的联系表现在以下两个方面：一是案涉《商品房买卖合同》与

《借款协议》涉及的款项为同一笔款项；二是《借款协议》约定以签订商品房买卖合同的方式为《借款协议》所借款项提供担保，即双方当事人实际是用之前签订的14份《商品房买卖合同》为之后签订的《借款协议》提供担保。同时《借款协议》为案涉《商品房买卖合同》的履行附设立解除条件，即借款到期，A开发公司还清借款，案涉《商品房买卖合同》不再履行；借款到期，A开发公司不能偿还借款，则履行案涉《商品房买卖合同》。关于《借款协议》中"如到期不能偿还，或已无力偿还，A开发公司将用以上抵押物来抵顶借款，双方互不再支付对方任何款项"的约定是否违反法律的强制性规定问题。《担保法》第40条规定：订立抵押合同时，抵押权人和抵押人在合同中不得约定在债务履行期届满抵押权人未受清偿时，抵押物的所有权转移为债权人所有。《物权法》第186条规定：抵押权人在债务履行期届满前，不得与抵押人约定债务人不履行到期债务时抵押财产归债权人所有。这是法律上禁止流押的规定。禁止流押的立法目的是防止损害抵押人的利益，以免造成对抵押人实质上的不公平。本案《借款协议》中"如到期不能偿还，或已无力偿还，A开发公司将用以上抵押物来抵顶借款，双方互不再支付对方任何款项"的约定，并非法律上禁止的流押条款。理由如下：首先，《借款协议》上述条款并非约定A开发公司到期不能偿还借款，《借款协议》所称抵押物所有权转移为朱某所有。在A开发公司到期未偿还借款时，朱某并不能直接按上述约定取得《借款协议》所称的"抵押物"所有权。朱某要想取得《借款协议》所称的"抵押物"即14套商铺所有权，只能通过履行案涉14份《商品房买卖合同》实现。正基于此，朱某在本案一审提出的诉讼请求也是确认14份《商品房买卖合同》有效，判令A开发公司履行商品房买卖合同。其次，案涉14份《商品房买卖合同》和《借款协议》均为依法成立并生效的合同，双方当事人在《借款协议》中约定以签订商品房买卖合同的形式为《借款协议》提供担保，并为此在《借款协议》中为案涉14份《商品房买卖合同》附设了解除条件，该约定并不违反法律、行政法规的强制性规定。实际上，双方当事人对于是履行14份《商品房买卖合同》，还是履行《借款协议》具有选择性，即商品房买卖合同的解除条件成就，就履行《借款协议》；商品房买卖合同的解除条件未成就，就履行14份《商品房买卖合同》。无论是履行14份《商品房买卖合同》，还是履行《借款协议》，均符合双方当事人的意思表示，且从合同的选择履行的角度看．A开发公司更具主动性。A开发公司如果认为履行14份《商品房买卖合同》对其不公平，损害了其利益，其完全可以依据《合同法》第54条第1款第2项的规定，请求人民法院撤销案涉14份《商品房买卖合同》，但A开发公司在法定的除斥期间内并未行使合同撤销权，而是拒绝履行生效合同，其主张不符合诚信原则，不应得到支持。因此，《借款协议》中关于到期不能偿还，或已无力偿还，A开发公司抵押物来抵顶借款的约定，不符合《担保法》第40条和《物权法》第186条禁止流押的规定。

[法律法规链接]

《担保法》第40条

《物权法》第186条

《民事诉讼法》（2017年修正）第170条第1款第（1）项、第（2）项

36. 名为购买实为抵押的“购房”合同，依据《物权法》第186条关于禁止流押的规定，应认定该购房合同或条款无效

【典型案例】

米某诉A开发公司借款合同纠纷案

[案号]

（2013）黑民终字第39号

[案情]

2009年6月，A开发公司开发“金鼎官邸家园”工程。2011年1月10日,A开发公司将其开发的金鼎官邸家园小区商品房销售等事宜全权委托刘某、周某办理，签订了委托书并进行了公证。2011年9月29日，刘某以A开发公司名义与米某签订《借款合同》，合同约定：A开发公司向米某借款2 000 000.00元，借款期限三个月，自2011年9月29日至2011年12月29日，如不能按期还款，借款人按日千分之五的标准支付违约金，直至借款还清为止。A开发公司以其开发的金鼎官邸家园小区的10套房屋作为抵押，如A开发公司不能按期偿还借款，则借款合同变更为买卖合同，10套房屋归米某所有。同日，米某将2 000 000.00元贷款全部支付给A开发公司，A开发公司出具了借据，同时又根据房屋的实际价格出具了10套房屋的购房收据，双方到市房产处办理了房屋产权预告登记。还款期限届满后，A开发公司未按约定偿还借款。

米某诉称：根据《借款合同》第10条的约定，A开发公司没有按约定还

款，借款合同已变更为购房合同，预告登记的10套房屋应为米某所有。请求判令A开发公司交付房屋，如不能交付房屋，其应退还购房款并按中国人民银行发布的同期贷款利率的四倍计算利息。

[法院认为]

一审法院认为：米某与A开发公司签订的借款合同系双方当事人的真实意思表示，合法有效，应予认定。合同到期后，A开发公司未按约定偿还借款，按照借款合同约定，借款合同变更为买卖合同，亦是双方真实意思，该买卖合同成立，且无案外人对米某要求确认的房屋提出异议。故米某请求依法确认其与A开发公司签订的10套房屋买卖合同成立的诉讼请求有理，应予支持。A开发公司辩称，本案诉争的10套购房合同是米某与刘某签订的，其并不知情，其不是本案适格被告，应向刘某主张权利。并提供了经过公证的委托书。从A开发公司提供的委托书看，A开发公司已将包括本案诉争的10套房屋在内的金鼎官邸家园小区的房屋预售事宜全权委托给刘某办理，而刘某作为A开发公司的委托代理人，以A开发公司的名义与米某签订的借款合同的行为，所产生的法律后果直接归属于被代理人A开发公司。故A开发公司作为本案被告主体适格。A开发公司称米某签订的是借款合同是刘某的个人行为，与A开发公司无关的证据不充分，不予支持。

A开发公司不服一审法院判决，提出上诉，请求撤销原判，发回一审法院重新审理，并追加刘某为共同被告。主要理由为：（1）一审法院判决将10套房屋判归米某所有错误，既没有合同依据，也没有法律依据；（2）房屋买卖合同是债权，不是所有权，在没有取得房屋所有权证时，买方对房屋只享有债权，而不是对房屋具有所有权，一审法院判决10套房屋归米某所有没有法律依据。

米某辩称：双方签订的借款合同转变成买卖合同不适用担保法和物权法中抵押的规定，属于附条件的买卖合同。双方约定到期不能偿还债务，借款合同变成买卖合同，借款时约定的不是以房屋抵偿借款，而是不能偿还借款本息则借款合同变更为买卖合同。

二审法院认为：A开发公司与米某签订的借款合同，约定A开发公司向米某借款并承担利息，该约定合法有效，A开发公司应依据该约定承担还款付息的责任。双方在借款时还约定以A开发公司10套房屋作为抵押，如其不能按期偿还借款，则借款合同变更为买卖合同，10套房屋归米某所有。按照《物权法》第186条关于抵押权人在债务履行期届满前，不得与抵押人约定债务人不履行到期债务时抵押财产归债权人所有的规定，结合本案中，双方仅签订了借款合同，无论在借款到期前亦或借款到期后，均未再签订并履行商品房买卖合同，故双方借款合同中约定借款到期后，抵押物直接归米某所有的约定应属无效。

关于是否追加刘某为本案当事人问题。刘某作为 A 开发公司委托代理人，持有 A 开发公司的公章、财务章，以 A 开发公司的名义与米某签订借款合同，使米某有理由相信其代表 A 开发公司，故刘某行为构成表见代理，对其代理行为产生的后果应由 A 开发公司承担。故 A 开发公司上诉请求追加刘某为当事人，不予支持。

关于借款合同是否转变为附条件的房屋买卖合同问题。双方在借款合同中约定以 10 套房产作为抵押，如未能按期偿还借款，则名为购买实为抵押的 10 套商品房直接变更为购房合同，米某为该房的合法所有权人，但合同还约定了在 A 开发公司偿还借款本息后，米某将该房屋退还给 A 开发公司。由上述约定可知，本案双方仅建立了借贷关系，虽然 A 开发公司为米某开具了 10 套房屋的购房收据，但其出具收据的行为仅意在作为借款的担保，双方在借款到期 A 开发公司未履行还款义务时，并未建立商品房买卖合同关系。故米某关于双方签订的合同为附条件买卖合同，在借款到期未清偿条件成就前提下变更为商品房买卖合同的主张无事实及法律依据。一审认定借款合同变更为房屋买卖合同不当，米某亦不能依据借款合同约定直接取得 10 套房屋所有权。

[裁判结果]

一审法院判决：（1）米某与光胜公司签订的借款合同成立；（2）案涉 10 套房屋归米某所有；（3）如 A 开发公司履行不能则退还购房款 2 000 000.00 元，并支付利息。

二审法院判决：（1）维持一审法院判决第 1 项；（2）撤销一审法院判决第 2 项；（3）变更一审判决第 3 项为：A 开发公司偿还米某借款 2 000 000.00 元，并支付利息。

[裁判思路]

双方在借款合同中约定以 10 套房产作为抵押，如未能按期偿还借款，则借款合同变更为购房合同，米某为该 10 套房屋的合法所有权人，合同还约定了在 A 开发公司偿还借款本息后，米某将该房屋退还给 A 开发公司。可见，上述约定并非以买卖 10 套房屋为目的，仅在于 A 开发公司以 10 套房屋作为米某实现债权的担保，双方之间无论在借款之前，亦或借款到期之后，均未形成商品房买卖合同关系，而米某主张为借款关系直接转化为商品房买卖关系，并直接取得抵押物所有权，明显违反了《担保法》第 40 条及《物权法》第 186 条之规定，这是与本书第 35、36 两个案例的不同之处。

［法律法规链接］

《物权法》第186条

《民事诉讼法》（2017年修正）第170条第1款第（2）项

37.《商品房买卖合同解释》第25条第2款的区别适用问题

【典型案例】

A银行与B开发公司、张某商品房买卖合同纠纷案

［案号］

（2016）黑民终482号

［案情］

2013年6月19日，A银行为甲方，B开发公司为乙方，签订《个人购房贷款合作协议书》。2014年1月21日，出卖人（B开发公司）与买受人（张某）签订《商品房买卖合同》及《补充协议》，约定：B开发公司应当在2014年8月31日前，将“经分期综合验收合格”的商品房交付张某使用，如出卖人逾期交房超过60日后，买受人有权解除合同，买受人解除合同的，出卖人应当自买受人解除合同通知到达之日起30天内退还全部已付款，并按《买卖合同》内总房款10%支付违约金。

2014年1月21日，张某向B开发公司交纳购房首付款2 500 000元。2014年1月26日，A银行为贷款人，张某为借款人及抵押人，B开发公司为保证人，签订《借款合同》一份。《借款合同》约定：借款人向贷款人申请个人购房贷款用于支付购房款，贷款人同意提供此项贷款，金额为人民币4 500 000元。《借款合同》签订当天，A银行即发放贷款。

2014年8月31日，《商品房买卖合同》约定的交房期限届满，B开发公司未能按期交付房屋。2014年11月4日，张某向B开发公司邮寄了《退房通知》。

2014年11月18日，张某向一审法院提起诉讼，请求判令：（1）解除《商品房买卖合同》，B开发公司返还已付购房款3 330 300元并给付利息及违约金700 000元；（2）解除《借款合同》，并由B开发公司返还A银行尚未受偿的借款。诉讼期间，A银行以有独立请求权第三人身份申请参加诉讼，请

求判令：解除《借款合同》，由张某提前偿还剩余贷款本金及利息，B 开发公司承担连带清偿保证责任，B 开发公司返还购房款中贷款本息剩余部分相应款项至张某。

［法院认为］

一审法院认为：B 开发公司逾期交房，双方于合同中约定的解除条件已成就，张某按照 B 开发公司在《商品房买卖合同》中预留的委托代理人地址邮寄了书面的《退房通知》，系在合同约定期限内行使合同解除权，故双方所签订的《商品房买卖合同》等一系列协议应当解除。因 A 银行与张某均同意解除《借款合同》，且《商品房买卖合同》已解除，张某贷款的目的已无法实现，根据《商品房买卖合同解释》第 24 条规定，《借款合同》亦应解除。另根据《商品房买卖合同解释》第 25 条“商品房买卖合同被确认无效或者被撤销、解除后，商品房担保贷款合同也被解除的，出卖人应当将收受的购房贷款和购房款的本金及利息分别返还担保权人和买受人”之规定，B 开发公司应将收受的购房贷款和首付款的本金及利息分别返还 A 银行和张某。关于 A 银行请求判令张某提前偿还《借款合同》项下剩余贷款本息，B 开发公司承担连带清偿保证责任，请求判令 B 开发公司返还购房款中贷款本息剩余部分相应款项至该行的问题。上述两项主张之间存在重复，故仅其请求中的合理部分予以支持。

A 银行不服一审法院判决，提起上诉，请求：改判由张某及 B 开发公司共同承担尚未偿还部分的贷款本息还款义务并承担诉讼费。理由为：一审法院适用《商品房买卖合同解释》第 25 条第 2 款，判决由 B 开发公司向其承担返还贷款本息的义务，割裂了 A 银行与张某的返还本息的借款合同关系，剥夺了其向张某主张权利的自由，减弱了对 A 银行债权的保护。

二审法院认为：《借款合同》约定“如因 B 开发公司或张某的原因致使抵押房产未能办妥抵押登记的，A 银行有权要求张某偿还全部贷款，B 开发公司对张某的全部债务承担连带责任”。B 开发公司虽然直接收取贷款，但借款人为张某，张某作为借款合同主体，应当按照约定承担返还本息的义务。《商品房买卖合同解释》第 25 条第 2 款之规定，是基于连环债务的债权人可行使代位权，为了减少当事人诉累和充分保护债权人作出的，并没有对借款合同的债务人承担合同义务作出免除的相关规定。按照上述规定和合同约定的处理结果虽有不同，但该规定的目的和双方合同约定并无实质区别，即均为充分保证清偿债权。在 A 银行并未放弃按照合同约定主张由张某承担返还余款本息责任的前提下，应优先适用双方合同的约定。一审法院以 A 银行诉请不符合上述司法解释规定为由，予以驳回属于认识理解有误，予以纠正。因张某在本案中仅诉讼请求 B 开发公司返还其已经交付的购房款及自判决生效之日起至给付之日止其缴纳的本金和利息，对其余购房款部分，张某可另行向 B 开发公司主张权利。

［裁判结果］

一审法院判决:（1）解除张某与 B 开发公司签订的《商品房买卖合同》《补充协议》《附属协议》;（2）解除 2014 年 1 月 27 日张某与 B 开发公司、A 银行之间签订的《个人购房借款及担保合同》;（3）B 开发公司返还张某支付的购房首付款 2 500 000 元;（4）B 开发公司给付张某按照《个人购房借款及担保合同》约定，已偿还至 A 银行的借款本息;（5）由 B 开发公司将张某按照《个人购房借款及担保合同》约定，应偿还尚未偿还部分的贷款本息，直接给付至 A 银行;（6）B 开发公司赔偿张某因其违约给张某造成的经济损失 700 000 元;（7）驳回张某的其他诉讼请求;（8）驳回 A 银行的其他诉讼请求。

二审法院判决:（1）维持一审法院判决第 1、2、3、4、6、7、8 项;（2）变更一审法院判决第 5 项为：张某按照《个人购房借款及担保合同》约定，偿还 A 银行尚未偿还部分的贷款本息。B 开发公司对上述款项承担连带保证责任。

［裁判思路］

该案在审理过程中，关于是否应按照《商品房买卖合同解释》第 25 条第 2 款进行裁判的问题存在两种观点：第一种观点认为《商品房买卖合同解释》第 25 条第 2 款已明确规定了此情形下的裁判原则，按揭银行未实际取得抵押权的后果不应归责于买受人。所以，在按揭银行未就房屋实际取得抵押权情况下，以担保贷款为付款方式的商品房买卖合同的当事人一方请求解除合同的，应当按照《商品房买卖合同解释》第 25 条第 2 款规定进行处理。第二种观点认为虽然该条款规定了在商品房买卖合同及商品房担保贷款合同均解除前提下，购房贷款及首付款的返还方式，但并非否定了买受人与按揭银行之间的债权债务关系，按揭银行在未就房屋实际取得抵押权的情况下，其实现债权存在较大风险，故不应按照《商品房买卖合同解释》第 25 条第 2 款规定进行处理。

本案裁判最终采纳了第二种观点。首先，从立法本意及法理分析角度，关于该条款也存在两种不同观点。第一种观点认为买受人向出卖人支付的购房款包括两部分，一部分是自有资金，另一部分是贷款资金。就支付的自有资金来说，买受人是真正的权利享有者；就交付的贷款资金而言，买受人不是真正的权利享有人，仅是名义上的权利享有人。而按揭银行才是真正的权利享有人。按揭银行提供所谓贷款对买受人来说，是买受人对按揭银行所负的债务。因此，买受人的债务人（出卖人）向买受人的债权人履行债务，具有消灭买受人对其债权人负有的债务的积极意义，从债务的消灭来说是允许的。从另一方面讲，按揭贷款购房，由于物的担保的性质，设定于特定物上的担保，事实上是由开发商设定和承担责任的。在解除商品房买卖合同后，买受人根本不可能最终取得房屋所有权，出卖人将会继续管领建成和未建成的房屋，买受人实际并未取得担保物。只有物的担保效力依然存在，才可能有效地保护和实现按揭银行的权利，这正是按揭贷款购房方式涉及的主要目的。所以，因出卖人的原因导致商品房买卖合同及按揭贷款合同解除的，且出卖人已经实际占有贷款的，由出卖人承担返还贷款的责任，是按揭贷款购房方式的特定要求决定的，是合理的。第二种观点认为货币的所有权与现实占有合而为一。出卖人取得买受人所付的购房款及贷款资金的占有即成为资金的所有人。此处不会发生返还请求权与占有回复请求权的问题，仅能基于合同关系提出相应的请求，亦即，该请求权仍应限于债权的范围之内。按揭银行支付给出卖人的贷款资金虽在形式上为贷款银行直接划付给出卖人，但系按照买受人的指令。尽管此指令不甚明显，然后银行与出卖人之间没有任何交易关系，其以自己名义向出卖人付款解释不通。该付款自法律层面言之，仍为买受人所付。基于前述，买受人对其已支付的购房款、银行对其按照买受人指令划付给出卖人的按揭贷款均已不再享有所有权，银行此时所享有的有独立请求权第三人地位并非系基于其对按揭贷款享有所有权人的权利，而是如前所述的理由。

上述两种观点中，第二种观点更具有法理依据，而该条款之所以规定商品房买卖合同被确认无效或者被撤销、解除后，商品房担保贷款合同也被解除的，出卖人应将收受的购房贷款和购房款的本金及利息分别返还给银行和买受人，主要是基于充分发挥诉讼资源解决纠纷的功能，避免当事人的诉累，并在此基础上保护当事人的权利。

结合上述理论观点可知,《商品房买卖合同解释》第25条第2款之规定是从发挥诉讼资源解决纠纷的功能，避免当事人的诉累角度出发，并非否定了买受人与按揭银行之间的债权债务关系，买受人仍系负有向按揭银行偿还贷款的债务人，亦为按揭银行依据商品房担保贷款合同实现其债权的主要对象，特别是在按揭银行未能就房屋实际取得抵押权的情况下，按揭银行依据商品房担保贷款合同应享有的担保权利已不存在，其欲实现权利存在较大风险，此时在按揭银行、买受人及出卖人三方之间，应当回归原始的商品房担保贷款法律关系，不应再按照《商品房买卖合同解释》第25条第2款规定进行处理。

[法律法规链接]

《合同法》第44条、第95条、第96条、第97条、第114条

《商品房买卖合同解释》第24条、第25条

《民事诉讼法》（2017年修正）第64条第1款、第119条、第152条、第170条第1款第（2）项

第四章　二手房买卖合同纠纷

导 读

二手房是二次或者多次进入房地产交易市场的房屋，因此二手房交易纠纷有其独特之处，具体表现为：（1）二手房交易纠纷的法律关系和过程更为复杂。与一手房纠纷中单纯的业主与开发商之间的关系不同，二手房交易往往涉及更多的主体。例如，二手房多已经出租给他人，那么买卖双方的二手房纠纷会涉及承租人的权利如优先购买权的问题；二手房的权利主体可能不止一人，其权利可能为多人共有，共有房屋的买卖涉及有无经过其他共有人的同意及其他按份共有人的优先购买权的问题等。这是造成二手房交易纠纷法律关系复杂的一个方面。另一方面，房产本身往往使用多年，也可能存在质量问题，或者拖欠物业管理费等，而使法律关系复杂化。（2）二手房交易纠纷往往涉及中介机构。随着三级房地产市场的日渐繁荣，为了省心安全，许多当事人选择通过房地产中介公司来办理过户。因此，中介在三级市场中的作用越来越大，致使越来越多的二手房交易都是通过中介机构完成。但由于中介机构本身机制、人员素质、缺乏监管等问题，中介缺乏诚信、制造“阴阳合同”、吃差价、违规操作、扰乱市场秩序等现象仍普遍存在，导致二手房交易中，因中介引起的纠纷日益增多。本章以部分典型的二手房买卖纠纷为例，对裁判思路进行探讨研究。

38.“名不符实”合同性质的认定与过错责任承担问题

【典型案例】

何某与A开发公司房屋买卖合同纠纷案

［案号］

（2007）黑监民再字第37号

［案情］

A开发公司（甲方）与何某（乙方）于1997年1月23日签订《房屋购买租赁协议书》，约定：甲方A开发公司同意乙方何某购买承租科贸楼第二区第二号楼205室，建筑面积273.02平方米，用于兴办企业；购买承租期常年，金额为326 000.00元（购买常年使用权的，直至该房屋被政府规划用地征用并拆除为止），协议书还专门约定“本协议所签房屋面积产权归乙方”；付款方式为协议签订后乙方付给甲方总额的80%作为订金，其余部分待进户前一次付清，否则不予办理进户手续；租赁或购买常年使用权均不包括日常水、电、取暖和电话费，其费用由乙方自负；乙方进入市场应严格遵守市场的各项规章制度，未经甲方同意，不得随意改变房屋结构；乙方因特殊情况需转让转租房屋时，须经甲方同意，并办理承租权、常年使用权变更手续；凭此协议到开发区工商局、税务局、开发区管委会办理有关进区手续，并享受区内一切优惠政策。

协议签订后，何某先后向A开发公司付款共计326 000元，A开发公司出具的收款收据均载明是房款。何某装修入住后，于1997年5月13日向A开发公司支付建车库手续费6600元，后自建车库一间。经一审法院委托鉴定，车库工程造价为137 245.51元，房屋装修及改建工程造价为96 485.25元。1995年3月6日，开发区管委会以《关于在管理服务区建设临时科贸楼的请示》，向市政府请示建设临时建筑科贸楼，以解决服务型中小企业的办公用房问题，该楼建成后出租给企业3~5年，以改善管理服务区的形象。该请示得到了市政府批准。随后，临时科贸楼开始建设，至1996年竣工并开始对外招租。2001年6月12日，市规划局发出《拆除通告》，要求临时科贸楼的住户在15日内迁出。2002年3月8日，市政府发出通告，决定对本案科贸楼限期予以拆除。

1999年1月21日，何某向一审法院提起诉讼，请求判令：A开发公司返还购房款326 000元、房屋装修费、车库工程款以及车库手续费。

［法院认为］

一审法院认为：A开发公司将其经审批建设的临时用房的产权出售给何某，而该房屋依法不能办理产权，故双方所签购房协议无效，依法应予解除。对何某关于退房款的诉讼请求应予支持。鉴于何某已对该房屋使用3年之久，故应向A开发公司给付房屋使用费。因导致合同无效的过错在A开发公司，故A开发公司应赔偿何某装修及自盖车库一间的经济损失。A开发公司诉称本案协议为租赁协议，证据不充分，不予支持。

A开发公司一审法院判决，提起上诉。

二审法院认为：双方签订的房屋购买租赁协议系双方真实意思表示，且不违反法律规定，应认定协议有效。该协议明确约定A开发公司同意何某购买承租争议房屋，购买承租期为常年；何某因特殊情况需转让承租房屋时，须经A开发公司同意，并办理承租权、常年使用权变更手续。何某按约定向A开发公司交付房款326 000元，A开发公司也交付了房屋。A开发公司上诉称本案合同是何某一次性租断临时建筑，从而获得该房屋常年承租权，符合合同约定，应予支持。何某称，本协议所签房屋面积产权归其所有，因无法办理产权，故要求退房还款，但因双方在合同中未约定上述内容，故何某要求退房还款的理由应不予支持。

何某不服二审法院判决，向二审法院申请再审。

一次再审认为：双方签订的房屋购买租赁协议系双方真实意思表示，且不违反法律规定，应认定协议有效。虽然该协议第2条约定"本协议所签房屋面积产权归乙方"，但不能仅以此就确认A开发公司将该房屋产权卖给何某。因从整个协议的条款均可证明系购买或租赁常年使用权，并不是产权。故何某关于双方签订合同系购买房屋产权的主张，不予支持。

何某不服一次再审法院判决，向上一级法院申请再审。

二次再审认为：关于何某申请再审称与A开发公司签订房屋买卖租赁协议书约定的是购买房屋所有权，而不是购买租赁权的问题。双方所签协议第2条载明"购买租赁期常年（购买常年使用权的，直至该房屋被政府规划用地征用并拆除为止）"，该协议第6条载明"乙方因特殊情况需转让转租房屋时，需经甲方同意，并办理承租权、常年使用权变更手续"。根据上述内容，可认定双方当事人约定的是购买房屋常年使用权，并不是所有权。何某主张系购买房屋所有权，不予支持。关于何某提出A开发公司与其签订协议书具有欺骗性问题，从协议书第2、4、6条内容可以看出何某在签约时，对房屋具有租赁性质是明知的，故何某的该项诉请，不予支持。

何某不服二次再审判决，向上一级法院申请再审。

三次再审认为：本案主要涉及3个问题：一是本案协议的性质；二是本案协议的效力；三是双方过错程度、本案损失范围和责任承担。

1. 关于本案协议的性质问题。协议名称为《房屋购买租赁协议书》，该名称既有购买即买卖合同的性质，又有租赁合同的性质。认定本案协议性质应当从协议约定的全部条款内容来综合分析判断。虽然协议约定"A开发公司同意何某购买承租科贸楼第二区第二号楼205室；购买承租期为常年，购买常年使用权的，直至该房屋被政府规划用地征用并拆除为止；何某因特殊情况需转让转租房屋时，须经A开发公司同意，并办理承租权、常年使用权变更手续”，但不能单纯依照上述约定，认定本案协议的性质为租赁合同关系。双方当事人于协议第 2 条又特别约定“本协议所签房屋面积产权归乙方”，该约定显然与租赁合同关系不符，体现了买卖合同的性质。从协议实际履行情况看，何某给付 A 开发公司 326 000 元款项，A 开发公司出具的收款收据上均载明是房款。故应综合本案实际情况，认定本案协议的性质为房屋买卖合同。

2. 关于本案协议的效力问题。本案科贸楼属于临时建筑，依法不能办理产权手续。《城市房地产管理法》第 37 条明确规定：“未依法登记领取权属证书的，不得转让。”A 开发公司将本案临时建筑的房屋出售给何某，违反法律禁止性规定，故应认定双方所签《房屋购买租赁协议书》无效。

3. 关于双方过错程度、本案损失范围和责任承担。根据《民法通则》第 61 条规定，A 开发公司应当将 326 000 元购房款和 6600 元车库手续费返还给何某。鉴于案涉房屋已经被拆迁，故不存在何某返还房屋的问题。何某的损失应包括房款本金的利息损失、房屋装修损失、车库工程款。A 开发公司将购买（即买卖）与租赁 2 个不同法律关系并列作为合同名称，有误导消费者之嫌，特别是作为临时建筑的科贸楼，政府批准其建好后出租给企业使用 3~5 年，但 A 开发公司隐瞒了出租给企业 3~5 年的事实，在签约时表述为“购买承租期常年”亦属不当，且案涉房屋在使用 3 年后即被政府予以拆除，故应认定 A 开发公司对本案损失的产生有主要过错；而何某明知其购买的房屋是临时建筑性质，有次要过错。根据本案实际情况，应由双方过错程度确定 A 开发公司承担 60%、何某自行承担 40% 为宜。何某对争议房屋使用 3 年，应向 A 开发公司给付相应使用费 55 630.56 元。

［裁判结果］

一审法院判决：（1）A 开发公司返还何某购房款 326 000.00 元，何某将涉案房屋交还给 A 开发公司；（2）A 开发公司赔偿何某房屋装修损失 96 485.25 元；（3）A 开发公司给付何某车库工程款 137 245.51 元，该车库产权归 A 开发公司所有；（4）A 开发公司返还交纳的车库手续费 6600 元；（5）何某给付 A 开发公司房屋使用费 55 630.56 元。

二审法院判决：（1）撤销一审法院判决；（2）驳回何某的诉讼请求。

一次再审法院判决：维持二审法院判决。

二次再审法院判决：维持一次再审法院判决。

三次再审法院判决：（1）撤销一审法院判决、二审法院判决、一次再审法院判决、二次再审法院判决；（2）A 开发公司向何某返还购房款 326 000 元和车库手续费 6600 元；（3）A 开发公司向何某赔偿房屋装修损失、车库工程款损失共计 140 238.46 元；（4）何某向 A 开发公司给付房屋使用费

55 630.56 元。以上 2、3、4 项相抵，A 开发公司应向何某给付本案款项共计 417 207.9 元。

[裁判思路]

本案历经一审、二审和三次再审，共五次审理，主要问题在于对双方所签《房屋购买租赁协议书》的性质认定不同。一审判决认定该协议的性质是房屋买卖关系，并以该房屋为临时建筑，不能办理产权为由，认定该协议无效。二审判决和一次、二次再审判决均认定该协议为房屋租赁关系。对于协议的效力，二审判决和一次再审判决均认定该协议合法有效，二次再审判决则没有对该协议的效力作出认定。三次再审判决则认定本案协议的性质为房屋买卖关系。

（一）关于本案协议性质问题

合同（协议）系当事人之间达成合意的结果。合同有口头合同与书面合同之分。无论是口头合同还是书面合同，在其有效成立之后往往涉及一个性质认定的问题。[①] 合同的性质一般通过合同名称与合同内容表现出来。实践中，合同名称与合同内容的关系大体上有三种情形：一是合同名称与合同内容相一致；二是合同名称与合同内容不一致；三是合同名称前后矛盾，合同内容也前后矛盾。第一种情形可以称之为"名符其实"合同，第二、第三种情形可以称之为"名不符实"合同。一般来说，认定合同性质既要看合同名称，更要看合同内容；当合同内容前后矛盾时，要根据合同中是否有特别约定以及当事人的实际履约情况，综合认定合同性质。本案协议名称为《房屋购买租赁协议书》，该名称既有购买即买卖合同的性质，又有租赁合同的性质，即合同名称的表述是前后矛盾的。从协议内容看，该协议一方面约定"A 开发公司同意何某购买承租科贸楼第二区第二号楼 205 室；购买承租期为常年，购买常年使用权的，直至该房屋被政府规划用地征用并拆除为止；何某因特殊情况需转让转租房屋时，须经 A 开发公司同意，并办理承租权、常年使用权变更手续"等。该协议另一方面又约定"本协议所签房屋面积产权归乙方"，故上述约定的内容也是前后矛盾的。本案属于合同名称前后矛盾、合同内容也前后矛盾的"名不符实"合同。三次再审判决之所以认定本案协议性质为房屋买卖合同，主要考虑以下因素：第一，虽本案协议名称之间、协议内容之间均前后矛盾，但协议中有一个双方当事人特别加上去的条款或称特别约定，即"本协议所签房屋面积产权归乙方"。该约定虽然只有一句

① 最高人民法院民事审判第一庭编：《民事审判指导与参考》2009 年第 3 集，法律出版社 2010 年版，第 181 页。

话，但该约定的含义显然改变了租赁合同的性质，实质上体现了买卖合同的性质。因此，不能以上述协议中有关租赁的条款多一些，买卖的条款少一些，就认定本案协议的性质为租赁合同关系，而应当考虑到双方当事人在协议中特别约定的真实意思表示是建立买卖关系而非租赁关系。第二，本案协议履行情况是认定协议性质的重要因素。从本案协议实际履行情况看，协议签订后，何某给付A开发公司326 000元款项，A开发公司出具的收款收据上均载明是房款。按照人们日常的生活经验来分析判断，“房款”显然不同于“房租款”。前者体现了买卖合同性质，后者体现了租赁合同性质。另从交易习惯看，如果是租赁合同关系的话，租金一般是按月、按季或按年结算，而不是一次性结算完毕的，因此可见，何某向A开发公司一次性给付326 000元款项的性质系购房款而非租金。综上，根据本案协议的特别约定和协议实际履行情况，应当认定本案协议的性质为房屋买卖合同关系。

（二）关于本案协议效力问题

2009年新《城市房地产管理法》第38条明确规定：未依法登记领取权属证书的，不得转让。本案科贸楼属于临时建筑，依法不能办理产权手续，是不能够进入流通市场的。A开发公司将临时建筑的房屋出售给何某，违反上述法律强制性规定，故应认定双方所签《房屋购买租赁协议书》无效。应当指出，在合同效力的认定上有两个问题需要注意：一是不轻易认定合同无效，这是从司法理念和裁判思路的角度上说的；二是如果合同违反法律和行政法规的强制性（或称禁止性）规定，则合同必然无效，这是从合同无效认定标准的角度上说的。

（三）关于本案双方当事人的过错程度、损失范围和责任承担问题

本案属于双方当事人因混合过错导致合同无效，但双方当事人的过错程度是不同的。考虑到A开发公司将买卖与租赁两个不同法律关系并列作为合同名称，有误导消费者之嫌，特别是作为临时建筑的科贸楼，政府批准其建好后出租给企业使用3~5年，但A开发公司隐瞒了出租给企业3~5年的事实，在签约时表述为“购买承租期常年”亦属不当，而事实是本案房屋在使用3年后即被政府予以拆除，故三次再审判决认定A开发公司对本案损失的产生有主要过错，同时也考虑到从协议约定的全部内容看，应当推定何某对其购买房屋的临时建筑性质也是明知的，所以认定何某有次要过错。对于何某的损失范围应当认定为：326 000元本金的利息损失、房屋装修损失96 485.25元、车库工程款137 245.51元。对于民事责任承担问题，根据《民法通则》第61条[①]对应

① 2017年《民法总则》已修订为第157条，内容上有删减修改。

2017年《民法总则》第157条，修订后规定“民事法律行为无效、被撤销或者确定不发生效力后，行为人因该行为取得的财产，应当予以返还；不能返还或者没有必要返还的，应当折价补偿。有过错的一方应当赔偿对方由此受到的损失；各方都有过错的，应当各自承担相应的责任。法律另有规定的，依照其规定”。有关无效民事行为的法律后果为返还财产和依当事人过错承担民事责任的处理原则，结合本案的实际情况，本案的处理结果为：326 000元本金的利息损失由何某自行承担；房屋装修损失和车库工程款损失由A开发公司承担60%、何某自行承担40%为宜；何某向A开发公司给付使用争议房屋3年的使用费55 630.56元。应当指出，上述60%与40%责任承担比例的确定属于人民法院自由裁量权的范畴，在本案中确定上述比例主要考虑了当事人的过错程度、本案争议标的额的大小、当事人的实际承受能力、社会效果等因素。

[法律法规链接]

《民法通则》第61条（2017年《民法总则》第157条，内容有删减修改）

《城市房地产管理法》（2009年修正）第38条

《民事诉讼法》（2017年修正）第170条第1款第（2）项、第205条

39. 出卖人未取得房屋产权证书，不影响房屋买卖合同效力

【典型案例】

彭某某与徐某某房屋买卖合同纠纷上诉案①

[案号]

（2010）浙杭民终字第1101号

[案情]

2009年7月19日，彭某某、徐某某在房地产代理公司居间下，签订房屋买卖居间协议一份，约定徐某某购买彭某某所有的房屋，总房款为18.5万元，并对房款的支付方式及交付方式作了约定。徐某某同意彭某某在签署协议之后的7天内签订《房屋转让合同》，在交易过程中，如有一方违约则应支付另

① 案例来源：载北大法宝，网址：http://www.pkulaw.cn/，最后访问时间：2017年7月27日。

一方违约金 10 万元。合同签订后 3 日，彭某某以该房屋的共有权人不同意为由，表示不再履行合。2009 年 8 月，彭某某取得了涉案房屋的权属证书。徐某某委托律师发函给彭某某，要求继续履行合同，如不愿履行，则于 3 天内协商解除协议并支付违约金。因彭某某至今未履行合同，故徐某某诉至一审法院，请求判令彭某某继续履行房屋买卖居间协议，支付违约金 10 万元

二审期间查明，彭某某、徐某某在居间协议中约定，如丙方（彭某某）的共有权人因故未能到场确认签署本协议，则丙方郑重承诺：丙方已向共有权人告知并解释本协议所有条款，其共有权人完全同意丙方出售该房屋，并愿意遵守本协议的所有条款，如丙方签署了本协议后其共有权人不同意出售该房屋所引起的一切责任及后果均由丙方承担。

［**法院认为**］

一审法院认为：彭某某认为涉诉房屋未经共有权人同意，故居间协议无效，夫妻非因日常生活需要对夫妻共同财产做重要处理决定，他人有理由相信其为夫妻共同意思表示的，另一方不得以不同意或不知道为由对抗善意第三人，且徐某某也提供证人证言，证明彭某某妻子当时对签订协议是知情且表示同意的，故对彭某某的辩解不予采信。彭某某、徐某某应当全面履行合同义务。徐某某要求彭某某继续履行协议，在庭审中明确为要求彭某某签订房屋转让合同，鉴于彭某某已明确表示不愿意继续履行居间协议，且该请求亦不适于强制履行，故不予支持。彭某某未履行合同，理应承担违约责任。对彭某某认为违约金过高的主张，因鉴于房地产市场现状，2009 年 7 月至今该地段房价上涨，故彭某某的该项主张，缺乏事实依据，不予采信。

彭某某不服一审法院判决，提出上诉。

二审法院认为：一审法院在证人出庭作证后，已要求双方当事人对证人证言发表质证意见，在一审判决书中也明确对该证据予以了认定，彭某某认为一审法院未安排其质证，也未认证与事实不符。关于合同效力，《城市房地产管理法》第 38 条规定的转让条件，应当理解为房地产变动的结果条件，而不是原因条件，不符合该条件的不得进行转让登记，但转让合同的效力不受影响，且本案中彭某某与徐某某签订的房屋买卖居间协议是一份约定将来签订一定合同的预约合同，尚不够成本约，故彭某某以《城市房地产管理法》第 37 条的规定主张合同无效，不予支持。彭某某关于共有人未追认，合同未发生法律效力的主张，因本案争议的合同为预约合同，预约合同又称预备合同，预约合同并不直接产生买卖房屋的后果，彭某某在预约合同中自愿承诺已向共有人告知并解释预约合同所有条款，共有人同意出售该房屋，如共有人不同意，则由彭某某承担违约责任，上述约定并未直接处分共有房屋，应

认定有效。且根据彭某某在上诉状中的陈述，其在签订协议时确已向共有人电话核实，该陈述能够与证人姜某的证言相印证。如彭某某在明知共有人不同意的情况下，仍隐瞒该情形与徐某某签订预约合同，亦有违诚信原则。关于违约金调整问题，因违约金条款系双方自愿订立，在同时期房价处于上涨阶段的市场背景下，该违约金无调整必要。

[裁判结果]

一审法院判决：（1）彭某某赔偿徐某某违约金 10 万元；（2）驳回徐某某其他诉讼请求。

二审法院判决：驳回上诉，维持原判。

[裁判思路]

本案的争议焦点在于：二手房买卖中，出卖人转让其尚未取得产权证的房屋是否合法有效的问题。

对于该问题，司法实践中主要有以下三种观点：

第一种观点认为：合同有效。房屋买卖合同是双方在自愿、平等的基础上签订的，是双方的真实意思表示，在不损害国家利益与社会公共利益的前提下，应当以鼓励交易与诚实信用为原则，尊重合同交易当事人的意思表示。并且，2009 年新《城市房地产管理法》第 38 条第（6）项的规定在性质上属于管理性的强制规范，违反该规定不影响买卖合同的效力。

第二种观点认为：合同无效。依据我国《合同法》第 52 条第（5）项规定，违反法律、行政法规强制性规定的合同无效。而我国 2009 年新《城市房地产管理法》第 38 条第（6）项的规定属于法律的强制性规定，因此，如果双方签订房屋买卖合同转让的标的物是尚未取得房屋产权证的二手房，则该买卖行为违反了 2009 年新《城市房地产管理法》的强制性规定，应认定该房屋买卖合同无效。

第三种观点认为：合同效力待定。在二手房买卖中，出卖人只有取得房屋权属证书，才依法取得房屋所有权并有权处分该房屋。因此，如果出卖人在取得房屋产权证书前转让该房屋的，二手房买卖合同属于效力待定的合同，一审法庭辩论终结前出卖人仍未取得房屋产权证书的，应认定合同无效。

司法实践中，经常有当事人为达到既不需要履行合同，又不必承担违约责任的目的，恶意主张双方签订的合同违反了法律的强制性规定，属于无效合同的情形。① 我们认为，这种做法不符合合同法诚实信用和鼓励交易的重要

① 左峰、陈旻：《房屋买卖案件裁判思路与操作》，中国法制出版社 2011 年版，第 136~137 页。

精神，认定合同无效至少应具备以下要件：

1. 该合同必须违反了全国人大及其常委会制定的法律和国务院制定的行政法规，才能认定合同无效。《合同法解释（一）》第4条规定：合同法实施以后，人民法院确认合同无效，应当以全国人大及其常委会制定的法律和国务院制定的行政法规为依据，不得以地方性法规、行政规章为依据。其中，法律是指全国人民代表大会及其常务委员会制定并颁布的法律；行政法规是指国务院制定并颁布的规章命令、条例等行政规范。只有违反了法律、行政法规的规定，才有可能导致合同无效。至于合同违反地方性法规和行政规章中的禁止性规定，能否作为判断合同无效的参考依据，要根据具体情况进行分析。如果该地方性法规和规章是国家法律、行政法规的授权性、执行性规定，可以据此认定该合同无效；如果该地方性法规和规章是对国家法律、行政法规尚未作出规定的内容进行规范，则应当结合案件的具体情况进行价值判断，不能直接认定该合同无效。

2. 必须是违反了法律、行政法规的效力性的强制性规范。按照民法理论，法律规范可分为强行性规范和任意性规范。所谓任意性规范，是指当事人可以通过约定排除其适用的规范。任意性规范赋予了当事人一定的意思自治，允许当事人在法律规定的范围内自由作出约定，对于任意性规范，当事人通过约定排除其适用是合法有效的。而强行性规范又可分为强制性规范与禁止性规范二种。强制性规范是指命令当事人应为一定行为之法律规定。禁止性规范是指命令当事人不得为一定行为之法律规定。而禁止性规范可再分为取缔性规范及效力性规范，前者又称管理性规范，仅系取缔违反规范的行为，对违反者加以制裁，以禁止其行为，并不否认其行为在私法上的效力。《合同法解释（二）》第14条明确规定，《合同法》第52条第（5）项规定的“强制性规定”，是指效力性强制性规定。因此，只有违反了效力性强制性规定的合同，才会导致合同无效的后果，而仅仅违反管理性规范并不必然导致合同无效。

在合同行为违反禁止性规范时，以采取以下标准区分该禁止性规范属于管理性规范亦或效力性规范：第一，法律、行政法规明确规定违反该禁止性规定将导致合同无效或不成立的，该规定属于效力性规范。第二，法律法规虽没有明确规定违反该禁止性规定将导致合同无效，但如果认定违反该规定的合同有效将损害国家利益、社会公共利益及不特定第三人利益的，应当认为该规范属于效力性规范，否则应认定为管理性规范。第三，如果法律和行政法规的一项禁止性规范是禁止任何人在任何时间、任何地点、以任何方式从事某类交易行为，通常应将其认定为效力性禁止性规范。如果该禁止性规范是禁止特定人、或者禁止在特定时间、或者禁止在特定地点、或者禁止以特定方式从事某类交易行为，则通常应将其认定为管理性禁止性规范。第四，要把合同行为本身违反禁止性规范与依据合同行为所取得的权利或合同履行的后果违反禁止性规范严格区分开来。

结合本案，2009年新《城市房地产管理法》性质上并不是一部调整民事法律关系、规范民事权利和义务的法律，而是一部行政管理法。其立法目的在于解决房地产市场发展中存在的房地产开发和交易行为不规范的问题。该法第38条第（6）项的规定，是基于行政管理的目的而规定的，在理论上应属于管理性规范，而不属于效力性规范，旨在对违反者加以制裁，以禁止其行为，并不否认其行为在私法上的效力。因此，出卖人违反该规定，在取得房屋产权证前转让房屋的，并不必然导致房屋买卖合同无效。当然，出卖人依据合同负有为买受人按期办理房屋过户登记手续的义务，如果出卖人在合同履行期限届满时仍未取得房屋所有权致使不能办理房屋过户登记手续的，买受人有权要求出卖人承担相应的违约责任。综上，两审判决驳回彭某某主张合同无效的诉讼请求是正确的。

［法律法规链接］

《合同法》第52条

《城市房地产管理法》（2009年修正）第38条

《民事诉讼法》（2017年修正）第170条第1款第（2）项

40. 买方通过正当途径获得相同房源信息的，有权选择中介公司促成交易，不属“跳单”违约行为

【公报案例】

A中介公司与陶某居间合同纠纷案①

［案号］

（2009）沪二中民二（民）终字第1508号

［案情］

2008年，原产权人李某到多家房屋中介公司挂牌销售案涉房屋。2008年10月22日，B中介公司带陶某看了该房屋；11月23日，C中介公司带陶某

① 案例来源：《中华人民共和国最高人民法院公报》2012年第2期。

之妻曹某某看了该房屋；11 月 27 日，A 中介公司带陶某看了该房屋，并于同日与陶某签订了《房地产求购确认书》。该《确认书》第 2.4 条约定：陶某在验看过该房地产后六个月内，陶某或其委托人、代理人、代表人、承办人等与陶某有关联的人，利用 A 中介公司提供的信息、机会等条件但未通过 A 中介公司而与第三方达成买卖交易的，陶某应按照与出卖方就该房地产买卖达成的实际成交价的 1%，向 A 中介公司支付违约金。当时 A 中介公司对该房屋报价 165 万元，而 C 中介公司报价 145 万元，并积极与卖方协商价格。11 月 30 日，在 C 中介公司居间下，陶某与卖方签订了房屋买卖合同，成交价 138 万元。后买卖双方办理了过户手续，陶某向 C 中介公司支付佣金 1.38 万元。

A 中介公司向一审法院起诉，请求判令陶某按约支付 A 中介公司违约金 1.65 万元。理由为：陶某利用 A 中介公司提供的房屋销售信息，故意跳过中介，私自与卖方直接签订购房合同，违反了《房地产求购确认书》的约定，属于恶意“跳单”行为，

[法院认为]

一审法院认为：陶某利用 A 中介公司提供的房屋信息、机会条件，但未通过 A 中介公司而与房屋出卖人直接签订房屋买卖合同，上述行为构成违约，陶某应对 A 中介公司承担违约责任。

陶某不服一审法院判决，提起上诉。

二审法院认为：A 中介公司与陶某签订的《房地产求购确认书》属于居间合同性质，第 2.4 条的约定属于房屋买卖居间合同中常有的禁止“跳单”格式条款，其本意是为防止买方利用中介公司提供的房源信息却“跳”过中介公司购买房屋，从而使中介公司无法得到应得的佣金，该约定并不存在免除一方责任、加重对方责任、排除对方主要权利的情形，应认定有效。根据该条约定，衡量买方是否“跳单”违约的关键，在于买方是否利用了该中介公司提供的房源信息、机会等条件。如果买方并未利用该中介公司提供的信息、机会等条件，而是通过其他公众可以获知的正当途径获得同一房源信息，则买方有权选择报价低、服务好的中介公司促成房屋买卖合同成立，而不构成“跳单”违约。本案中，原产权人通过多家中介公司挂牌出售同一房屋，陶某及其家人分别通过不同的中介公司了解到同一房源信息，并通过其他中介公司促成了房屋买卖合同成立。因此，陶某并没有利用 A 中介公司的信息、机会，故不构成违约，对 A 中介公司的诉讼请求不予支持。

[裁判结果]

一审法院判决：陶某向 A 中介公司支付违约金 1.38 万元。

二审法院判决：（1）撤销一审法院判决；（2）驳回A中介公司诉讼请求。

［**裁判思路**］

本案中，双方约定陶某在一定期间内利用了A中介公司的信息、机会等条件却不通过A中介公司而达成买卖交易的行为构成违约。故本案争议焦点问题为，陶某是否利用了A中介公司的信息和机会，其不同A中介公司签订房屋买卖合同的行为是否构成违约。[①]

依据已查明事实，不能认定陶某利用了A中介公司的信息、机会，具体理由为：第一，房源信息并非A中介公司独家掌握。法律或行政法规并无禁止出卖方委托多家中介公司出售房屋的规定。实践中，出卖方为了增加交易机会，往往会通过多家中介公司挂牌出售同一房屋，而并非委托某中介公司独家代理出售，因此有多家中介公司掌握同一房源信息。中介公司接受委托后通过多种渠道公布房源信息，比如在店面、网络、报刊发布等，这些均为公众得以获知房源信息的正当途径。由于买方可以通过多种正当途径了解到同一房源信息，也可以联系多家中介公司以选择最低的房屋报价、居间报酬报价和最优质的服务，如果最终通过某家中介公司促成了交易，很难认定买方是利用了其他中介公司的信息和服务。第二，从时间先后上看，A中介公司并非第一个提供房源信息的中介公司。本案中，先后有三家中介公司带买方看过房，A中介公司是最后一家。买方最终选择了第二家中介公司与房主达成交易，不可能是利用了A中介公司提供的信息和机会才达成房屋买卖交易。关于时间先后的问题需要说明的是，本案裁判中并未将时间先后作为是否构成利用的要素之一，因为尽管时间先后可以成为考察是否构成利用的一个逻辑上的原因，但即使A中介公司是第一家带买方看房的中介公司，也不能充分证明买方一定是利用了A中介公司的信息。第三，A中介公司未能举证证明陶某利用了A中介公司的房源信息。根据“谁主张，谁举证”的原则，A中介公司作为原告，对于陶某利用了A中介公司的房源信息这一主张负有举证责任，但A中介公司未提供充分证据证明陶某利用了A中介公司的房源信息。需要注意的是，实践中，也要防止买方恶意跳单的情况，比如通过某一中介公司的中介服务，房屋买卖合同已经基本达成，买方仅因其他中介公司的居间报酬更低，就转而寻求其他中介公司与房主签约，则有违诚实信用原则。

---

① 王林清等：《房屋买卖合同纠纷裁判思路与裁判规则》，法律出版社2016年版，第439页。

[引申思考]

(一)关于禁止跳单条款的法律效力问题

1.关于房地产求购确认书的法律性质。本案中，中介公司带领买方看房时，与买方签订了房地产求购确认书，明确了买方委托中介公司求购房屋，并约定了报酬和违约条款。该确认书系中介公司向买方报告订立房屋买卖合同的机会、提供相关中介服务，并由买方支付报酬的合同，符合《合同法》第424条对于居间合同的定义，其法律性质属于居间合同。实践中，中介公司与买方签订的合同名称多样，有的称为二手房买卖服务合同，也有的称为委托看房书，还有的称为看房协议书。不论其名称如何，其核心内容都是由中介公司向委托人提供二手房买卖的信息和中介服务，都属于居间合同，应按照合同法中关于居间合同的相关法律规定认定和处理。

2.关于禁止跳单条款的法律效力。中介公司为了保障自身利益，通常在居间合同中载明禁止委托人跳单的条款，约定跳单行为是违约行为。对于禁止跳单条款的法律效力问题，司法实践中存在不同的认识，有的认为属于中介公司利用自己的优势地位而设立的霸王条款，限制了买方的选择权，应属无效；有的则认为买方在签订合同时，对该条款的内容和法律后果应当明知，且不违反法律规定，应属有效。我们认为，应根据约定的具体内容来认定其效力，不可一概而论，只要当事人主体身份适格，意思表示真实，约定的内容没有违反法律或行政法规强制性规定的，就是合法有效的。具体应考察以下两方面：一是看禁止跳单条款是否有《合同法》第52条、第53条规定的合同无效的情形。由于禁止跳单的约定通常并不涉及损害国家、集体、第三人利益或者社会公共利益的内容，其主旨在于防止买方的不诚信行为，而非具有“非法目的”，法律、行政法规亦未强行规定当事人不得签订禁止跳单的条款，且并非免责条款，故不属于《合同法》第52条、第53条规定的情形。二是看禁止跳单条款提供方是否具有免除其责任、加重对方责任、排除对方主要权利的情形。实践中，禁止跳单条款通常都是中介公司事先在合同中拟好，而后在居间活动中直接交给委托人签字确认的，这种为了重复使用而预先拟定且在订立合同时未与对方协商的条款，其性质属于格式条款。《合同法》第40条对格式条款的效力作了特别限制，规定“提供格式条款一方免除其责任、加重对方责任、排除对方主要权利的，该条款无效”。免除责任，是指免除格式条款提供者按照通常情形应当承担的主要义务。加重责任，是指格式条款中含有通常情形下对方当事人不应当承担的义务。排除主要权利，是指排除对方当事人按照通常情形应当享有的主要权利。是否属于“通常情形下”的责任或权利，不能仅仅看当事人约定的合同内容，而应当根据具体合同的性质作出判断。根据二手房买卖居间合同的性质，中介公司的主要责任是根据委托人的要求，向委托人如实报告订立合同的机会、提供订立合同的中介服务，其权利是在促成合同成立后获得报酬；委托人的主要权利是获得信息和服务，其主要义务是在中介公司促成合同成立时支付报酬。从本案来看，当事人约定在一定期间内委托人利用了A中介公司的信息、机会等条件却不通过A中介公司而达成买卖交易的行为构成违约，该约定目的在于防止买方一方面利用自己的信息和服务，另一方面又绕开中介公司，从而使自己得不到应得的报酬，不属于免除其责任、加重对方责任、排除对方主要权利的情形。再者，利用了中介公司的信息和服务却绕开中介公司的跳单行为，违反了诚实信用原则，当事人将该行为约定为违约行为并支付违约金，是对中介公司合法利益的正当保护，有利于促进中介公司的正常经营发展，有利于鼓励诚信交易。故本案中关于禁止跳单的约定应认定为合法有效。

（二）关于中介服务中涉及"跳单"的其他问题

1. 关于禁止跳单条款的可撤销问题。本案中的禁止跳单条款属于合法有效的情形，但实践中有的禁止跳单条款则可能存在显失公平的情况。比如，有的条款约定中介公司带买方看房后，买方不得私下或通过其他中介公司与该房房主交易，否则需支付相当于居间报酬的违约金，该约定意味着中介公司带领买方看房后，不论该中介公司报价是否偏高、服务质量如何，买方如打算购买该套房屋，只能选择该中介公司进行交易，否则就构成跳单违约，要支付相当于居间报酬的违约金。对此我们认为，从中介公司的付出来看，其获得售房信息往往是卖方的主动委托，带领买方看房也只是简单劳动行为，付出有限；在多家中介公司掌握同一房源信息的情况下，各家中介公司的报价和服务可能存在较大差异，如果某中介公司以有限的付出来永久限制买方的选择权，那么双方的利益是明显失衡的。在这种情况下，买方如认为显失公平，可以根据《合同法》第54条的规定申请变更或撤销该条款。

2. 关于居间人如实报告义务问题。《合同法》第425条规定：居间人应当就有关订立合同的事项向委托人如实报告。居间人故意隐瞒与订立合同有关的重要事实或者提供虚假情况，损害委托人利益的，不得要求支付报酬并应当承担损害赔偿责任。本案中，A中介公司报出的房价为165万元，明显高于另一家中介公司145万元的报价，本案中当事人并未就此提出异议，但如果中介公司故意超出房主报价虚报房屋价格，损害买方利益的，不得要求买方支付报酬并应承担损害赔偿责任。

3. 关于居间费用问题。《合同法》第427条规定：居间人未促成合同成立的，不得要求支付报酬，但可以要求委托人支付从事居间活动支出的必要费用。据此，中介公司即使未促成房屋买卖合同成立，也有权要求买方支付必要的居间费用，因为中介公司毕竟付出了劳动，支出了必要的费用，而买方也得到了中介公司的服务，根据权利义务相对等的原则，买方应当支付中介公司为居间活动付出的必要居间费用。

［法律法规链接］

《合同法》第 40 条、第 52 条、第 53 条、第 424 条、第 425 条、第 427 条

《民事诉讼法》(2017 年修正）第 170 条第 1 款第（3）项

41. 合同当事人主张违约方承担可得利益损失赔偿责任时，如何适用减损规则

【典型案例】

陈某与 A 建设公司、B 开发公司房屋买卖合同纠纷案[1]

［案情］

2003 年 5 月 5 日，A 建设公司与 B 开发公司签订《建筑施工协议》，该协议约定 B 开发公司将其开发的学生公寓工程发包给 A 建设公司施工，付款方式为：2#、3#、4# 楼的工程款，B 开发公司用 1# 楼建筑面积和 3# 楼公建部分抵顶（公建按每平方米 4300 元，住宅按 2500 元每平方米抵顶）。B 开发公司必须保证所抵顶房屋商品房销售手续合法。

2004 年 2 月 22 日，陈某与 A 建设公司签订《房屋销售合同》，约定陈某购买 B 开发公司抵给 A 建设公司的大学生公寓 3 号楼南端地上一层、二层约 600 平方米的公建一处，单价为每平方米 5000 米，总价款 300 万元，合同签订之日起 3 日内交付首付款 150 万元，余款通过银行按揭的方式，在 2004 年 9 月 1 日房屋交付使用前支付。公建房销售依据，B 开发公司将其开发的学生公寓发包给 A 建设公司施工，按照 B 开发公司与 A 建设公司 2003 年 5 月 5 日签订的建筑施工协议约定，A 建设公司投资施工，B 开发公司将该项目 1# 及 3# 公建抵顶工程款，并同意 A 建设公司对外销售，房屋的销售许可证、银行按揭、产权办理等手续均由 B 开发公司负责办理。合同签订当日，陈某即

---

① 案例来源：载中国裁判文书网，网址：http：//wenshu.court.gov.cn/，最后访问时间：2017 年 7 月 25 日。

向A建设公司交付首付款150万元，后A建设公司与B开发公司因建设工程施工合同产生纠纷，B开发公司没有与陈某签订正式的商品房销售合同，致使其无法办理按揭贷款。B开发公司于2004年9月2日取得包括案涉房屋在内的开发项目的商品房预售许可证，并于2005年7月将案涉房屋出售给案外人。

一审诉讼中，陈某申请对案涉房屋现值进行鉴定，评估公司经法院委托作出评估报告，确定案涉房屋在估价时点2012年8月16日的市场价格为1186.98万元，单价为19 783元/平方米。

A建设公司诉B开发公司建设工程施工合同纠纷一案，经法院判决认定"关于3#公建部分虽然双方协议中约定抵顶A建设公司的工程款，但由于B开发公司已将部分公建出售，A建设公司也出售一部分。该部分的处理及案外人的利益，不予处理"。该案生效法律文书确认了B开发公司与A建设公司于2003年5月5日签订的《建筑施工协议》有效。

陈某向一审法院起诉，请求判令：（1）解除陈某与A建设公司间签订的《房屋销售合同》；（2）A建设公司返还陈某购房款150万元及利息；3.A建设公司与B开发公司连带赔偿陈某房屋增值损失886.98万元。具体理由为：合同签订当日，陈某即交付首付款150万元，后因B开发公司与A建设公司之间纠纷，B开发公司迟迟不与陈某签订正式的商品房销售合同，致使陈某无法办理贷款。现B开发公司已将案涉房屋出售给第三人，致使陈某无法取得案涉房屋。

A建设公司辩称：同意陈某解除合同及返还购房款150万元本金的请求，不同意陈某主张的利息损失及房屋增值损失。即使A建设公司有责任，根据《合同法》第113条和第119条规定，陈某应当避免损失扩大，及早主张权利。

[法院认为]

一审法院认为：A建设公司与B开发公司于2003年5月5日签订的《建筑施工协议》已经生效法律文书认定为合法有效，A建设公司依据该协议与1#168户业主签订了购房合同，处分了1#楼房屋，该行为已经生效法律文书确认为具有合同依据的有效民事行为。根据《买卖合同解释》第3条第1款的规定，B开发公司以上述协议在履行过程中已经变更及A建设公司未经其同意无权销售抵债房屋的抗辩主张无事实依据，应确认A建设公司基于上述协议将B开发公司抵顶的房屋销售给陈某，并与陈某签订的《房屋销售合同》为有效合同。

陈某与A建设公司间签订的《房屋销售合同》合法有效，双方均应依约履行，但因B开发公司不履行《建筑施工协议》约定义务，将案涉房屋出售他人，导致案涉《房屋销售合同》无法继续履行，根据《合同法》第94条规定，陈某要求与A建设公司解除合同的诉讼请求，予以支持。根据《房屋销售合同》约定，A建设公司应于2004年9月1日前协助陈某与B开发公司签订正式的商品房买卖合同，诉讼中A建设公司明确表示此时B开发公司已经拒绝与陈某签订正式商品房买卖合同，并知晓B开发公司将案涉房屋出售他人的事实，则其自此就应当知道与陈某间合同无法继续履行，应当及时将收取陈某的150万元购房款退还，其占用至今未予退还，应当承担自占用时起相应的利息损失。A建设公司认为陈某未按合同约定交付剩余房款构成违约，但因双方合同约定剩余房款的给付方式是按揭贷款，只有B开发公司与陈某签订正式的商品房买卖合同的条件下才能办理按揭贷款，结合本情况，未办理按揭贷款的责任不在陈某，故A建设公司上述抗辩意见不予支持。

关于B开发公司是否应就陈某与A建设公司的合同无法继续履行承担民事责任的问题。虽然B开发公司不履行《建筑施工协议》约定是导致陈某与A建设公司签订的《房屋销售合同》无法继续履行的根本原因，但陈某未能提供其与A建设公司签订《房屋销售合同》时B开发公司知情的证据，从合同相对性的角度讲，陈某与B开发公司无直接的法律关系，陈某要求B开发公司与A建设公司承担连带责任，无事实与法律依据，不予支持。

关于陈某主张案涉房屋升值利益损失的问题，根据《合同法》第113条规定，陈某与A建设公司签订房屋销售合同时，均应对案涉房屋的来源和归属知情，应当预见到将来可能产生导致房屋无法交付的后果，且在得知案涉房屋无法交付时，陈某应当采取积极的措施避免损失扩大，因此，陈某主张可得利益损失不予支持。

陈某不服一审法院判决，提起上诉。

二审法院认为:《建筑施工协议》已经生效法律文书认定为合法有效，A建设公司基于上述协议有权将抵顶房屋售给陈某，一审法院判决认定房屋销售合同》有效正确。

关于陈某主张的案涉房屋升值利益损失问题，陈某作为房屋买受人，在与A建设公司签订房屋买卖合同时，对该房屋交付风险认知不够，未尽到足够的谨慎注意义务，且陈某对该房屋未实际占有或已更名过户、备案到自己名下，故一审法院不支持陈某房屋升值利益损失并无不妥。基于合同无法履行的事实，A建设公司与陈某在一审中达成合同解除的合意，故双方的合同关系予以解除。A建设公司在知晓B开发公司已经将案涉房屋出售给他人、其与陈某之间《房屋销售合同》无法履行时未及时通知陈某并退还陈某已付购房款 150 万元，一审法院判决认定 A 建设公司应当承担自占用陈某购房款时起相应的利息损失也是正确的。

陈某不服二审法院判决，申请再审。

再审法院认为：关于 A 建设公司应否赔偿陈某房屋增值损失的问题。陈某该主张不能成立。第一，案涉《房屋销售合同》的标的物系 B 开发公司用以抵顶 A 建设公司工程款的房屋，因 B 开发公司非该合同的义务主体，陈某对案涉房屋交易可能发生的风险应有清醒的预判。第二，A 建设公司按约应在 2004 年 9 月 1 日前交付案涉房屋，且 B 开发公司已于 2004 年 9 月 2 日取得案涉项目的商品房预售许可证。此后，A 建设公司依约履行合同义务的期限已届满。在 A 建设公司已经构成违约的情况下，陈某已可依法主张继续履行、赔偿损失或者解除合同的权利。但其称 A 建设公司一再承诺能够协调签订商品房买卖合同并交付房屋的事实，未提供证据予以证实。第三，按照陈某所述，其在 2010 年才知道案涉房屋已经被 B 开发公司另行出售，即便截至当时，A 建设公司迟延履行合同义务已将近 6 年。而陈某通过诉讼方式主张权利的时间为 2012 年。现陈某要求按照 2012 年 8 月 16 日市场价格赔偿房屋增值损失，若其能够及时行使权利则该损失并非必然发生。陈某此项主张不符合《合同法》第 113 条规定精神。第四，根据《合同法》第 119 条第 1 款规定，在对方违约甚至根本违约的情况下，当事人仍负有基于诚实信用原则的合同义务，即应采取适当措施防止损失的扩大，如果其未取适当措施致使损失扩大的，不得就扩大的损失要求赔偿。第五，根据《房屋销售合同》第 9 条内容可知，二审判决 A 建设公司需承担的民事责任已高于合同约定的违约责任。综上，二审法院判决驳回了陈某房屋增值损失的诉讼请求，并无不当。

[裁判结果]

一审法院判决：（1）解除陈某与 A 建设公司于 2004 年 2 月 22 日签订的《房屋销售合同》；（2）A 建设公司返还陈某房款 150 万元并承担该款项的利息损失；（3）驳回陈某其他诉讼请求。

二审法院判决：驳回上诉，维持原判。

再审法院裁定：驳回陈某的再审申请。

[裁判思路]

本案关键问题是陈某关于赔偿案涉房屋增值损失的主张应否得到支持。《买卖合同解释》第 29 条规定：买卖合同当事人一方违约造成对方损失，对方主张赔偿可得利益损失的，人民法院应当根据当事人的主张，依据《合同法》第 113 条、第 119 条、本解释第 30 条、第 31 条等规定进行认定。也就是说，当事人关于赔偿可得利益损失的主张并不必然获得支持，还要受到可预见性标准、减轻损失规则、混合过错规则以及损益相抵规则的限制。本案中，主要涉及的是《合同法》第 119 条规定关于减轻损失规则的适用问题。

《合同法》第 119 条规定：当事人一方违约后，对方应当采取适当措施防止损失的扩大；没有采取适当措施致使损失扩大的，不得就扩大的损失要求赔偿。即在对方当事人违约甚至根本违约的情况下，合同当事人仍负有基于诚实信用原则的合同义务，应及时采取适当措施防止损失扩大，如果其没有采取适当措施致使损失扩大的，不得就扩大的损失要求赔偿。因为在合同法立法中，合同当事人采取适当措施避免损失扩大，属于合同当事人的不真正义务。虽然不真正义务并非对方当事人请求权指向的对象，违反不真正义务也无需承担违约责任，但由此发生的损失，应当由违反不真正义务的当事人自行负担。①

结合本案，《房屋销售合同》载明“A 建设公司应于 2004 年 9 月 1 日前将案涉房屋交付陈某使用，并协助陈某与 B 开发公司签订正式商品房买卖合同”。合同约定履行期届满后，A 建设公司尚未完成合同义务，已经构成违约。此时，陈某作为已支付 150 万元购房款的买受人，既可以要求 A 建设公司承担继续履行及赔偿损失的违约责任，也可以请求解除合同，要求 A 建设公司返还已付购房款并赔偿损失，保护自身权益。现陈某主张 A 建设公司按照 2012 年 8 月市场价格赔偿其房屋增值损失，但自 A 建设公司 2004 年 9 月 1 日违约之日起，陈某一直怠于行使权利。综合近年来房地产市场变化趋势及城市房地产价格大幅上涨的实际情况，如果陈某及时行使权利，其依然有机会购置其他房屋。故应当认定陈某在本案中所受损失，系其未及时采取适当措施所致。此外，陈某系依据《合同法》第 113 条规定向 A 建设公司主张赔偿可得利益（房屋增值）损失，但《合同法》第 113 条第 1 款但书对赔偿可得利益做出了例外规定，即可得利益损失不得超过违约方订立合同时预见到或者应当预见到的因违反合同可能造成的损失。案涉《房屋销售合同》订立于 2004 年 2 月，A 建设公司当年 9 月既已构成违约，陈某于 2012 年提起本案诉讼并主张按照当时的市场价格赔偿房屋增值损失，已经超出了 A 建设公司订立合同时预见到或者应当预见到的因违反合同可能造成的损失范围。

［法律法规链接］

《合同法》第 60 条第 1 款、第 94 条、第 107 条、第 113 条第 1 款、第 119 条

---

① 最高人民法院民事审判第一庭编：《民事审判指导与参考》2014 年第 3 集，人民法院出版社 2015 年版，第 216~217 页。

《商品房买卖合同解释》第2条
《买卖合同解释》第3条第1款
《民事诉讼法》（2017年修正）第170条第1款第（1）项

42. 中介公司的中介转卖行为，构成故意隐瞒与订立合同有关的重要事实或者提供虚假情况的，依法应承担损害赔偿责任

【人民司法案例】

翁某与A中介公司、李某居间合同纠纷案[①]

［案号］

（2009）深中法民二终字第876号

［案情］

2007年9月29日，翁某与李某及A中介公司签订了一份《房地产买卖合同》，约定李某购买翁某名下的房产。李某并向翁某交付了定金1万元，并按照A中介公司要求，将该款托管至A中介公司处，由A中介公司出具收款及托管确认书，由于房地产市场行情波动，到2007年10月30日，按三方签订的《房地产买卖合同》约定应当由买卖双方签订正式的房地产买卖合同（现售）时，李某明确表示拒绝履行合同，不肯与翁某签订合同，造成翁某不能及时卖出房产。翁某遂要求A中介公司向本人返还李某交付的定金，但A中介公司一直拒绝给付。

涉案合同订立时，匡某为A中介公司员工，系李某的男友。匡某和A中介公司员工尹某共同与翁某在约定地点见面，在未提供身份证件查验的情况下，匡某冒用李某的名义与翁某订立上述合同，尹某在明知匡某冒用他人名义的情况下亦以A中介公司的名义参与订立上述合同，合同条款中特别约定“买方有转名权”。同时，尹某在匡某未按合同约定交付定金的情况下，向翁某开立上述收款及托管确认书。

双方就上述房屋买卖问题引发纠纷，翁某向一审法院提起诉讼。

---

① 案例来源：《人民司法·案例》2011年第4期。

［法院认为］

一审法院认为：翁某、A中介公司及李某于2007年9月29日签订的《房地产买卖合同》，系各方当事人真实意思表示，合同合法有效。该合同明确约定李某向翁某交付定金1万元，该定金由A中介公司托管，故本案争议焦点为李某是否按照合同约定支付了定金，以及A中介公司有无代管行为。2007年9月29日A中介公司与翁某签订的收款及托管确认书内容详细、真实，该确认书系A中介公司提供的格式文书，现双方对该收款及托管确认书的理解出现分歧，应对A中介公司作出不利解释。A中介公司对未收到李某交付的定金1万元，负有举证责任，本案中，A中介公司未举示证据证明上述事实，亦无证据证明将签订确认书时未收取定金的事实及时告知翁某，其应承担举证不能的不利后果。在李某明确表示不愿意继续履行房地产买卖合同的情况下，该合同的履行已不可能，翁某在合同目的不能实现的情况下，有权终止该合同的履行，且A中介公司托管定金的目的系保证合同履行期间的交易安全，在合同目的不能实现的情况下，A中介公司托管定金的理由已不成立，翁某关于A中介公司返还托管的定金1万元及利息的请求，应予以支持。

A中介公司不服一审法院判决，提起上诉。

二审法院认为：根据查明的事实，涉案的房地产买卖合同存在房屋买卖和居间服务两种法律关系。翁某向一审法院起诉主张A中介公司返还定金1万元及其利息，该主张系基于案涉合同中居间服务的托管行为而提出，故涉案纠纷应为居间合同纠纷。

A中介公司为达到控制涉案房产以寻找买家转手谋利为目的，通过匡某假扮买家和尹某代表A中介公司出具托管确认书的行为共同订立上述合同。匡某基于其为A中介公司员工的职务及为该公司谋取利益的目的实施涉案行为，A中介公司依法应对匡某行为造成的损失承担责任。A中介公司明知匡某冒用他人名义订立合同、未收取定金而出具托管确认书，其行为符合《合同法》第42条第（2）项的规定，构成故意隐瞒与订立合同有关的重要事实或者提供虚假情况，同时其行为亦使合同卖方翁某丧失其他交易机会，与A中介公司的谋利目的相比，翁某其他交易机会的丧失当构成利益的损害，因此，A中介公司依法应赔偿无过错方即翁某因此造成的损失。订立买卖合同，促使涉案房屋交易成功，系居间合同的目的，无过错方翁某基于该居间合同的目的是顺利出售房屋取得房款，A中介公司出具托管确认书的行为既表明其履行居间合同的意思表示，亦有以此保证买卖双方继续履行居间合同的目的，取得涉案款项系无过错方翁某信赖买卖合同有效而订立居间合同的合理期待，但因A中介公司的上述涉案行为未能促成交易，致使无过错方翁某期待获得1万元定金的合同履行利益落空，A中介公司依法应在此限度内赔偿翁某的损失，并负担资金占用期间的利息。

[裁判结果]

一审法院判决：A中介公司返还翁某托管的定金1万元及利息。

二审判决：（1）撤销一审法院判决；（2）A中介公司赔偿翁某人民币1万元及利息。

[裁判思路]

本案中，三方签订的《房地产买卖合同》包含了房屋买卖和居间服务两种法律关系。因翁某主张系基于居间服务的托管行为，故应认定本案案由为居间合同纠纷。

本案二审中，匡某作为第三人李某的代理人所作的证言与案件事实矛盾，通过进一步审查查明了一审法院未查明的事实，并据此适用法律，作出判决。尽管二审法院判决和一审法院判决对案件实体处理结果并无本质差异，但在合同效力及适用规则上存在较大分歧。审理中存在以下三种观点：

第一种观点认为：案涉合同有效，应按定金罚则判令A中介公司返还1万元定金给翁某。案涉合同因一方当事人隐瞒真实情况致使另一方当事人作出错误意思表示，依据《合同法》第54条之规定属于可撤销的合同，享有撤销权的受欺诈人翁某在法定期限内未主张行使撤销权，且该居间条款及托管确认书未违反法律、行政法规的强制性规定，因此应认定合同效力。根据A中介公司出具的托管确认书可认定支付定金的法律事实已成立，即使该款未实际交付，亦可视作A中介公司担保这1万元的定金损失。因此，依定金罚则翁某可向A中介公司主张返还定金1万元，一审法院判决应予维持。

第二种观点认为：A中介公司与匡某恶意串通的行为导致居间合同无效，A中介公司应依法赔偿翁某损失。案涉合同包括翁某和李某之间的房屋买卖合同关系及其二人与A中介公司三方之间的居间合同关系。就房屋买卖合同而言，匡某基于其为A中介公司员工的职务及为A中介公司谋取利益的目的实施冒名订立案涉合同的行为，依据查明的事实，其与翁某订立房屋买卖合同并非真实意思表示，故翁某与李某之间的买卖合同因双方无法形成合意不能成立。鉴于匡某的行为系为A中介公司谋利的职务行为，A中介公司依法应对匡某行为造成的损失承担赔偿责任。就居间合同而言，A中介公司与作为实际委托人的匡某恶意串通，其行为目的是控制案涉房产以伺机转手谋利，上述行为致使居间合同另一委托方翁某丧失其他交易机会。根据《合同法》第52条第（2）项的规定，该居间合同依法应属无效。涉案争议款项未交付，且买卖合同亦未成立，不具备定金的构成要件，故翁某主张返还定金的理据不足。但A中介公司的上述涉案行为系导致居间合同无效的原因，其依法应赔偿无过错方翁某因此造成的损失。

第三种观点认为：A中介公司违反诚实信用原则，依法应承担损害赔偿责任。《合同法》第42条规定一般看作是关于缔约过失责任的规定。而关于缔约过失责任的构成要件，理论界通说认为，首先是当事人违反先合同义务，即指当事人为缔约而相互磋商时，基于诚实信用原则而发生的各种说明、告知，注意和保护义务。我们认为，《合同法》该条规定有别于传统的缔约过失责任规定，并未以一方履行先合同义务为要件，而是诚实信用原则的直接体现。本案中，A中介公司的行为显然违背诚实信用原则，符合该条第（2）项的规定，构成故意隐瞒与订立合同有关的重要事实或者提供虚假情况。因此，A中介公司依法应在翁某期待获得1万元定金的履行利益限度内赔偿其损失。一审未查清事实导致适用法律错误，应予改判。

本案判决最终采纳了第三种观点，具体理由为：该观点直接适用了《合同法》对诚信原则的具体规定。根据诚信原则的要求，当事人在合同中应诚实守信，以善意方式全面履行约定义务，不得规避法律和合同义务。A中介公司看到房价上涨有利可图，便指使公司员工假扮买家通过订立买卖合同的方式将涉案房产控制在手中，以便伺机寻找买家转卖谋利，其行为显然符合《合同法》第42条第（2）项的规定，依法应承担损害赔偿责任。该观点只就各方在订立房屋买卖合同中违背诚信原则的主要事实行为进行认定，在法律上将体现诚信原则的相关法律责任适用该案，使案件的处理结果合法、合理，与公众的预期相吻合，达到了法律效果和社会效果的有机统一，不失为一种较好的解决途径。

［法律法规链接］

《合同法》第42条、第54条、第60条

《民事诉讼法》（2017年修正）第170条第1款第（3）项

43. 房屋抵押权存续期间，出卖人（抵押人）未经抵押权人同意签订房屋买卖合同的效力及履行

【典型案例】

郎某与骆某房屋买卖合同纠纷案[①]

［案号］

（2008）二中民终字第 8271 号

［案情］

2007 年 6 月 27 日，郎某、骆某经过中介公司居间签订了《房屋买卖合同》，约定：骆某将其房屋出售给郎某，双方同意交易价格为人民币 70 万元，骆某保证房屋产权无查封、无债务纠纷，提供的材料齐全、真实有效，可以办理权属过户、税务登记、贷款申请等与交易有关的各项事宜。合同第 4 条约定郎某采用商业银行贷款付款，并应在评估报告出具后 3 个工作日内支付除贷款申请额之外的剩余房款，郎某首付款应为除贷款额度之外的其他购房款总和；银行贷款部分的房款按银行规定支付。

同日，双方还与中介公司签订《补充协议》，约定：郎某支付房款 70 万元，补偿款 33.3 万元，骆某净得款为 103.3 万元；双方签署买卖合同当天，郎某追加购房定金 2 万元，共计 4 万元；郎某支付骆某的购房款通过银行资金托管。个人住房转按揭贷款补充协议约定由中介公司为双方提供转按揭业务代办服务；骆某提供办理转按揭业务所需全部证件、资料及律师或银行临时要求提供的其他文件，须骆某亲自到场时应中介方通知参加，及时向原贷款银行提交提前还款及解除抵押申请，提前告知中介方还款金额及时间等；郎某按中介公司要求公正委托中介公司指定人员代办产权过户，按贷款银行的规定支付办理贷款过程中的相关费用。双方还与链家公司签订《个人住房转按揭贷款补充协议》。买卖合同及补充协议签订当日，郎某按约定向骆某支付定金 4 万元。后郎某将诉争房屋首付款 34.3 万元存入骆某在监管方所开立的账户内。双方在其后的履行合同过程中产生纠纷。

2007 年 11 月，郎某诉至一审法院，请求判令：骆某协助郎某办理转按揭贷款手续及产权过户手续，并将诉争房屋交付郎某。

---

① 案例来源：载北大法宝，网址：http://www.pkulaw.cn/，最后访问时间：2017 年 7 月 25 日。

骆某购买诉争房屋时，亦向银行贷款47万元并将诉争房屋抵押给银行。该行称，骆某将房屋出售给郎某未通知该行，亦未征得该行的同意，在骆某偿还全部贷款前，不同意骆某将房屋转售。

一审审理期间，一审法院依《民事诉讼证据规定》行使释明权，告知双方其主张的合同效力与法院依法确认的合同效力不符，双方可变更诉讼请求，但双方均坚持原诉讼请求。

［法院认为］

一审法院认为：骆某向银行贷款并将诉争房屋抵押给银行，其在出售房屋时未通知抵押权人，亦未征得抵押权人的同意，根据《担保法》的相关规定，抵押期间，抵押人转让抵押物，未通知抵押权人的，转让行为无效。故应认定双方签订的房屋买卖合同无效，现双方在法院行使释明权后仍不变更诉讼请求，仍坚持以合同有效为前提提出诉讼请求，对其起诉和反诉，应予驳回。

郎某、骆某均不服一审法院判决，提起上诉。

二审法院认为：根据本案现有证据证明，骆某系以银行贷款等方式购买的诉争房屋，其购买诉争房屋时向银行申请了贷款并已将诉争房屋抵押给了银行。在其将诉争房屋出让给郎某时，其所欠银行贷款并未偿还，且未通知抵押权人，亦未征得抵押权人的同意。根据法律规定，抵押期间，抵押人转让抵押物，未通知抵押权人的，转让行为无效。本案审理过程中，经一审法院询问该行，该行表示在骆某偿还全部贷款前，不同意其将房屋转售他人。为此，骆某在出售诉争房屋时，未通知抵押权人，亦未征得抵押权人的同意，违反了相关法律规定，郎某、骆某所签订的合同应属无效。据此，一审法院对郎某、骆某签订的合同及补充协议效力的确认正确，应予以维持。一审法院审理过程中，已依法向双方当事人行使了释明权，但郎某、骆某均仍坚持原诉请求，对此，郎某、骆某应承担其意思表示的法律后果。至于合同被确认无效的法律后果问题，双方可另行解决。现郎某上诉坚持继续履行合同，由骆某协助其办理转按揭贷款手续及产权过户手续，并交付诉争房屋的主张，依据不足，难以支持。骆某上诉坚持要求解除双方签订合同及补充协议的主张，亦依据不足，不予支持。

［裁判结果］

一审法院判决：（1）驳回郎某的诉讼请求；（2）驳回骆某的反诉请求。

二审法院判决：驳回上诉，维持原判。

［裁判思路］

本案的争议焦点在于抵押房屋转让合同的效力及如何履行问题。

（一）房屋抵押权存续期间，出卖人（抵押人）转让抵押房屋，抵押权人的抵押权如何保护

1. 抵押权人同意转让的情形。关于在房屋抵押权存续期间，抵押权人同意转让房屋的，房屋买卖合同是否有效的问题。根据《担保法》第 49 条第 1 款及《物权法》第 191 条第 1 款规定可知，两部法律对于抵押权人权利的保护是不同的。依据《担保法》的规定，抵押人转让抵押物对抵押权人仅负有通知义务，但无须征得抵押权人的同意。而《物权法》对转让抵押财产作了更为严格的限制性规定，抵押人转让抵押财产必须征得抵押权人的同意，该规定的现实意义在于从我国目前抵押权行使和实现的现状来看，如果允许抵押人随意转让抵押物，会极大地增加抵押权人追索抵押物的难度，从而加大抵押权人实现债权的风险，因此，法律通过采取对抵押财产转让予以严格限制甚至禁止的方式以实现对抵押权人利益进行特别保护的立法目的。依据《物权法》第 178 条"担保法与本法的规定不一致的，适用本法"的规定，应当优先适用物权法的相关规定。[①]

司法实践中的争议在于抵押权人同意抵押房屋转让后，还是否享有抵押权的物上追及力。我们认为，与其他国家和地区的物权立法相比，我国《物权法》对于抵押物的转让规定了更加严格的限制条件，《物权法》规定抵押物的转让必须征得抵押权人同意，未征得同意，不得转让，同时规定抵押人应当将转让所得的价款向抵押权人提前清偿债务或者提存。人大法工委在解读中称"按照本条的制度设计，转让抵押财产，必须消除该财产上的抵押权。既然买受人取得的是没有物上负担的财产，也就不再有物上追及的问题。"在这种立法模式下，应当认为，除非当事人之间就此另有约定，否则，抵押权人在知道抵押物转让时，就有权也应当行使选择权，或者拒绝同意转让抵押物，以否认转让的效力，或者同意转让抵押物，抵押权消灭，由抵押人提前清偿。

2. 抵押权人不同意转让的情形。《物权法》第 191 条第 2 款规定：抵押期间，抵押人未经抵押权人同意，不得转让抵押财产，但受让人代为清偿债务消灭抵押权的除外。对于该规定如何理解，司法实践中存在争议，主要有以下观点：

第一种观点认为：未经抵押权人同意签订的房屋转让合同绝对无效。如前所述，《物权法》基于我国抵押市场的现实状况，在保护抵押权人权利和促

① 左峰、陈旻：《房屋买卖案件裁判思路与操作》，中国法制出版社 2011 年版，第 156 页。

进市场流转之间，更倾向于前者，赋予抵押权人更大的权利，对于未经抵押权人同意的房屋转让合同，直接否认其私法上的效力，转让合同无效。当然，如果抵押人在签订房屋转让合同后清偿债务或者受让人代为清偿债务消灭抵押权的，可以补正转让合同的效力瑕疵，转让合同有效。在该观点中，就有权主张合同无效的主体也有不同的认识，有的认为《物权法》的规定是为保护抵押权人设定的，因此只有抵押权人才有权主张转让合同无效，而出卖人在转让房屋时明知房屋设定有抵押权，其后又以此为由主张合同无效，违背诚实信用原则，不应得到支持；也有的认为未经抵押权人同意的房屋转让合同是绝对无效的合同，抵押权人及房屋买卖双方均有权主张合同无效。

第二种观点认为：未经抵押权人同意的房屋转让合同并不当然无效，当事人以此为由主张合同无效的，不应支持。由于买受人实际无法办理房屋过户登记手续，合同构成履行不能，买受人有权解除合同，并要求出卖人承担违约责任。主要理由为：《物权法》第 191 条第 2 款的规定在性质上不宜理解为效力性的强制规范，不影响合同的效力，只对合同是否能够继续履行、是否能够办理房屋过户登记产生影响。《房屋登记办法》第 34 条规定：抵押期间，抵押人转让抵押房屋的所有权，申请房屋所有权转移登记的，除提供本办法第 33 条规定材料外，还应当提交抵押权人的身份证明、抵押权人同意抵押房屋转让的书面文件、他项权利证书。依该规定，未经抵押权人书面同意，出卖人与买受人共同申请办理房屋过户登记手续，房屋登记机关是不予办理的。在房屋买卖合同纠纷中，出卖人无法履行为买受人办理房屋过户登记的义务，构成法律上的履行不能，买受人签订合同的目的无法实现，买受人有权行使合同解除权解除合同，并要求出卖人承担违约责任，应综合考虑双方的过错程度、违约责任的承担根据《合同法》的合同履行情况及买受人所受损失等因素予以确定。买受人要求继续履行合同的，法院应当行使释明权，告知其变更诉讼请求。另外，合同出现履行不能的根本障碍时，也应当允许出卖人解除合同。

以上两种观点均有一定的道理，第一种观点更符合《物权法》相关规定的立法目的，也符合我国房产抵押市场的现实状况，更便于操作，因此为司法实践中的通说；第二种观点在不损害法律对抵押权人利益进行特别保护的前提下，更有利于保护买受人的利益。如采用第二种观点，应在适用时注意：（1）法院审理房屋买卖合同纠纷时，发现房屋上设定有抵押权的，因房屋买卖合同是否继续履行与抵押权人利益如何实现密切相关，应当要求买卖双方提交抵押权人同意房屋转让或抵押权已经消灭的证据，在房屋买卖双方对其是否同意买受人代为提前还贷清偿债务等事实无法提供相应证据的情况下，法院可以征询抵押权人的意见，如果抵押权人同意买受人代出卖人提前还贷消灭抵押权，一般不需要追加抵押权人参加诉讼，如果抵押权人不同意或不明确表态，法院可以追加抵押权人作为无独立请求权第三人参加诉讼。（2）如果在一审法庭辩论终结前，出卖人（抵押人）清偿债务或者买受人代为清偿债务消灭抵押权的，买卖合同应当继续履行。买受人行使涤除权代为清偿债务的，抵押权人不得拒绝，且买受人可以行使抵销权，与其尚欠出卖人的购房款相互折抵，法院可以判决买受人直接代出卖人向抵押权人清偿债务消灭抵押权，再将该部分款项从未付购房款中予以扣除，待抵押权消灭后再为买受人办理房屋转移登记手续。

（二）房屋抵押权存续期间，出卖人（抵押人）转让抵押房屋，买受人如何主张权利

1. 买受人在签订房屋买卖合同时知道该房屋设定有抵押权的，又以此为由主张房屋买卖合同无效的，一般不应支持。实践中，存在争议的问题是对于买受人是否知道房屋设定有抵押权应由谁承担举证责任。我们认为，一般情况下，应由出卖人对于其向买受人履行了告知义务，负有举证责任，但如果有证据证明出卖人在签订合同时已经向买受人出示了载有抵押登记的房屋产权证，则应当认为出卖人已经履行了告知义务。

2. 买受人在签订房屋买卖合同时不知道该房屋设定有抵押权的，房屋买卖合同效力应如何认定的问题。我们认为房屋买卖合同有效。主要理由为：上述认定合同无效的依据是《担保法》的相关规定，而《担保法解释》第67条已经对此进行了修正，且在新颁布的《物权法》中没有要求出卖人履行告知义务的规定。因此，出卖人未告知买受人房屋设定有抵押权的，不影响房屋买卖合同的效力。

（三）出卖人转让房屋，尚未办理产权过户登记，又在房屋上设定抵押权的，不影响之前签订的房屋买卖合同的效力，实践中对此并无争议。但抵押权人要求行使抵押权，应如何处理

1. 买受人已经办理了预告登记的情形。《房屋登记办法》第68条第1款规定：预告登记后，未经预告登记的权利人书面同意，处分该房屋申请登记的，房屋登记机构应当不予办理。依该规定，如果买受人已经办理了房屋买卖的预告登记，出卖人再以该房屋对外设定抵押，未经买受人同意，是无法办理抵押登记手续的，因此也就不存在抵押权人行使抵押权就房屋优先受偿的问题。当然，实践中确实出现过在这种情况下抵押权人因各种原因办理了抵押登记的情形。依据民法理论，买受人已经办理了预告登记后，出卖人作为所有权人仍有权将房屋对外设定抵押权，但如果该处分房屋的行为将使预

告登记目的不能实现的，该处分相对于买受人不发生法律效力。《物权法》第20条第1款规定：预告登记后，未经预告登记的权利人同意，处分该不动产的，不发生物权效力。因此，抵押权人主张对房屋行使抵押权优先受偿的，不能对抗已经办理了预告登记的房屋买受人，买受人要求出卖人办理房屋过户登记手续的权利应当优先得到保护。

2. 买受人未办理预告登记手续，抵押权人已经办理了抵押权登记的，依据物权优先于债权的理论，抵押权人有权对抵押房屋行使抵押权并优先受偿。买受人则有权要求解除房屋买卖合同，并要求出卖人承担支付违约金或赔偿损失等违约责任。

本案中，骆某在购买诉争房屋时，向银行办理了按揭贷款手续，并将房屋抵押给银行，在房屋抵押权存续期间，骆某又将房屋转让与郎某，但该转让行为未征得抵押权人该银行的同意。现双方就合同履行问题发生纠纷诉至法院，经一审法院询问，该银行明确表示在骆某偿还全部贷款前，不同意其将房屋转售他人。基于此，两审法院均认定合同无效符合司法实践通说，具有其一定的合理性。但如上所述，从保护买受人角度也还有值得商榷的余地。由于双方的本诉和反诉请求均以合同有效为前提，一审法院就合同效力问题向当事人行使释明权后，双方当事人均坚持原诉求，故两审法院分别驳回了双方的请求也是适当的，就合同无效的后果问题，双方可另行解决。

[法律法规链接]

《物权法》第178条、第191条

《担保法》第49条

《民事诉讼法》（2017年修正）第170条第1款第（1）项

44. 实际购房人需提供支付房款等证据证明其为所有权人

【人民司法案例】

廖皖某与林某确权纠纷案①

[案号]

（2012）沪一中民二（民）终字第2221号

① 案例来源：《人民司法·案例》2014年第4期。

［案情］

2003年3月，安某出资购买案涉房屋。同年11月，该房屋权利人登记为林某。2009年12月15日，由廖皖某、林某及安某、廖江某共同签署关于家庭财产信托的确认协议（廖皖某与林某系兄妹关系），约定“案涉房屋房产为廖皖某海天花园5栋205及20万美元与廖江某置换，产证登记人为林某，实际产权人为廖皖某，双方同意适当时候办理过户手续。该房初始金额出资人为安某”。现因廖皖某无法办理案涉房屋的变更登记手续，引发纠纷。遂诉至法院。

廖皖某向一审法院起诉，请求判令：（1）确认案涉房屋为廖皖某所有；（2）判令林某将案涉房屋变更登记至廖皖某名下。具体理由为：案涉房屋最初由安某（廖皖某的弟弟、林某的哥哥）于2003年3月全额出资购买，由于购房时安某不在上海，故以林某的名字登记。2004年，安某以案涉房屋与廖江某（廖皖某及林某的弟弟）置换了房屋。廖江某取得案涉房屋的物权后，与廖皖某置换了其所有的海天花园5栋205室房屋，同时廖皖某另行支付廖江某房屋差价20万美元。此后，直至本案起诉时，案涉房屋一直由廖皖某控制与居住，产权证原件与房屋钥匙也由廖皖某保管，案涉房屋的公共事业费、物业管理费等也由廖皖某支付。而林某仅为形式上的权利人，从未在案涉房屋居住。2009年12月15日，廖皖某、林某与安某、廖江某就各自名下的资产归属共同签署了关于家庭财产信托的确认协议，其中第5条涉及本案案涉房屋，之后林某从未对案涉房屋的权属提出异议。2011年年底，廖皖某因生意需要多次要求林某将案涉房屋过户至自己名下，遭被告拒绝。

［法院认为］

一审法院认为：因物权的归属、内容发生争议的，利害关系人可以请求确认权利。本案中，廖皖某及林某双方均认可案涉房屋由安某出资购买，权利人登记在林某名下。该房屋在数年内曾几经置换，2009年12月由廖皖某、林某及安某共同签署的家庭财产信托确认协议中对案涉房屋的权属已明确作出书面约定，该份协议系当事人的真实意思表示且与法不悖，具有法律效力，当事人应当按照约定履行自己的义务。现廖皖某要求林某按协议内容履行，主张案涉房屋归自己所有，并无不当，应依法予以支持。

林某不服一审法院判决，提起上诉。

二审法院认为：林某作为具有完全民事行为能力人，对于2009年12月与廖皖某及安某共同签署的家庭财产信托确认决议中第5项约定其名下的案涉房屋实际产权人为廖皖某的内容，应当有正确理解。之后，林某也未以欺诈为由主张过撤销该协议，故林某以此来证明其受到欺诈及家庭财产信托确认决议第5项内容是虚假的抗辩理由，依据不足，不予采信。家庭财产信托确认决议是当事人之间确认房屋权利归属的有效证据，林某虽持有登记在其名下的案涉房屋的房产证，但其仅是名义产权人，一审法院认定案涉房屋权利人为廖皖某并无不当。

[裁判结果]

一审法院判决：（1）案涉房屋归廖皖某所有；（2）林某应协助廖皖某将案涉房屋的产权变更登记至廖皖某名下。

二审法院判决：驳回上诉，维持原判。

[裁判思路]

因受房地产市场宏观调控政策等因素影响，以他人名义买房规避国家政策的现象日益增多，房屋的登记权利人与实际权利人不一致引发的纠纷时有发生。发生纠纷后，实际权利人通常会依据其与名义购房人签订的协议，要求对房屋进行确权。正确认识不动产登记簿的性质，准确认定协议的效力，查清房屋出资情况，以合理确定权利的归属，是处理该类案件的基本思路。[①]下面就此类案件普遍涉及的焦点问题，以及事实的分析认定和法律适用理由进行详细阐述：

（一）不动产登记簿的性质分析

《物权法》第6条规定：不动产物权的设立、变更、转让和消灭，应当依照法律规定登记。该法第14条规定：不动产物权的设立、变更、转让和消灭，依照法律规定应当登记的，自记载于不动产登记簿时发生效力。该法第16条规定：不动产登记簿是物权归属和内容的根据。不动产登记簿是指由不动产登记机构依据法定程序和标准制作的，用以记录不动产标示及其上物权状况并由登记机构管理的具有法律效力的文件。根据物权法的上述规定，不动产的权属情况以不动产登记簿记载的内容为准。就效力而言，不动产登记簿具有推定力和公信力。但是，由于社会生活的复杂性，不动产登记簿记载的物权状况可能与真实的权利状况不一致，“不动产登记簿并不具有绝对的证据力”。在司法实践中，作为证据的不动产登记簿，只具有推定的证据效力，首先应把不动产登记簿作为真实的来对待，如果异议方提出反证，证明登记簿上的记载确有错误，该记载即被推翻，法院应当直接根据反证认定争议财产的物权归属。本案即为典型情况，案涉房屋登记在林某名下，但房屋购买时由安某出资，在廖皖某、林某及安某共同签署的家庭财产信托确认协议中

① 王林清等：《房屋买卖合同纠纷裁判思路与裁判规则》，法律出版社2016年版，第447~448页。

对案涉房屋的权属也作出了明确约定，确定该房屋实际权利人为廖皖某，因此推翻不动产登记簿的关键便是该协议行为是否有效。

（二）隐名购房协议的效力认定

隐名购房协议本质是协议双方关于房屋所有权归属于实际出资人的约定，对其效力可以依据合同法关于合同效力的相关规定予以认定。

1. 隐名购房协议有效的一般要件。通常情况下，隐名购房协议有效需要具备以下要件：第一，协议当事人具有相应的民事行为能力。第二，协议内容不应违反法律、行政法规的强制性规定，不损害国家或社会公共利益。第三，协议中必须有关于房屋归于实际出资人或他人的意思表示。本案中，各方当事人均为完全民事行为能力人，具有相应的行为能力，协议的内容也不存在违反法律、行政法规强制性规定的情形。就协议的内容来看，已经明确表达了“产权证登记人为林某，实际产权人为廖皖某”等内容，符合一般有效要件的要求。林某虽表示其受到欺诈，但未能提供任何证据证实。

2. 隐名购房协议的内外效力。隐名购房协议并不具有物权效力，也不能直接引起物权变动，其效力主要体现在对内的效力上：第一，隐名购房协议对外不具有物权效力。根据《物权法》第9条的规定，我国采取的是登记生效主义的不动产物权变动模式，即除法律另有规定外，不动产物权变动原则上以登记完成为生效要件。而法律另有规定的情况，可分为三类：一是物权种类的例外，即法律明确规定某些不动产物权种类的变动不实行登记生效原则；二是导致物权变动的法律事实例外，非法律行为的法律事实直接导致不动产物权变动的，物权变动自该法律事实发生时生效；三是法律规定人民法院、仲裁委员会等有权机关的法律文书、征收决定可以直接变动物权。隐名购房协议不属于上述三类情况，在效力上其不具有物权效力，不能直接引起物权变动。第二，隐名购房协议的对内效力。隐名购房协议会对房屋的使用与管理、物业费的缴纳等作出约定，在性质上类似于委托合同。本案中，廖皖某多次要求林某将案涉房屋过户至自己名下，遭被告拒绝，故提起诉讼，其所依据的正是该协议第五项，要求确认案涉房屋归其所有并要求林某协助办理过户手续。

（三）隐名购房协议房屋归属纠纷的诉由辨析

关于该类案件在诉讼中应当采用给付之诉还是确认之诉，存在争议。我们认为，如果隐名购房协议中明确约定了房屋的归属、名义权利人协助办理过户手续的期限，且名义权利人认可房屋的实际归属，仅是不愿履行协议，则实际权利人可以提起给付之诉；但大多数情况下，纠纷的产生是名义权利人对于协议不认可，并认为其自身依据登记成为了实际权利人，本案情况即为典型。就本案情况而言，不能直接提起给付之诉，而应提出确认之诉，主要理由为：第一，实际权利人与名义权利人之间的争议并非单纯的因不履行协议的房屋交付争议，而是名义权利人认为基于不动产的登记效力，其已经成为房屋的权利人，是对物权的归属产生的纠纷。第二，此种情况直接提起给付之诉，在名义权利人不认可协议，并认为其为房屋权利人的情况下，仍然需要首先明确谁是房屋的真实权利人。第三，从法律规定上看，根据《物权法》第33条规定，利害关系人可以是任何与特定的物就物权的归属和内容有物权法律关系的人，不能认为实际权利人仅依据协议享有债权请求权，而不能提起确认权利之诉。

本案中，廖皖某的诉讼请求包括两项，一是要求确认案涉房屋为其所有，二是要求林某进行变更登记，在性质上为确认之诉，而非要求林某转让房屋所有权的给付之诉。一审法院确定案由，及根据廖皖某的请求分别作出认定和处理是正确的，也得到了二审法院的认同。

［法律法规链接］

《物权法》第6条、第9条、第14条、第15条、第16条、第23条、第33条

《民事诉讼法》（2017年修正）第170条第1款第（1）项

45. 已交付但未过户的房屋灭失后，事实上已经不能履行，出卖人不再承担继续履行协助办理过户手续的合同义务

【典型案例】

A供销社与夏某房屋买卖合同纠纷案①

［案号］

（2012）渝五中法民终字第43号

［案情］

A供销社系依法登记的集体性质的企业法人。1990年5月和2003年10月，A供销社先后划拨取得了794.10平方米的国有土地（商业用途）和66.95

① 案例来源：载北大法宝，网址：http://www.pkulaw.cn/，最后访问时间：2017年6月30日。

平方米的国有土地（住宅用途）。2009 年 11 月 18 日，A 供销社与夏某签订《房屋买卖协议》。协议约定，A 供销社将上述划拨土地及地上两幢砖瓦结构的建筑物（门市、仓库及职工食堂）作价 65 万元卖给夏某；房屋过户手续由夏某自行办理并负责契税及其他各种税费，A 供销社负责营业税等，该协议得到 A 供销社董事的确认和主管部门的批复。合同签订后，A 供销社按约履行了交付房屋和权属证书，以及缴纳营业税的义务，夏某按约履行了支付房款、缴纳契税的义务，但未办理房屋的过户登记手续。2010 年 4 月 7 日，A 供销社委托鉴定机构对房屋进行鉴定，其鉴定结果为 D 级房屋，即整幢危险房屋，建议根据规划要求拆除重建。2010 年 4 月 20 日，夏某与徐某签订《协议》，由徐某拆除危房，现涉案房屋已拆除。2011 年 6 月 21 日，涉案房屋所在地的国土房管所出具《证明》，证明 A 供销社所出售给夏某的房屋已灭失，不能办理正常的产权过户手续。现该房屋至今未办理产权过户登记手续。而后，A 供销社诉至一审法院，请求终止其与夏某签订的《房屋买卖协议》。

夏某曾于 2011 年 12 月 30 日向一审法院提起行政诉讼，请求区房管机关办理房屋过户登记纠纷，后于 2010 年 2 月 10 日申请撤回起诉。

[法院认为]

一审法院认为：A 供销社与夏某签订的《房屋买卖协议》未违反法律、行政法规关于合同效力性强制性规定，合法有效，双方本应全面履行合同约定的权利义务。但夏某在房屋未办理产权过户登记前自行将房屋拆除，根据《重庆市土地房屋权属登记条例》第 46 条第（1）项和《城市房屋权属登记管理办法》第 24 条、第 25 条关于房屋灭失应由权利人申请或由行政机关依法注销房屋登记的规定，双方买卖的房屋已无法办理房屋产权过户手续。即《房屋买卖协议》约定的房屋产权过户手续不能继续履行。依据《合同法》第 91 条第（7）项的规定，《房屋买卖协议》约定的权利义务应当终止。综上，A 供销社请求终止履行《房屋买卖协议》，予以支持。

[裁判结果]

一审法院判决：A 供销社与夏某于 2009 年 11 月 18 日签订的《房屋买卖协议》终止履行。

[裁判思路]

A 供销社与夏某签订的《房屋买卖协议》未违反法律、行政法规关于合同效力性强制性规定，合法有效。根据《重庆市土地房屋权属登记条例》第 46 条第（1）项及《城市房屋权属登记管理办法》第 24 条、第 25 条的规定，房屋灭失的，原权利人应当申请注销登记。逾期不办理又无正当理由的，土地房屋行政主管部门可以直接办理注销登记。在合同履行过程中，夏某拆除了《房屋买卖协议》的标的物房屋，依照以上规定，A供销社与夏某已无法办理房屋产权过户手续。《合同法》第110条第（1）项规定：当事人一方不履行非金钱债务或者履行非金钱债务不符合约定的，对方可以要求履行，但其中法律上或者事实上不能履行的除外。A供销社对夏某负有协助办理房屋过户手续的义务，但是，根据上述事实与相关法律、法规及规章的规定，夏某不得向A供销社请求履行协助办理房屋过户手续，同理，A供销社也不再承担协助办理房屋过户手续的义务，A供销社实际上不再承担继续履行合同的义务。

[法律法规链接]

《合同法》第44条、第52条、第91条第（7）项、第92条

《城市房地产管理法》（2009年修正）第39条

《城市房屋权属登记管理办法》第24条、第25条

《民事诉讼法》（2017年修正）第64条

第五章　农村房屋买卖合同纠纷及特殊房屋买卖合同纠纷

导 读

第十届全国人大常委会第十二次会议审议的《物权法（草案）》第162条规定：宅基地使用权人经本集体同意，可以将建造的住房转让给本集体内符合宅基地使用权分配条件的农户；住房转让时，宅基地使用权一并转让。禁止城镇居民在农村购置宅基地。鉴于立法机关认为该意见尚不成熟，《物权法》没有采用该草案规定，回避了此问题，农村房屋能否转让仍处于不明确状态，有待于将来的立法明确。但是当前大量关于农村房屋买卖、转让纠纷进入诉讼程序，处理此类案件必须确立正确的裁判原则，选择切实可行之裁判路径、方法。

另本章将对一些不太常见，但实践中仍然存有争议的特殊房屋买卖纠纷进行初步探讨，作为处理此类纠纷的一种参考意见。

46. 同村不同组村民属于同一农村集体经济组织，双方签订的《购房协议》具有法律效力

【典型案例】

汪某与贺某农村房屋买卖合同纠纷案[①]

［案号］

（2011）渝二中法民终字第1026号

［案情］

2008年10月5日，A村6组村民汪某与同村5组村民贺某签订《购房协议》，将其所有的位于A村6组的房屋一套以1万元的价格卖给贺某。协议签订当日，贺某付清了购房款。同年10月13日，贺某向当地财政所缴纳购

① 案例来源：载北大法宝，网址：http://www.pkulaw.cn/，最后访问时间：2017年7月3日。

房的契税 300 元。同年 11 月 2 日，汪某将房屋交付给贺某使用：随后，双方向国土房管部门申请办理该房屋的过户登记。同年 12 月 31 日，县国土房管局向汪某发出《不予审理通知单》，认为 A 村 6 组村民汪某与 A 村 5 组村民贺某不是一个集体经济组织的成员，双方转让房屋行为不符合相关法律规定，通知汪某前去领回申请办理房屋过户登记的资料。后双方因办理产权变更登记未果发生纠纷，汪某诉至法院，要求确认双方签订的购房协议无效，由贺某返还房屋，由其返还购房款。

[法院认为]

一审法院认为：农村房屋所有权转让，房屋占有范围内的宅基地使用权随之转让。农村宅基地具有福利性质，只供该村民小组等集体经济组织成员享有，汪某系 A 村 6 组村民，贺某系 A 村 5 组村民。汪某将其建在农村集体所有土地上的房屋转让给不属于本集体经济组织成员的贺某，房屋买卖协议违反了法律的强制性规定。故双方签订的《购房协议》应属无效，汪某应返还购房款，贺某应返还房屋。

贺某不服一审法院判决，提起上诉。

二审法院认为：本案中，农村集体土地的发包情况表明，A 村存在以村为单位的村农民集体经济组织。贺某与汪某虽不是同一村民小组的村民，但都是 A 村的村民，属同一村集体经济组织的成员，双方签订的《购房协议》并不违反法律、行政法规的强制性规定，具有法律效力。

[裁判结果]

一审法院判决：汪某与贺某签订的《购房协议》无效，汪某返还购房款，贺某返还房屋。

二审法院法院判决：（1）撤销一审法院判决；（2）确认贺某与汪某签订的《购房协议》有效。

[裁判思路]

本案的焦点在于如何识别农村集体经济组织的范围，同村不同村民小组的村民能否视为同一农村集体经济组织成员，为解决上述问题，主要应了解以下两个方面的问题：

（一）农村集体经济组织的识别及类别

农村集体经济组织具有为本集体经济组织成员提供基本社会保障的职能和经营管理本集体经济组织内农民集体所有资产的职能。土地是农民安身立命的最基本的生产资料，因此，是否对农村土地享有所有权，是否具有为本集体经济组织成员提供基本社会保障、经营管理本集体经济组织内农民集体所有的资产的职能，是判断一个组织是否属于农村集体经济组织的标准。其中，最重要的识别标准为是否对农村土地享有所有权。根据我国《物权法》第60条的规定，农村集体所有的土地和森林、山岭、草原、荒地、滩涂等，存在属于乡镇农民集体所有、属于村农民集体所有和属于村内两个以上的农民集体所有三种情形，即我国农村实行的是“三级所有”的农民集体所有土地的基本形式。

（二）同村不同组的村民是否属于同一农村集体经济组织成员的判断

根据一物一权的物权法原则，农村土地要么属于村农民集体所有，要么属于村民各农民集体经济组织所有。判断同村不同村民小组的村民是否属同一农村集体经济组织成员时，应依据集体土地的物权归属、发包主体等认定该村农民集体经济组织的具体形式为村农民集体经济组织还是并存的各农民集体经济组织。如是村农民集体经济组织形式的，同村不同组的村民属同一农民集体经济组织成员；如是村内并存各农民集体经济组织形式的，同村不同组的村民不属同一农民集体经济组织成员。但在特殊情况下，即农民集体经济组织同时存在村农民集体经济组织和村内各农民集体经济组织两种组织形式并存时，如某村的农村集体土地共1000亩，下设6个村民小组，各组范围内的土地均为100亩。各村民小组内的农民集体经济组织对位于该小组范围内的100亩土地享有所有权，村农民集体经济组织对其余的400亩土地享有所有权，此时同村不同组的村民虽分属村内并存的各农民集体经济组织，但同时又属于同一村农民集体经济组织。

[法律法规链接]

《物权法》第60条

《民事诉讼法》(2017年修正）第170条第1款第（2）项

47. 城市居民购买农村私有房屋签订的房屋买卖合同是否有效

【人民司法案例】

李某与马某农村私有房屋买卖合同纠纷案[①]

[案号]

（2007）二中民终字第13692号

① 案例来源：《人民司法·案例》2008年第10期。

［案情］

马某原系辛店村农民，于1998年转为城镇居民。李某系城市居民。双方诉争之房屋原系马某之父马某某继承之祖遗产，1993年县土地管理局向马某某核发诉争房屋所在院落之《集体土地建设用地使用证》，确认马某某为该宅院之土地使用权人。2002年7月1日，马某与李某签订《买卖房协议书》，将诉争房屋及院落以45 000元的价格卖于李某。《买卖房协议书》上书："宋庄镇辛店村马某与李某商定将正房五间、厢房三间卖给李某作价4.5万元整，房屋及院落以上级下发的土地使用权证为准，房款自签字后一次性交清，双方遵守协议。"落款处除有买卖双方签字，还有中证人康某及代笔人郭某签字，并加盖村民委员会印章。同日，村民委员会在诉争房屋所在院落之《集体土地建设用地使用证》变更记事一栏中记载"马某于2002年7月1日将上房五间、厢房三间出售给李某使用"。

该协议签订后，李某支付给马某房款45 000元，马某将房屋及《集体土地建设用地使用证》交付李某。李某入住后对原有房屋进行装修，并于2003年10月经村民委员会批准新建西厢房3间。

2007年，马某向一审法院起诉，请求判令：确认马某与李某所签房屋买卖协议无效，李某返还房屋，马某同意按有关部门评估的房屋现值退还李某购房价款。理由为：李某不属于辛店村农民，其无权使用辛店村宅基地。

［法院认为］

一审法院认为：违反法律、行政法规强制性规定的合同无效。李某系居民，依法不得买卖农村集体经济组织成员的住房。马某要求认定买卖合同无效的诉讼请求，理由正当，证据充分，应予支持。合同无效后，因该合同取得的财产，应当予以返还。马某应依照房产的现值对李某进行补偿，房产的现值应当以评估值为准。李某应当把该房产返还给马某。对李某关于马某起诉超过诉讼时效的答辩意见，因合同无效属于自始无效，故其抗辩意见不予采信。

李某不服一审法院判决，提起上诉。

二审法院认为：宅基地使用权是农村集体经济组织成员享有的权利，与享有者特定的身份相联系，非本集体经济组织成员无权取得或变相取得。马某与李某所签之《买卖房协议书》的买卖标的物不仅是房屋，还包含相应的宅基地使用权。李某并非辛店村村民，且诉争院落的《集体土地建设用地使用证》至今未由原土地登记机关依法变更登记至李某名下。因此，一审法院根据我国现行土地管理法律、法规、政策之规定，对于合同效力的认定是正确的。合同被确认无效后，因该合同取得的财产应当予以返还，不能返还或者没有必要返还的，应当折价补偿。基于上述合同无效之法律后果处理的一般原则，一审法院判决买受人李某将其购买的房屋及院落返还出卖人马某，出卖人马某将价款返还买受人李某并无不当。但买受人李某在购买房屋后自行出资对房屋及院落进行了新建及装修，考虑到李某对于房屋及院落的添附系附和于出卖人所有的原物上，无法识别与分离，即便能够分离，分离后添附部分的使用价值将极大贬损。故一审法院判决买受人将原物及添附一并返还及给付出卖人，由出卖人将原房及添附部分的价值折价补偿买受人的处理结果亦无不当，应予维持。

考虑到出卖人在出卖时即明知其所出卖的房屋及宅基地属禁止流转范围，出卖多年后又以违法出售房屋为由主张合同无效，故出卖人应对合同无效承担主要责任。对于买受人信赖利益损失的赔偿，应当全面考虑出卖人因土地升值或拆迁、补偿所获利益，以及买受人因房屋现值和原买卖价格的差异造成损失两方面因素予以确定。但鉴于李某在一审法院审理期间未就其损失提出明确的反诉主张，在二审程序中，不宜就损失赔偿问题一并处理，李某可就赔偿问题另行主张。

［裁判结果］

一审法院判决：（1）李某将位于辛店村的北房3间、西厢房6间及院落腾退给马某；（2）马某给付李某补偿款93 808元。

二审法院判决：（1）维持一审法院判决第1项、第2项；（2）马某与李某于2002年7月1日所签之《买卖房协议书》无效。

［裁判思路］

本案主要涉及双方所签《买卖房协议书》之效力问题，以及协议确认无效后房屋添附和补偿问题，裁判中涉及处理上述问题的观点如下：

（一）农村私有房屋买卖合同效力

该问题在理论与实践中均存在较大争议，主要有以下两种观点：

第一种观点认为：农村私有房屋买卖合同应当认定为无效，此为司法实践中主流观点。具体理由为：（1）从受理案件中涉及的农村私房买卖合同内容看，虽然交易的标的物一般是地上建筑物，但在我国强调房地一体的法律背景下，实际上双方交易的标的物也包括了相应的宅基地，这与我国目前严格限制宅基地流转的政策是相违背的。农村宅基地使用权有以下特点：一是农村宅基地的所有权归集体经济组织；二是农村宅基地使用权的主体是特定的农村居民，即属于本集体经济组织特定的成员，农村集体组织以外的人员不能申请并取得宅基地使用权；三是农村宅基地使用权具有福利性，即农村村民取得宅基地使用权基本上是无偿的或者是交纳很少的费用。由上述可知，宅基地使用权是集体经济组织成员享有的权利，与特定的身份关系相联系，不允许转让。目前农村私房买卖中买房人名义上是买房，实际上是买地，在房地一体的格局下，处分房屋的同时也处分了宅基地，损害了集体经济组织的权益，是法律法规明确禁止的。（2）根据《关于加强土地转让管理严禁炒卖土地的通知》规定，农民的住宅不得向城市居民出售，也不得批准城市居民占用农民集体土地建住宅，有关部门不得为违法建造和购买的住宅发放土地使用证和房产证。《关于以其他形式非法转让土地的具体应用问题请示的答复》也明确规定，原宅基地使用者未经依法批准通过他人出资翻建房屋，给出资者使用，并从中牟利或获取房屋产权，是属“以其他形式非法转让土地”的违法行为之一。2004 年 12 月 24 日，国务院《关于深化改革严格土地管理的决定》再次强调“加强农村宅基地管理，禁止城镇居民在农村购置宅基地”。综上，根据国家法规政策，非本集体经济组织成员因购买农村宅基地或者房屋而与农民所订立的买卖合同一般应当认定无效。

第二种观点认为：农村私有房屋买卖合同应当认定为有效。我国法律、法规及司法解释尚没有禁止农村私房买卖以及农村私房买卖合同应认定无效的明确规定。《合同法解释（一）》第 4 条规定：合同法实施以后，人民法院确认合同无效，应当以全国人大及其常委会制定的法律和国务院制定的行政法规为依据，不得以地方性法规、行政规章为依据。上述认定农村私有房屋买卖合同无效的依据均不是法律、行政法规，甚至连地方性法规、行政规章都算不上，因此，认定农村私有房屋买卖合同无效，没有相应的法律依据。并且，从法律后果来看，认定合同有效不仅有利于制约农民随意处分自己的房屋和宅基地的行为，有利于稳定现有的房屋占有关系；而且“当事人不得因自己的错误行为而获利”，对出卖人事后主张合同无效进行必要的限制，有利于维护买受人的善意信赖，这也是“禁反言”和诚实信用原则的基本要求。

上述两种观点中，第一种观点是司法实践中的通说。结合本案，李某并非辛店村村民，且诉争院落的《集体土地建设用地使用证》至今未依法变更登记至李某名下，故双方签订的房屋买卖合同无效。①

（二）农村私有房屋买卖合同无效的法律后果

《合同法》第 58 条规定：合同无效后，因该合同取得的财产应当予以返还，不能返还或者没有必要返还的，应当折价补偿。本案判决之后，李某就其损失问题又另行于一审法院提起诉讼，故本案只分析合同无效后的恢复原

① 左峰、陈旻：《房屋买卖案件裁判思路与操作》，中国法制出版社 2011 年版，第 264 页。

状问题，关于损失赔偿问题在下个案例中进行解析。

司法实践中，合同无效后恢复原状的法律后果为：（1）买受人应将房屋原状返还出卖人，出卖人应将收取的价款返还买受人；（2）如买受人在居住使用诉争房屋期间对诉争房屋及院落进行翻建、装修并在诉争院落内新建有建筑物，出卖人应对买受人添附部分的价值给予合理补偿。

本案中，合同确认无效后，李某将其购买的房屋及院落返还出卖人马某，出卖人马某将价款返还买受人李某，买受人李某在购买房屋后自行出资对房屋及院落进行了新建及装修，经评估，房屋即其他地上物的价值为 93 808 元，出卖人马某应按评估结论确定的原房及添附部分价值折价补偿买受人李某。因李某在本案诉讼中未提出反诉要求赔偿损失，故本案对此未予处理。

[法律法规链接]

《合同法》第 52 条、第 58 条

《民事诉讼法》（2017 年修正）第 170 条第 1 款第（2）项

48. 未取得房产证的单位内部开发房买卖合同有效

【典型案例】

罗某与赵某房屋买卖合同纠纷案①

[案号]

（2011）郑民三终字第 725 号

[案情]

2006 年 8 月 21 日，罗某与赵某签订一份《房屋转让协议书》。罗某自愿将本单位内部开发的一套房屋转让给赵某。由赵某支付该住宅所有集资费用，赵某以罗某的名义办理一切购房手续，直至房屋过户完成；该房屋所有权、使用权实际归赵某所有。罗某、赵某在签订本协议书当日，赵某支付罗某房屋转让费人民币 2 万元，并分次支付了该房屋 25.47 万元的房款。2010 年，罗某要求将所转让房屋收回，在多次协商不成的情况下，赵某向一审法院提起诉讼，请求确认双方签订的《房屋转让协议书》合法有效。

---

① 案例来源：载北大法宝，网址：http://www.pkulaw.cn/，最后访问时间：2017 年 7 月 5 日。

罗某辩称：该房屋系单位内部开发房屋，买卖须经本单位同意，但双方的房屋买卖行为没有经过单位同意，且双方在签订买卖协议时，该房屋尚未办理房产证，被告无权处分该房屋，所以《房屋转让协议书》无效。

[法院认为]

一审法院认为：赵某与罗某虽签订《房屋转让协议书》，但当时罗某并未出资购买出让房屋，未取得房屋的所有权证，双方协议"赵某以罗某名义办理一切购房手续，直至房屋过户完成"，这实际上是罗某同意将其购房资格予以转让，本案中，罗某所享有的仅仅是优惠购房资格，仅是一种待遇，即获得优惠价格购买所建房屋的条件。罗某对其出卖房屋的权利尚停留在一种资格权利上，并不能立即、现实地取得该房屋的所有权，但却获得了对未来取得上述房屋所有权的合理期待，这种期待是一种在交易中现实存在的、有着独立经济价值的财产利益，赵某亦为此支付罗某2万元，房屋转让协议书系赵某与罗某自愿签订，且上述交易行为并不违反国家法律、行政法规的强制规定，因此双方签订的《房屋转让协议书》合法有效。

罗某不服一审法院判决，提起上诉。

二审法院认为：赵某与罗某签订的《房屋转让协议书》并不违反法律、行政法规的强制性规定，是双方的真实意思表示，应为合法。罗某的上诉理由无事实、法律依据，一审法院认定事实清楚，适用法律正确，程序合法，应予维持。

[裁判结果]

一审法院判决：赵某与罗某签订的《房屋转让协议书》有效。

二审法院判决：驳回上诉，维持原判。

[裁判思路]

本案主要涉及单位内部开发房屋转让协议的定性和效力问题。

(一)关于房屋转让协议书的定性

判断案涉合同的效力问题，首先应当明确该合同的合同性质，才能准确适用相关法律规范。[1] 本案中，罗某作为其单位的一名职工，因其特别的身份获得了从本单位以成本价格购置一套住房的权利，对于该权利罗某并没有放弃，而是表达了购房的意愿。虽然案涉房屋当时尚未竣工，但该房屋的位置、楼层、面积等基本价值要素已经大致确定，具备了比较明确的经济价值。此时，虽然罗某没有获得该房屋的所有权，但取得房屋所有权的过程已经开始，

① 王林清等：《房屋买卖合同纠纷裁判思路与裁判规则》，法律出版社2016年版，第516~517页。

一旦条件成熟或者期限届至，即可获得该权利。当事人所处的这种法律地位构成了对该房屋所有权的期待权，具有一定的经济价值，可以成为交易的客体，如可以处分、抵押、继承。根据双方签订的协议内容，罗某在收取一定转让费后，将其享有的购房资格转让给赵某，由赵某以罗某的名义办理相关购房手续，承担该房屋的所有集资费用，罗某在获得房屋所有权证书后转让给赵某。从该协议内容可以看出，罗某将其对案涉房屋所有权的期待权转让给赵某，并继续承担向出卖人支付价款的义务，赵某享有了在罗某支付全部价款后，取得房屋所有权的权利。这非常类似于期房、未来物的买卖。根据《民法通则》第72条第2款及其解释、《合同法》第133条及其解释的规定，只要在履行期限届满时出卖人能够移转买卖物的所有权，就达到了买卖合同的目的，无须出卖人于订立买卖合同时即拥有买卖物的所有权。因此，房屋转让协议书应当视为当事人有权处分的合同看待。

（二）关于房屋转让协议书的效力问题

《城市房地产管理法》制定于我国实行市场经济之初，其立法宗旨侧重于对房地产开发和交易行为的规范。而合同法的立法指导思想奉行鼓励交易的原则，尽量承认合同的效力。合同法司法解释也都延续了此指导思想和原则。因此，本案应适用合同法及有关司法解释。

根据《合同法解释（二）》第14条的规定，违反法律、行政法规的强制性规定指的是违反效力性强制性规定。2009年新《城市房地产管理法》第38条第（6）项的规定，主要是基于房地产在来源不清、归属不明的情况下进入市场流通，不利于市场秩序的维护和国家对房地产转让的管理监督。本案中案涉房屋的所有权并不存在来源不清、归属不明的情况，且该规定不属于效力性规范，违反此规定的合同不应当认定为无效。

从法律适用的后果来讲，赵某和罗某买卖房屋的意思表示真实一致，如果双方签订的《房屋转让协议书》被认定为无效，房屋买受人赵某履行合同所付出的努力和机会成本将得不到充分的保护，而出卖人罗某却从自己的反悔中获得了不合理的利益，违背了“任何人不能从自己的过错中获得利益”的法理，损害了诚实信用原则。同时，如果这类合同被认定为无效，还会助长出卖人的投机心理，进而影响交易稳定性和社会风气。

[法律法规链接]

《民法通则》第72条

《合同法》第133条

《合同法解释（二）》第14条

《民事诉讼法》（2017年修正）第170条第1款第（1）项

49. 划拨土地上的房屋并非绝对禁止转让，办理土地出让手续及缴纳土地出让金后即可转让

【典型案例】

曹某、季某与徐某、崔某房屋买卖合同纠纷案[①]

［案号］

（2013）通中民终字第 0897 号

［案情］

曹某、季某（乙方）与崔某、徐某（甲方）于 2011 年 5 月 11 日在天诚房产中介所签订了《房地产买卖合同》，合同约定甲方将其所有的房屋（67.93 平方米）出售给乙方，总售价为 41.8 万元。中介成交费由甲、乙双方各负担 4 000 元。付款方式：签订合同时乙方预付定金人民币 2 元，余款 39.8 万元，甲方 2011 年 8 月交钥匙时，乙方款清后．双方即办理过户（交房前所产生的电费、水费等相关费用由甲方结清）。房产证过户费、契税由乙方承担，个人所得税由甲方承担。双方不得违约，如有违约，违约方的赔偿金为总房价的 20%。曹某于当日汇款 2 万元定金，崔某于次日出具了收条。

徐某未出面签订合同，合同上徐某的签字系由其丈夫崔某代签；出售房屋的土地性质为划拨土地。中介负责人钱某证明，在双方签订合同时，约定由乙方负担将划拨土地转为出让土地的土地出让金。

曹某、季某认为，划拨土地不应进入市场流通，案涉合同应为无效。同时，本案徐某未在合同上签字，房屋买卖合同未成立。遂起诉至一审法院，请求判令：返还房屋定金 2 万元。

［法院认为］

一审法院认为：依法成立的合同，自成立时生效。曹某、季某与徐某、崔某签订的《房地产买卖合同》不违反法律强制性规定，应为有效。诉争房屋的土地性质为划拨土地，并不影响合同的履行，仅是在办理过户前需要将划拨土地转为出让土地，当事人缴纳相应的争议土地出让金后即可办理过户手续，故对曹某、季某诉称合同无效的主张，不予支持。现徐某、崔某始终愿意出售房屋，并无违约之情形。故曹某、季某要求徐某、崔某双倍返还定金的请求，不予支持。

---

① 案例来源：载北大法宝，网址：http://www.pkulaw.cn/，最后访问时间：2017 年 7 月 5 日。

曹某、季某不服一审法院判决，提起上诉。

二审法院认为：案涉房屋买卖合同，系双方当事人真实意思表示，未违反法律、行政法规的强制性规定，合法有效。曹某、季某称划拨土地上房屋不应进入市场流通，案涉合同应为无效，但从《城市房地产管理法》第 40 条第 1 款“以划拨方式取得土地使用权的，转让房地产时，应当按照国务院规定，报有批准权的人民政府审批。有批准权的人民政府准予转让的，应当由受让方办理土地使用权出让手续，并依照国家有关规定缴纳土地使用权出让金”之规定来看，划拨土地上的房屋并非绝对禁止转让，只要办理土地出让手续、缴纳土地出让金后即可转让。且曹某、季某在订立合同时明知案涉土地为划拨土地，此后也未积极办理相应土地出让手续，故对曹某、季某该主张不予支持。崔某、徐某在一审审理中明确表示愿意继续履行合同，应视为徐某对案涉合同予以追认，故对曹某、季某该主张，亦不予支持。

[裁判结果]

一审法院判决：驳回曹某、季某的诉讼请求。

二审法院判决：驳回上诉，维持原判。

[裁判思路]

本案涉及两个争议焦点问题：一是划拨土地上房屋买卖合同的效力问题；二是夫妻一方签订售房协议的效力问题。

（一）关于划拨土地上房屋转让的效力问题

根据《物权法》第 147 条规定，建筑物、构筑物及其附属设施转让、互换、出资或者赠与的，该建筑物、构筑物及其附属设施占用范围内的建设用地使用权一并处分。因而本案当事人约定转让房屋则该房屋占用的建设用地使用权也应依法转让。由于该房屋所占用建设用地使用权系崔某、徐某通过划拨方式取得，根据 2009 年新《城市房地产管理法》第 40 条第 1 款的规定，该房地产转让时应报有批准权的人民政府审批，获得批准后还应缴纳土地使用权出让金。本案中，双方当事人在签订售房协议时未经过政府部门批准，但不影响房屋买卖合同的效力，理由为：（1）根据《合同法解释（二）》第 14 条的规定，《合同法》第 52 条第 5 项规定的“强制性规定”，是指效力性强制性规定。因此，合同内容违反法律、法规的效力性强制性规定而无效。但仅违反管理性强制性规定的，则应当根据具体情况认定其效力。本案中崔某、徐某房屋所在小区土地使用权均为划拨取得，其转让房屋不改变土地使用性质，仍为居住而使用房屋及土地，故不涉及国家利益和公共利益，且该小区未列入政府拆迁计划范围，政府不存在不予审批的理由。因此，曹某、季某完全可以通过采取缴纳土地出让金或土地收益的方式取得原划拨土地的使用权。（2）《国有土地使用权合同解释》第11条“土地使用权人未经有批准权的人民政府批准，与受让方订立合同转让划拨土地使用权的，应当认定合同无效”的规定所规范的是直接以土地使用权为合同标的的转让行为，土地使用权的转让有可能改变土地使用性质，涉及规划变更，同时，划拨土地为无偿取得，故需政府审批前置。而当事人在转让划拨土地上的房地产时约定将占用的国有划拨土地使用权概括转让，不适用该司法解释对合同效力的规定。

（二）夫妻一方签订售房协议的效力问题

本案中，崔某作为其夫妻代表与曹某、季某签订了售房协议，关于该协议的效力问题。《物权法》第106条规定：受让人受让该不动产或者动产时是善意的，且以合理的价格转让，受让人取得该不动产或者动产的所有权。本案中，双方经中介签订售房协议，曹某、季某支付对价，符合善意取得的规定，故即使售房一方徐某不同意转让房屋，也不影响合同的效力，曹某、季某依法可取得房屋所有权。况且，本案中，徐某并未主张转让合同无效，反而对崔某转让房屋的行为予以追认，根据《民法总则》的相关规定，无权代理经过被代理人追认后为有效。故本案曹某、季某方主张合同未成立的理由不能成立。

［法律法规链接］

《物权法》第106条、第147条

《城市房地产管理法》（2009年修正）第40条第1款

《合同法解释（二）》第14条

《国有土地使用权合同解释》第11条

《民事诉讼法》（2017年修正）第170条第1款第（1）项

50. 农村私有房屋买卖合同被确认无效后，买受人主张赔偿损失的处理原则

【人民司法案例】

李某与马某农村私有房屋买卖合同纠纷案[①]

［案号］

（2009）二中民终字第769号

---

① 案例来源：《人民司法·案例》2009年第22期。

［案情］

2002 年 7 月 1 日，李某与马某签订了房屋买卖协议，双方约定马某以 45 000 元的价格将位于辛店村马某使用的宅基院落内正房 5 间、厢房 3 间及宅院出售给李某。当天李某付清了房款，马某交付了房屋。李某对所购房屋进行了整修，添加了卫生间等附属设施，还新建了 3 间西厢房。后马某诉至一审法院要求确认其与李某签订的房屋买卖协议无效，李某腾退房屋。经法院终审，判决双方签订的房屋买卖协议无效，李某腾退房屋，马某支付李某房屋及添附部分价款 93 808 元。同时该判决认定马某对导致协议无效应负主要责任。

2008 年 1 月，李某向一审法院起诉，请求判令：马某赔偿经济补偿金 48 万元。

本案一审诉讼中，经李某申请，法院委托估价公司对涉案房屋宅基地区位价值进行了评估，结果为 2008 年 3 月 13 日被评估房屋宅基地区位总价为 264 700 元。

［法院认为］

一审法院认为：合同无效后，因该合同取得的财产，应当予以返还；不能返还或者没有必要返还的，应当折价补偿。有过错的一方应当赔偿对方因此所受到的损失，双方都有过错的，应当各自承担相应的责任。李某与马某所签订的房屋买卖合同被法院确认无效后，双方应按照各自的过错程度承担相应的责任。考虑到马某作为出卖人在出卖时即明知其所出卖的房屋及宅基地属于我国法律禁止流转范围，其在出卖房屋多年后又以违法出售房屋为由主张合同无效，故其应对合同无效承担主要责任。对于李某作为买受人信赖利益损失的赔偿，应当全面考虑出卖人因土地升值或拆迁、补偿所获利益，以及买受人因房屋现值和原买卖价格的差异所造成损失两方面因素予以确定。马某出售给李某的房屋及添附部分价值已经法院生效判决折价补偿李某，就本案而言，对于李某信赖利益损失的赔偿，仅考虑出卖人因土地升值或拆迁、补偿所获利益的因素，参照马某出售房屋宅基地区位总价予以确定。故对李某要求马某赔偿损失的诉讼请求，理由正当，证据充分，对其合理部分予以支持。

李某不服一审法院判决，提起上诉。

二审法院认为：李某与马某签订的《房屋买卖协议》已经此前生效判决确认为无效合同。根据法律规定，合同被确认无效后，因该合同取得的财产应当予以返还，不能返还或者没有必要返还的，应当折价补偿。有过错的一方应当赔偿对方因此遭受的损失。基于上述合同无效之法律后果处理的一般原则及已生效判决确认的导致合同无效的责任，现李某主张要求马某赔偿经济损失，理由成立，应予以支持。至于李某应获得的赔偿损失的范围及数额，应根据双方签订合同时可预见到的损失以及合同实际履行状况，并考虑双方过错及综合本案实际情况酌情予以确定。现虽李某对其应承担的过错程度持有异议，但因诉争房屋的土地性质为集体土地性质，作为买受人李某并非该集体经济组织成员，对导致合同无效应负一定责任，故对其该项主张，不予支持。本案一审过程中，经李某申请，对涉案土地进行了价格评估。现李某认为评估结论采用的估价时点有误、诉争房屋定性有误，导致土地评估价格过低，提出应按其使用性质重新进行鉴定。本院认为，因双方签订买卖合同时并未约定该房屋的用途，且评估机构依据有关法律、法规及政策作出的评估结论并无不当，故对其主张重新评估的请求不予支持。对于李某上诉主张由马某赔偿其搬家费及其不能与他人继续合作的经济损失，因该损失并非马某签订合同时所能够预见，且在一审法院确定马某应承担造成李某损失的因素时已予以考虑，故李某的该项主张，不予支持。一审法院判决中对当事人过错的分析正确，酌定马某应赔偿李某的经济损失数额合理，应予以维持。

[裁判结果]

一审法院判决：（1）马某赔偿李某损失 185 290 万元；（2）驳回李某的其他诉讼请求。

二审法院判决：驳回上诉，维持原判。

[裁判思路]

本案与前一案件同属于因李某与马某就农村私有房屋买卖引发的纠纷，前一案件中已就双方签订合同的效力问题作出生效判决，本案主要对合同无效后，买受人主张赔偿损失应如何处理的问题进行分析。

《合同法》第 58 条规定：有过错的一方应当赔偿对方因此所受到的损失，双方都有过错的，应当各自承担相应的责任。关于受损方的损失，应当有受损方的明确请求。一般情况下，农村私有房屋买卖案件系出卖人起诉要求确认买卖合同无效，返还房屋。[①] 法院受理后，经审理可认定合同无效的，应当向买受人行使释明权，告知买受人有可能认定合同无效，如果认定合同无效，买受人是否就损失提出反诉请求，如果买受人未就损失提出反诉，则在确认买卖合同效力的案件中不宜由法院代买受人主张损失，并径行判决，应当在判决中写明买受人有权就合同无效致其损失另行主张。

① 左峰、陈旻：《房屋买卖案件裁判思路与操作》，中国法制出版社 2011 年版，第 269 页。

关于合同无效赔偿损失的性质，一般认为，合同无效所产生的法律责任系缔约过失责任，合同无效的赔偿以信赖利益为限，即无过错的当事人信赖合同有效成立，但因法定事由发生，致使合同不成立、无效、被撤销等造成的损失。信赖利益赔偿损失的范围主要包括：缔约费用即为订立合同所支出的费用、履行费用，包括为准备履行所支出的费用和实际履行所支出的费用，合理的间接损失如因信赖所订立的合同有效从而丧失了与他人订立有效合同的机会而产生的损失。但在特殊情况下，守信方可以要求参照履行利益的数额赔偿损失。实践中，买受人要求出卖人赔偿的主要是宅基地区位价的损失。应当认为，“地价”的损失在性质上应当属于履行利益的损失，由于农村私有房屋买卖合同纠纷多因土地增值及土地征用、房屋拆迁促使出卖人毁约所致，为维护公平诚信的市场交易秩序，实践中，在处理合同无效的法律后果时，应当判决房屋出卖人向买受人赔偿部分土地价值损失，该种判决处理方式具有很强的现实性和针对性，其目的就是为了惩罚出卖人恶意毁约的不诚信行为，遏制因土地增值、房屋拆迁所引起的该类纠纷大幅增加的现实困难。

关于赔偿损失的具体数额，因受地区经济发展、土地增值等因素的影响，房屋及院落现在的市场价值与合同约定的原购房价款已经不能对等，房屋及土地的可能市场价值已经远远高于当时的市场价值，那么房屋及土地在签订买卖合同时的价值与确认合同无效时的差价应当可以认定为出卖人的所获利益，也可以认定为买受人所受的损失。对于差价的具体数额，如果诉争房屋及院落已进入拆迁程序，可参照拆迁中确定的房地价值扣减原房地价值、房屋添附价值后形成差价；如果诉争房屋及院落尚未进入拆迁程序，则委托有资质的房地产评估部门评估确定房地现值，扣减相应部分后形成差价。确定损失数额后，根据双方过错各自承担相应的责任。一般情况下，出卖人应当就合同无效承担主要责任。

另外，目前司法实践中也出现了房屋买受人起诉要求确认房屋买卖合同无效，并由出卖人赔偿损失的案件，因该类纠纷的赔偿带有对不诚信的毁约方进行惩罚，进而遏制该类纠纷发生的性质，因此在认定过错程度上应当与哪一方是毁约方直接相关。因此，如果房屋买受人主张合同无效的，其对合同无效应当承担主要责任。

本案中，经评估诉争房屋宅基地区位总价为 26 4700 元，两审法院根据双方的过错程度判决由马某承担 70% 的责任、李某承担 30% 责任，马某赔偿李某损失 185 290 元是适当的。

[法律法规链接]

《合同法》第 58 条

《民事诉讼法》(2017年修正）第170条第1款第（1）项

51. 单位集资建房对外销售行为无效

【典型案例】

A铁路公司与张某房屋买卖合同纠纷案①

[案号]

（2011）日民一终字第830号

[案情]

A铁路公司为解决本单位内部职工住房难问题，申请职工集资建房。经有关部门批准，原则同意将A铁路公司申请的建房纳入集资合作建房管理，按建设成本价出售给该工程公司内部职工。2007年6月30日，A铁路公司与非本单位内部职工张某签订购房协议，双方约定：由张某购买A铁路公司开发建设的该公司第二生活区16号楼3单元11层中户楼房一套，总价款281 670元，首付84 670元，余款197 000元由张某办理按揭贷款后支付，2008年3月20日竣工交房。当日，张某付款84 670元，余款至今未付。该协议签订之前，A铁路公司曾因超出核准经营范围从事房地产开发经营活动和未经登记擅自发布户外广告，被当地工商行政管理部门予以行政处罚。A铁路公司以张某至今未付余款为由诉至一审法院，请求解除购房协议，后变更诉讼请求为确认购房协议无效。

[法院认为]

一审法院认为：购房协议系双方真实意思表示，但A铁路公司从订立协议至今一直未取得商品房预售许可证，购房协议依法应认定为无效。协议无效，双方均有过错，A铁路公司收取的购房款84 670元，应当返还给张某并赔偿张某因此所遭受的利息损失。

张某不服一审法院判决，提起上诉。

二审法院认为：A铁路公司违反国家关于经济适用住房管理的有关政策，对外销售集资合作建成的房屋，其行为损害社会公共利益，一审认定购房协

---

① 案例来源：载北大法宝，网址：http://www.pkulaw.cn/，最后访问时间：2017年7月1日。

议无效正确。

［裁判结果］

一审法院判决：（1）A铁路公司与张某签订的购房协议无效；（2）A铁路公司返还张某购房款84 670元及相应利息。

二审法院判决：驳回上诉，维持原判。

［裁判思路］

集资房是单位为解决本单位内部职工居住困难，而在单位已取得的国有划拨土地上建设的福利性或保障性住房。一般情况下，由单位进行补贴，个人出资购买，产权归本单位内部职工个人所有。

按照《经济适用住房管理办法》及《关于解决城市低收入家庭住房困难的若干意见》的有关规定，单位集资合作建房是经济适用住房的组成部分，其建设标准、优惠政策、供应对象、产权关系等均按照经济适用住房的有关规定严格执行。单位集资合作建房在优先满足本单位住房困难职工购买基础上房源仍有多余的，不得向非经济适用住房供应对象出售，而是由政府统一向符合经济适用住房购买条件的家庭出售或以成本价收购后用作廉租住房：

根据《合同法》第52条第（4）项的规定，损害社会公共利益的合同无效。社会公共利益通常包括公共秩序与公共道德，即公序良俗两个方面的内容：公共秩序主要包括社会政治秩序、经济秩序与生活秩序。单位集资合作建房属于《经济适用住房管理办法》及《关于解决城市低收入家庭住房困难的若干意见》所禁止对外公开出售的房产。因此，单位集资合作建房并出售给非经济适用住房供应对象，势必违反国家关于经济适用住房管理的有关政策性规定，破坏社会管理秩序。因此，合同应当依法被认定为无效。

［法律法规链接］

《合同法》第52条

《民事诉讼法》（2017年修正）第170条第1款第（1）项

附录　法律法规、司法解释等

中华人民共和国民法总则（节选）

1. 2017年3月15日中华人民共和国第十二届全国人民代表大会第五次会议通过
2. 2017年3月15日中华人民共和国主席令第66号公布
3. 2017年10月1日起施行

目　录

第一章　基本规定

第一条　为了保护民事主体的合法权益，调整民事关系，维护社会和经济秩序，适应中国特色社会主义发展要求，弘扬社会主义核心价值观，根据宪法，制定本法。

第二条 民法调整平等主体的自然人、法人和非法人组织之间的人身关系和财产关系。

第三条 民事主体的人身权利、财产权利以及其他合法权益受法律保护，任何组织或者个人不得侵犯。

第四条 民事主体在民事活动中的法律地位一律平等。

第五条 民事主体从事民事活动，应当遵循自愿原则，按照自己的意思设立、变更、终止民事法律关系。

第六条 民事主体从事民事活动，应当遵循公平原则，合理确定各方的权利和义务。

第七条 民事主体从事民事活动，应当遵循诚信原则，秉持诚实，恪守承诺。

第八条 民事主体从事民事活动，不得违反法律，不得违背公序良俗。

第十条 处理民事纠纷，应当依照法律；法律没有规定的，可以适用习惯，但是不得违背公序良俗。

第十二条 中华人民共和国领域内的民事活动，适用中华人民共和国法律。法律另有规定的，依照其规定。

第二章 自然人

第一节 民事权利能力和民事行为能力

第十三条 自然人从出生时起到死亡时止，具有民事权利能力，依法享有民事权利，承担民事义务。

第十四条 自然人的民事权利能力一律平等。

第十七条 十八周岁以上的自然人为成年人。不满十八周岁的自然人为未成年人。

第十八条 成年人为完全民事行为能力人，可以独立实施民事法律行为。

十六周岁以上的未成年人，以自己的劳动收入为主要生活来源的，视为完全民事行为能力人。

第十九条 八周岁以上的未成年人为限制民事行为能力人，实施民事法律行为由其法定代理人代理或者经其法定代理人同意、追认，但是可以独立实施纯获利益的民事法律行为或者与其年龄、智力相适应的民事法律行为。

第二十条 不满八周岁的未成年人为无民事行为能力人，由其法定代理人代理实施民事法律行为。

第二十一条 不能辨认自己行为的成年人为无民事行为能力人，由其法定代理人代理实施民事法律行为。

八周岁以上的未成年人不能辨认自己行为的，适用前款规定。

第二十二条 不能完全辨认自己行为的成年人为限制民事行为能力人，实施民事法律行为由其法定代理人代理或者经其法定代理人同意、追认，但是可以独立实施纯获利益的民事法律行为或者与其智力、精神健康状况相适应的民事法律行为。

第二十三条 无民事行为能力人、限制民事行为能力人的监护人是其法定代理人。

第二十四条　不能辨认或者不能完全辨认自己行为的成年人，其利害关系人或者有关组织，可以向人民法院申请认定该成年人为无民事行为能力人或者限制民事行为能力人。

被人民法院认定为无民事行为能力人或者限制民事行为能力人的，经本人、利害关系人或者有关组织申请，人民法院可以根据其智力、精神健康恢复的状况，认定该成年人恢复为限制民事行为能力人或者完全民事行为能力人。

本条规定的有关组织包括：居民委员会、村民委员会、学校、医疗机构、妇女联合会、残疾人联合会、依法设立的老年人组织、民政部门等。

第二十五条　自然人以户籍登记或者其他有效身份登记记载的居所为住所；经常居所与住所不一致的，经常居所视为住所。

第二节　监　护

第二十七条　父母是未成年子女的监护人。

未成年人的父母已经死亡或者没有监护能力的，由下列有监护能力的人按顺序担任监护人：

（一）祖父母、外祖父母；

（二）兄、姐；

（三）其他愿意担任监护人的个人或者组织，但是须经未成年人住所地的居民委员会、村民委员会或者民政部门同意。

第二十八条　无民事行为能力或者限制民事行为能力的成年人，由下列有监护能力的人按顺序担任监护人：

（一）配偶；

（二）父母、子女；

（三）其他近亲属；

（四）其他愿意担任监护人的个人或者组织，但是须经被监护人住所地的居民委员会、村民委员会或者民政部门同意。

第三十一条　对监护人的确定有争议的，由被监护人住所地的居民委员会、村民委员会或者民政部门指定监护人，有关当事人对指定不服的，可以向人民法院申请指定监护人；有关当事人也可以直接向人民法院申请指定监护人。

居民委员会、村民委员会、民政部门或者人民法院应当尊重被监护人的真实意愿，按照最有利于被监护人的原则在依法具有监护资格的人中指定监护人。

依照本条第一款规定指定监护人前，被监护人的人身权利、财产权利以及其他合法权益处于无人保护状态的，由被监护人住所地的居民委员会、村民委员会、法律规定的有关组织或者民政部门担任临时监护人。

监护人被指定后，不得擅自变更；擅自变更的，不免除被指定的监护人的责任。

第三十二条　没有依法具有监护资格的人的，监护人由民政部门担任，也可以由具备履行监护职责条件的被监护人住所地的居民委员会、村民委员会担任。

第三十四条　监护人的职责是代理被监护人实施民事法律行为，保护被监护人的人身权利、财产权利以及其他合法权益等。

监护人依法履行监护职责产生的权利，受法律保护。

监护人不履行监护职责或者侵害被监护人合法权益的，应当承担法律责任。

第三十五条 监护人应当按照最有利于被监护人的原则履行监护职责。监护人除为维护被监护人利益外，不得处分被监护人的财产。

未成年人的监护人履行监护职责，在作出与被监护人利益有关的决定时，应当根据被监护人的年龄和智力状况，尊重被监护人的真实意愿。

成年人的监护人履行监护职责，应当最大程度地尊重被监护人的真实意愿，保障并协助被监护人实施与其智力、精神健康状况相适应的民事法律行为。对被监护人有能力独立处理的事务，监护人不得干涉。

第三十六条 监护人有下列情形之一的，人民法院根据有关个人或者组织的申请，撤销其监护人资格，安排必要的临时监护措施，并按照最有利于被监护人的原则依法指定监护人：

（一）实施严重损害被监护人身心健康行为的；

（二）怠于履行监护职责，或者无法履行监护职责并且拒绝将监护职责部分或者全部委托给他人，导致被监护人处于危困状态的；

（三）实施严重侵害被监护人合法权益的其他行为的。

本条规定的有关个人和组织包括：其他依法具有监护资格的人，居民委员会、村民委员会、学校、医疗机构、妇女联合会、残疾人联合会、未成年人保护组织、依法设立的老年人组织、民政部门等。

前款规定的个人和民政部门以外的组织未及时向人民法院申请撤销监护人资格的，民政部门应当向人民法院申请。

第三节　宣告失踪和宣告死亡

第四十条 自然人下落不明满二年的，利害关系人可以向人民法院申请宣告该自然人为失踪人。

第四十一条 自然人下落不明的时间从其失去音讯之日起计算。战争期间下落不明的，下落不明的时间自战争结束之日或者有关机关确定的下落不明之日起计算。

第四十二条 失踪人的财产由其配偶、成年子女、父母或者其他愿意担任财产代管人的人代管。

代管有争议，没有前款规定的人，或者前款规定的人无代管能力的，由人民法院指定的人代管。

第四十三条 财产代管人应当妥善管理失踪人的财产，维护其财产权益。

失踪人所欠税款、债务和应付的其他费用，由财产代管人从失踪人的财产中支付。

财产代管人因故意或者重大过失造成失踪人财产损失的，应当承担赔偿责任。

第四十五条 失踪人重新出现，经本人或者利害关系人申请，人民法院应当撤销失踪宣告。

失踪人重新出现，有权要求财产代管人及时移交有关财产并报告财产代管情况。

第四十六条 自然人有下列情形之一的，利害关系人可以向人民法院申请宣告该自然人死亡：

（一）下落不明满四年；

（二）因意外事件，下落不明满二年。

因意外事件下落不明，经有关机关证明该自然人不可能生存的，申请宣告死亡不受二年时间的限制。

第四十九条 自然人被宣告死亡但是并未死亡的，不影响该自然人在被宣告死亡期间实施的民事法律行为的效力。

第五十条 被宣告死亡的人重新出现，经本人或者利害关系人申请，人民法院应当撤销死亡宣告。

第五十三条 被撤销死亡宣告的人有权请求依照继承法取得其财产的民事主体返还财产。无法返还的，应当给予适当补偿。

利害关系人隐瞒真实情况，致使他人被宣告死亡取得其财产的，除应当返还财产外，还应当对由此造成的损失承担赔偿责任。

第四节 个体工商户和农村承包经营户

第五十四条 自然人从事工商业经营，经依法登记，为个体工商户。个体工商户可以起字号。

第五十五条 农村集体经济组织的成员，依法取得农村土地承包经营权，从事家庭承包经营的，为农村承包经营户。

第五十六条 个体工商户的债务，个人经营的，以个人财产承担；家庭经营的，以家庭财产承担；无法区分的，以家庭财产承担。

农村承包经营户的债务，以从事农村土地承包经营的农户财产承担；事实上由农户部分成员经营的，以该部分成员的财产承担。

第三章 法 人

第一节 一般规定

第五十七条 法人是具有民事权利能力和民事行为能力，依法独立享有民事权利和承担民事义务的组织。

第五十八条 法人应当依法成立。

法人应当有自己的名称、组织机构、住所、财产或者经费。法人成立的具体条件和程序，依照法律、行政法规的规定。

设立法人，法律、行政法规规定须经有关机关批准的，依照其规定。

第五十九条 法人的民事权利能力和民事行为能力，从法人成立时产生，到法人终止时消灭。

第六十条 法人以其全部财产独立承担民事责任。

第六十一条 依照法律或者法人章程的规定，代表法人从事民事活动的负责人，为法人的法定代表人。

法定代表人以法人名义从事的民事活动，其法律后果由法人承受。

法人章程或者法人权力机构对法定代表人代表权的限制，不得对抗善意相对人。

第六十三条 法人以其主要办事机构所在地为住所。依法需要办理法人登记的，应当将主要办事机构所在地登记为住所。

第六十四条 法人存续期间登记事项发生变化的，应当依法向登记机关申请变更登记。

第六十七条 法人合并的，其权利和义务由合并后的法人享有和承担。

法人分立的，其权利和义务由分立后的法人享有连带债权，承担连带债务，但是债权人和债务人另有约定的除外。

第六十八条 有下列原因之一并依法完成清算、注销登记的，法人终止：

（一）法人解散；

（二）法人被宣告破产；

（三）法律规定的其他原因。

法人终止，法律、行政法规规定须经有关机关批准的，依照其规定。

第七十条 法人解散的，除合并或者分立的情形外，清算义务人应当及时组成清算组进行清算。

法人的董事、理事等执行机构或者决策机构的成员为清算义务人。法律、行政法规另有规定的，依照其规定。

清算义务人未及时履行清算义务，造成损害的，应当承担民事责任；主管机关或者利害关系人可以申请人民法院指定有关人员组成清算组进行清算。

第七十二条 清算期间法人存续，但是不得从事与清算无关的活动。

法人清算后的剩余财产，根据法人章程的规定或者法人权力机构的决议处理。法律另有规定的，依照其规定。

清算结束并完成法人注销登记时，法人终止；依法不需要办理法人登记的，清算结束时，法人终止。

第三节 非营利法人

第八十八条 具备法人条件，为适应经济社会发展需要，提供公益服务设立的事业单位，经依法登记成立，取得事业单位法人资格；依法不需要办理法人登记的，从成立之日起，具有事业单位法人资格。

第九十条 具备法人条件，基于会员共同意愿，为公益目的或者会员共同利益等非营利目的设立的社会团体，经依法登记成立，取得社会团体法人资格；依法不需要办理法人登记的，从成立之日起，具有社会团体法人资格。

第四节 特别法人

第九十七条 有独立经费的机关和承担行政职能的法定机构从成立之日起，具有机关法人资格，可以从事为履行职能所需要的民事活动。

第四章 非法人组织

第一百零八条 非法人组织除适用本章规定外，参照适用本法第三章第一节的有关规定。

第五章 民事权利

第一百零九条 自然人的人身自由、人格尊严受法律保护。

第一百一十条　自然人享有生命权、身体权、健康权、姓名权、肖像权、名誉权、荣誉权、隐私权、婚姻自主权等权利。

法人、非法人组织享有名称权、名誉权、荣誉权等权利。

第一百一十八条　民事主体依法享有债权。

债权是因合同、侵权行为、无因管理、不当得利以及法律的其他规定，权利人请求特定义务人为或者不为一定行为的权利。

第一百一十九条　依法成立的合同，对当事人具有法律约束力。

第一百二十条　民事权益受到侵害的，被侵权人有权请求侵权人承担侵权责任。

第一百二十一条　没有法定的或者约定的义务，为避免他人利益受损失而进行管理的人，有权请求受益人偿还由此支出的必要费用。

第一百二十二条　因他人没有法律根据，取得不当利益，受损失的人有权请求其返还不当利益。

第一百二十三条　民事主体依法享有知识产权。

知识产权是权利人依法就下列客体享有的专有的权利：

（一）作品；

（二）发明、实用新型、外观设计；

（三）商标；

（四）地理标志；

（五）商业秘密；

（六）集成电路布图设计；

（七）植物新品种；

（八）法律规定的其他客体。

第一百二十四条　自然人依法享有继承权。

自然人合法的私有财产，可以依法继承。

第一百二十八条　法律对未成年人、老年人、残疾人、妇女、消费者等的民事权利保护有特别规定的，依照其规定。

第七章　代　理

第一节　一般规定

第一百六十一条　民事主体可以通过代理人实施民事法律行为。

依照法律规定、当事人约定或者民事法律行为的性质，应当由本人亲自实施的民事法律行为，不得代理。

第一百六十二条　代理人在代理权限内，以被代理人名义实施的民事法律行为，对被代理人发生效力。

第一百六十三条　代理包括委托代理和法定代理。

委托代理人按照被代理人的委托行使代理权。法定代理人依照法律的规定行使代理权。

第一百六十四条　代理人不履行或者不完全履行职责，造成被代理人损害的，应当承担民事责任。

代理人和相对人恶意串通，损害被代理人合法权益的，代理人和相对人应当承担连带责任。

第二节　委托代理

第一百六十五条　委托代理授权采用书面形式的，授权委托书应当载明代理人的姓名或者名称、代理事项、权限和期间，并由被代理人签名或者盖章。

第一百六十七条　代理人知道或者应当知道代理事项违法仍然实施代理行为，或者被代理人知道或者应当知道代理人的代理行为违法未作反对表示的，被代理人和代理人应当承担连带责任。

第一百六十九条　代理人需要转委托第三人代理的，应当取得被代理人的同意或者追认。

转委托代理经被代理人同意或者追认的，被代理人可以就代理事务直接指示转委托的第三人，代理人仅就第三人的选任以及对第三人的指示承担责任。

转委托代理未经被代理人同意或者追认的，代理人应当对转委托的第三人的行为承担责任，但是在紧急情况下代理人为了维护被代理人的利益需要转委托第三人代理的除外。

第一百七十条　执行法人或者非法人组织工作任务的人员，就其职权范围内的事项，以法人或者非法人组织的名义实施民事法律行为，对法人或者非法人组织发生效力。

法人或者非法人组织对执行其工作任务的人员职权范围的限制，不得对抗善意相对人。

第一百七十一条　行为人没有代理权、超越代理权或者代理权终止后，仍然实施代理行为，未经被代理人追认的，对被代理人不发生效力。

相对人可以催告被代理人自收到通知之日起一个月内予以追认。被代理人未作表示的，视为拒绝追认。行为人实施的行为被追认前，善意相对人有撤销的权利。撤销应当以通知的方式作出。

行为人实施的行为未被追认的，善意相对人有权请求行为人履行债务或者就其受到的损害请求行为人赔偿，但是赔偿的范围不得超过被代理人追认时相对人所能获得的利益。

相对人知道或者应当知道行为人无权代理的，相对人和行为人按照各自的过错承担责任。

第三节　代理终止

第一百七十三条　有下列情形之一的，委托代理终止：

（一）代理期间届满或者代理事务完成；

（二）被代理人取消委托或者代理人辞去委托；

（三）代理人丧失民事行为能力；

（四）代理人或者被代理人死亡；

（五）作为代理人或者被代理人的法人、非法人组织终止。

第一百七十五条　有下列情形之一的，法定代理终止：

（一）被代理人取得或者恢复完全民事行为能力；

（二）代理人丧失民事行为能力；

（三）代理人或者被代理人死亡；

（四）法律规定的其他情形。

第九章　诉讼时效

第一百八十八条　向人民法院请求保护民事权利的诉讼时效期间为三年。法律另有规定的，依照其规定。

诉讼时效期间自权利人知道或者应当知道权利受到损害以及义务人之日起计算。法律另有规定的，依照其规定。但是自权利受到损害之日起超过二十年的，人民法院不予保护；有特殊情况的，人民法院可以根据权利人的申请决定延长。

第一百九十二条　诉讼时效期间届满的，义务人可以提出不履行义务的抗辩。

诉讼时效期间届满后，义务人同意履行的，不得以诉讼时效期间届满为由抗辩；义务人已自愿履行的，不得请求返还。

第一百九十四条　在诉讼时效期间的最后六个月内，因下列障碍，不能行使请求权的，诉讼时效中止：

（一）不可抗力；

（二）无民事行为能力人或者限制民事行为能力人没有法定代理人，或者法定代理人死亡、丧失民事行为能力、丧失代理权；

（三）继承开始后未确定继承人或者遗产管理人；

（四）权利人被义务人或者其他人控制；

（五）其他导致权利人不能行使请求权的障碍。

自中止时效的原因消除之日起满六个月，诉讼时效期间届满。

第一百九十五条　有下列情形之一的，诉讼时效中断，从中断、有关程序终结时起，诉讼时效期间重新计算：

（一）权利人向义务人提出履行请求；

（二）义务人同意履行义务；

（三）权利人提起诉讼或者申请仲裁；

（四）与提起诉讼或者申请仲裁具有同等效力的其他情形。

第十章　期间计算

第二百条　民法所称的期间按照公历年、月、日、小时计算。

第二百零一条　按照年、月、日计算期间的，开始的当日不计入，自下一日开始计算。

按照小时计算期间的，自法律规定或者当事人约定的时间开始计算。

第二百零三条　期间的最后一日是法定休假日的，以法定休假日结束的次日为期间的最后一日。

期间的最后一日的截止时间为二十四时；有业务时间的，停止业务活动的时间为截止时间。

第十一章　附　则

第二百零五条　民法所称的“以上”“以下”“以内”“届满”，包括本数；所称的“不满”“超过”“以外”，不包括本数。

第二百零六条　本法自2017年10月1日起施行。

中华人民共和国合同法（节选）

1. 1999年3月15日第九届全国人民代表大会第二次会议通过
2. 1999年3月15日中华人民共和国主席令第十五号公布
3. 1999年10月1日起施行

总　则

第一章　一般规定

第一条　为了保护合同当事人的合法权益，维护社会经济秩序，促进社会主义现代化建设，制定本法。

第二条　本法所称合同是平等主体的自然人、法人、其他组织之间设立、变更、终止民事权利义务关系的协议。

婚姻、收养、监护等有关身份关系的协议，适用其他法律的规定。

第三条　合同当事人的法律地位平等，一方不得将自己的意志强加给另一方。

第四条　当事人依法享有自愿订立合同的权利，任何单位和个人不得非法干预。

第五条　当事人应当遵循公平原则确定各方的权利和义务。

第六条　当事人行使权利、履行义务应当遵循诚实信用原则。

第七条　当事人订立、履行合同，应当遵守法律、行政法规，尊重社会公德，不得扰乱社会经济秩序，损害社会公共利益。

第八条　依法成立的合同，对当事人具有法律约束力。当事人应当按照约定履行自己的义务，不得擅自变更或者解除合同。

依法成立的合同，受法律保护。

第二章　合同的订立

第九条　当事人订立合同，应当具有相应的民事权利能力和民事行为能力。

当事人依法可以委托代理人订立合同。

第十条　当事人订立合同，有书面形式、口头形式和其他形式。

法律、行政法规规定采用书面形式的，应当采用书面形式。当事人约定采用书面形式的，应当采用书面形式。

第十一条　书面形式是指合同书、信件和数据电文（包括电报、电传、传真、电子数据交换和电子邮件）等可以有形地表现所载内容的形式。

第十二条　合同的内容由当事人约定，一般包括以下条款：

（一）当事人的名称或者姓名和住所；

（二）标的；

（三）数量；

（四）质量；

（五）价款或者报酬；

（六）履行期限、地点和方式；

（七）违约责任；

（八）解决争议的方法。

当事人可以参照各类合同的示范文本订立合同。

第十三条　当事人订立合同，采取要约、承诺方式。

第十四条　要约是希望和他人订立合同的意思表示，该意思表示应当符合下列规定：

（一）内容具体确定；

（二）表明经受要约人承诺，要约人即受该意思表示约束。

第十五条　要约邀请是希望他人向自己发出要约的意思表示。寄送的价目表、拍卖公告、招标公告、招股说明书、商业广告等为要约邀请。

商业广告的内容符合要约规定的，视为要约。

第十六条　要约到达受要约人时生效。

采用数据电文形式订立合同，收件人指定特定系统接收数据电文的，该数据电文进入该特定系统的时间，视为到达时间；未指定特定系统的，该数据电文进入收件人的任何系统的首次时间，视为到达时间。

第十七条　要约可以撤回。撤回要约的通知应当在要约到达受要约人之前或者与要约同时到达受要约人。

第十八条　要约可以撤销。撤销要约的通知应当在受要约人发出承诺通知之前到达受要约人。

第十九条　有下列情形之一的，要约不得撤销：

（一）要约人确定了承诺期限或者以其他形式明示要约不可撤销；

（二）受要约人有理由认为要约是不可撤销的，并已经为履行合同作了准备工作。

第二十条　有下列情形之一的，要约失效：

（一）拒绝要约的通知到达要约人；

（二）要约人依法撤销要约；

（三）承诺期限届满，受要约人未作出承诺；

（四）受要约人对要约的内容作出实质性变更。

第二十一条　承诺是受要约人同意要约的意思表示。

第二十二条　承诺应当以通知的方式作出，但根据交易习惯或者要约表明可以通过行为作出承诺的除外。

第二十三条　承诺应当在要约确定的期限内到达要约人。

要约没有确定承诺期限的，承诺应当依照下列规定到达：

（一）要约以对话方式作出的，应当即时作出承诺，但当事人另有约定的除外；

（二）要约以非对话方式作出的，承诺应当在合理期限内到达。

第二十四条 要约以信件或者电报作出的，承诺期限自信件载明的日期或者电报交发之日开始计算。信件未载明日期的，自投寄该信件的邮戳日期开始计算。要约以电话、传真等快速通讯方式作出的，承诺期限自要约到达受要约人时开始计算。

第二十五条 承诺生效时合同成立。

第二十六条 承诺通知到达要约人时生效。承诺不需要通知的，根据交易习惯或者要约的要求作出承诺的行为时生效。

采用数据电文形式订立合同的，承诺到达的时间适用本法第十六条第二款的规定。

第二十七条 承诺可以撤回。撤回承诺的通知应当在承诺通知到达要约人之前或者与承诺通知同时到达要约人。

第二十八条 受要约人超过承诺期限发出承诺的，除要约人及时通知受要约人该承诺有效的以外，为新要约。

第二十九条 受要约人在承诺期限内发出承诺，按照通常情形能够及时到达要约人，但因其他原因承诺到达要约人时超过承诺期限的，除要约人及时通知受要约人因承诺超过期限不接受该承诺的以外，该承诺有效。

第三十条 承诺的内容应当与要约的内容一致。受要约人对要约的内容作出实质性变更的，为新要约。有关合同标的、数量、质量、价款或者报酬、履行期限、履行地点和方式、违约责任和解决争议方法等的变更，是对要约内容的实质性变更。

第三十一条 承诺对要约的内容作出非实质性变更的，除要约人及时表示反对或者要约表明承诺不得对要约的内容作出任何变更的以外，该承诺有效，合同的内容以承诺的内容为准。

第三十二条 当事人采用合同书形式订立合同的，自双方当事人签字或者盖章时合同成立。

第三十三条 当事人采用信件、数据电文等形式订立合同的，可以在合同成立之前要求签订确认书。签订确认书时合同成立。

第三十四条 承诺生效的地点为合同成立的地点。

采用数据电文形式订立合同的，收件人的主营业地为合同成立的地点；没有主营业地的，其经常居住地为合同成立的地点。当事人另有约定的，按照其约定。

第三十五条 当事人采用合同书形式订立合同的，双方当事人签字或者盖章的地点为合同成立的地点。

第三十六条 法律、行政法规规定或者当事人约定采用书面形式订立合同，当事人未采用书面形式但一方已经履行主要义务，对方接受的，该合同成立。

第三十七条 采用合同书形式订立合同，在签字或者盖章之前，当事人一方已经履行主要义务，对方接受的，该合同成立。

第三十八条 国家根据需要下达指令性任务或者国家订货任务的，有关法人、其他组织之间应当依照有关法律、行政法规规定的权利和义务订立合同。

第三十九条 采用格式条款订立合同的，提供格式条款的一方应当遵循公平原则确定当事人之间的权利和义务，并采取合理的方式提请对方注意免除或者限制其责任的条款，按照对方的要求，对该条款予以说明。

格式条款是当事人为了重复使用而预先拟定，并在订立合同时未与对方协商的条款。

第四十条　格式条款具有本法第五十二条和第五十三条规定情形的，或者提供格式条款一方免除其责任、加重对方责任、排除对方主要权利的，该条款无效。

第四十一条　对格式条款的理解发生争议的，应当按照通常理解予以解释。对格式条款有两种以上解释的，应当作出不利于提供格式条款一方的解释。格式条款和非格式条款不一致的，应当采用非格式条款。

第四十二条　当事人在订立合同过程中有下列情形之一，给对方造成损失的，应当承担损害赔偿责任：

（一）假借订立合同，恶意进行磋商；

（二）故意隐瞒与订立合同有关的重要事实或者提供虚假情况；

（三）有其他违背诚实信用原则的行为。

第四十三条　当事人在订立合同过程中知悉的商业秘密，无论合同是否成立，不得泄露或者不正当地使用。泄露或者不正当地使用该商业秘密给对方造成损失的，应当承担损害赔偿责任。

第三章　合同的效力

第四十四条　依法成立的合同，自成立时生效。

法律、行政法规规定应当办理批准、登记等手续生效的，依照其规定。

第四十五条　当事人对合同的效力可以约定附条件。附生效条件的合同，自条件成就时生效。附解除条件的合同，自条件成就时失效。

当事人为自己的利益不正当地阻止条件成就的，视为条件已成就；不正当地促成条件成就的，视为条件不成就。

第四十六条　当事人对合同的效力可以约定附期限。附生效期限的合同，自期限届至时生效。附终止期限的合同，自期限届满时失效。

第四十七条　限制民事行为能力人订立的合同，经法定代理人追认后，该合同有效，但纯获利益的合同或者与其年龄、智力、精神健康状况相适应而订立的合同，不必经法定代理人追认。

相对人可以催告法定代理人在一个月内予以追认。法定代理人未作表示的，视为拒绝追认。合同被追认之前，善意相对人有撤销的权利。撤销应当以通知的方式作出。

第四十八条　行为人没有代理权、超越代理权或者代理权终止后以被代理人名义订立的合同，未经被代理人追认，对被代理人不发生效力，由行为人承担责任。

相对人可以催告被代理人在一个月内予以追认。被代理人未作表示的，视为拒绝追认。合同被追认之前，善意相对人有撤销的权利。撤销应当以通知的方式作出。

第四十九条　行为人没有代理权、超越代理权或者代理权终止后以被代理人名义订立合同，相对人有理由相信行为人有代理权的，该代理行为有效。

第五十条 法人或者其他组织的法定代表人、负责人超越权限订立的合同，除相对人知道或者应当知道其超越权限的以外，该代表行为有效。

第五十一条 无处分权的人处分他人财产，经权利人追认或者无处分权的人订立合同后取得处分权的，该合同有效。

第五十二条 有下列情形之一的，合同无效：

（一）一方以欺诈、胁迫的手段订立合同，损害国家利益；

（二）恶意串通，损害国家、集体或者第三人利益；

（三）以合法形式掩盖非法目的；

（四）损害社会公共利益；

（五）违反法律、行政法规的强制性规定。

第五十三条 合同中的下列免责条款无效：

（一）造成对方人身伤害的；

（二）因故意或者重大过失造成对方财产损失的。

第五十四条 下列合同，当事人一方有权请求人民法院或者仲裁机构变更或者撤销：

（一）因重大误解订立的；

（二）在订立合同时显失公平的。

一方以欺诈、胁迫的手段或者乘人之危，使对方在违背真实意思的情况下订立的合同，受损害方有权请求人民法院或者仲裁机构变更或者撤销。

当事人请求变更的，人民法院或者仲裁机构不得撤销。

第五十五条 有下列情形之一的，撤销权消灭：

（一）具有撤销权的当事人自知道或者应当知道撤销事由之日起一年内没有行使撤销权；

（二）具有撤销权的当事人知道撤销事由后明确表示或者以自己的行为放弃撤销权。

第五十六条 无效的合同或者被撤销的合同自始没有法律约束力。合同部分无效，不影响其他部分效力的，其他部分仍然有效。

第五十七条 合同无效、被撤销或者终止的，不影响合同中独立存在的有关解决争议方法的条款的效力。

第五十八条 合同无效或者被撤销后，因该合同取得的财产，应当予以返还；不能返还或者没有必要返还的，应当折价补偿。有过错的一方应当赔偿对方因此所受到的损失，双方都有过错的，应当各自承担相应的责任。

第五十九条 当事人恶意串通，损害国家、集体或者第三人利益的，因此取得的财产收归国家所有或者返还集体、第三人。

第四章 合同的履行

第六十条 当事人应当按照约定全面履行自己的义务。

当事人应当遵循诚实信用原则，根据合同的性质、目的和交易习惯履行通知、协助、保密等义务。

第六十一条 合同生效后，当事人就质量、价款或者报酬、履行地点等内容没有约定或者约定不明确的，可以协议补充；不能达成补充协议的，按照合同有关条款或者交易习惯确定。

第六十二条 当事人就有关合同内容约定不明确，依照本法第六十一条的规定仍不能确定的，适用下列规定：

（一）质量要求不明确的，按照国家标准、行业标准履行；没有国家标准、行业标准的，按照通常标准或者符合合同目的的特定标准履行。

（二）价款或者报酬不明确的，按照订立合同时履行地的市场价格履行；依法应当执行政府定价或者政府指导价的，按照规定履行。

（三）履行地点不明确，给付货币的，在接受货币一方所在地履行；交付不动产的，在不动产所在地履行；其他标的，在履行义务一方所在地履行。

（四）履行期限不明确的，债务人可以随时履行，债权人也可以随时要求履行，但应当给对方必要的准备时间。

（五）履行方式不明确的，按照有利于实现合同目的的方式履行。

（六）履行费用的负担不明确的，由履行义务一方负担。

第六十三条 执行政府定价或者政府指导价的，在合同约定的交付期限内政府价格调整时，按照交付时的价格计价。逾期交付标的物的，遇价格上涨时，按照原价格执行；价格下降时，按照新价格执行。逾期提取标的物或者逾期付款的，遇价格上涨时，按照新价格执行；价格下降时，按照原价格执行。

第六十四条 当事人约定由债务人向第三人履行债务的，债务人未向第三人履行债务或者履行债务不符合约定，应当向债权人承担违约责任。

第六十五条 当事人约定由第三人向债权人履行债务的，第三人不履行债务或者履行债务不符合约定，债务人应当向债权人承担违约责任。

第六十六条 当事人互负债务，没有先后履行顺序的，应当同时履行。一方在对方履行之前有权拒绝其履行要求。一方在对方履行债务不符合约定时，有权拒绝其相应的履行要求。

第六十七条 当事人互负债务，有先后履行顺序，先履行一方未履行的，后履行一方有权拒绝其履行要求。先履行一方履行债务不符合约定的，后履行一方有权拒绝其相应的履行要求。

第六十八条 应当先履行债务的当事人，有确切证据证明对方有下列情形之一的，可以中止履行：

（一）经营状况严重恶化；

（二）转移财产、抽逃资金，以逃避债务；

（三）丧失商业信誉；

（四）有丧失或者可能丧失履行债务能力的其他情形。

当事人没有确切证据中止履行的，应当承担违约责任。

第六十九条 当事人依照本法第六十八条的规定中止履行的，应当及时通知对方。对方提供适当担保时，应当恢复履行。中止履行后，对方在合理期限内未恢复履行能力并且未提供适当担保的，中止履行的一方可以解除合同。

第七十条 债权人分立、合并或者变更住所没有通知债务人，致使履行债务发生困难的，债务人可以中止履行或者将标的物提存。

第七十一条 债权人可以拒绝债务人提前履行债务，但提前履行不损害债权人利益的除外。

债务人提前履行债务给债权人增加的费用，由债务人负担。

第七十二条 债权人可以拒绝债务人部分履行债务，但部分履行不损害债权人利益的除外。

债务人部分履行债务给债权人增加的费用，由债务人负担。

第七十三条 因债务人怠于行使其到期债权，对债权人造成损害的，债权人可以向人民法院请求以自己的名义代位行使债务人的债权，但该债权专属于债务人自身的除外。

代位权的行使范围以债权人的债权为限。债权人行使代位权的必要费用，由债务人负担。

第七十四条 因债务人放弃其到期债权或者无偿转让财产，对债权人造成损害的，债权人可以请求人民法院撤销债务人的行为。债务人以明显不合理的低价转让财产，对债权人造成损害，并且受让人知道该情形的，债权人也可以请求人民法院撤销债务人的行为。

撤销权的行使范围以债权人的债权为限。债权人行使撤销权的必要费用，由债务人负担。

第七十五条 撤销权自债权人知道或者应当知道撤销事由之日起一年内行使。自债务人的行为发生之日起五年内没有行使撤销权的，该撤销权消灭。

第七十六条 合同生效后，当事人不得因姓名、名称的变更或者法定代表人、负责人、承办人的变动而不履行合同义务。

第五章 合同的变更和转让

第七十七条 当事人协商一致，可以变更合同。

法律、行政法规规定变更合同应当办理批准、登记等手续的，依照其规定。

第七十八条 当事人对合同变更的内容约定不明确的，推定为未变更。

第七十九条 债权人可以将合同的权利全部或者部分转让给第三人，但有下列情形之一的除外：

（一）根据合同性质不得转让；

（二）按照当事人约定不得转让；

（三）依照法律规定不得转让。

第八十条 债权人转让权利的，应当通知债务人。未经通知，该转让对债务人不发生效力。

债权人转让权利的通知不得撤销，但经受让人同意的除外。

第八十一条 债权人转让权利的，受让人取得与债权有关的从权利，但该从权利专属于债权人自身的除外。

第八十二条　债务人接到债权转让通知后，债务人对让与人的抗辩，可以向受让人主张。

第八十三条　债务人接到债权转让通知时，债务人对让与人享有债权，并且债务人的债权先于转让的债权到期或者同时到期的，债务人可以向受让人主张抵销。

第八十四条　债务人将合同的义务全部或者部分转移给第三人的，应当经债权人同意。

第八十五条　债务人转移义务的，新债务人可以主张原债务人对债权人的抗辩。

第八十六条　债务人转移义务的，新债务人应当承担与主债务有关的从债务，但该从债务专属于原债务人自身的除外。

第八十七条　法律、行政法规规定转让权利或者转移义务应当办理批准、登记等手续的，依照其规定。

第八十八条　当事人一方经对方同意，可以将自己在合同中的权利和义务一并转让给第三人。

第八十九条　权利和义务一并转让的，适用本法第七十九条、第八十一条至第八十三条、第八十五条至第八十七条的规定。

第九十条　当事人订立合同后合并的，由合并后的法人或者其他组织行使合同权利，履行合同义务。当事人订立合同后分立的，除债权人和债务人另有约定的以外，由分立的法人或者其他组织对合同的权利和义务享有连带债权，承担连带债务。

第六章　合同的权利义务终止

第九十一条　有下列情形之一的，合同的权利义务终止：

（一）债务已经按照约定履行；

（二）合同解除；

（三）债务相互抵销；

（四）债务人依法将标的物提存；

（五）债权人免除债务；

（六）债权债务同归于一人；

（七）法律规定或者当事人约定终止的其他情形。

第九十二条　合同的权利义务终止后，当事人应当遵循诚实信用原则，根据交易习惯履行通知、协助、保密等义务。

第九十三条　当事人协商一致，可以解除合同。

当事人可以约定一方解除合同的条件。解除合同的条件成就时，解除权人可以解除合同。

第九十四条　有下列情形之一的，当事人可以解除合同：

（一）因不可抗力致使不能实现合同目的；

（二）在履行期限届满之前，当事人一方明确表示或者以自己的行为表明不履行主要债务；

（三）当事人一方迟延履行主要债务，经催告后在合理期限内仍未履行；

（四）当事人一方迟延履行债务或者有其他违约行为致使不能实现合同目的；

（五）法律规定的其他情形。

第九十五条 法律规定或者当事人约定解除权行使期限，期限届满当事人不行使的，该权利消灭。

法律没有规定或者当事人没有约定解除权行使期限，经对方催告后在合理期限内不行使的，该权利消灭。

第九十六条 当事人一方依照本法第九十三条第二款、第九十四条的规定主张解除合同的，应当通知对方。合同自通知到达对方时解除。对方有异议的，可以请求人民法院或者仲裁机构确认解除合同的效力。

法律、行政法规规定解除合同应当办理批准、登记等手续的，依照其规定。

第九十七条 合同解除后，尚未履行的，终止履行；已经履行的，根据履行情况和合同性质，当事人可以要求恢复原状、采取其他补救措施，并有权要求赔偿损失。

第九十八条 合同的权利义务终止，不影响合同中结算和清理条款的效力。

第九十九条 当事人互负到期债务，该债务的标的物种类、品质相同的，任何一方可以将自己的债务与对方的债务抵销，但依照法律规定或者按照合同性质不得抵销的除外。

当事人主张抵销的，应当通知对方。通知自到达对方时生效。抵销不得附条件或者附期限。

第一百条 当事人互负债务，标的物种类、品质不相同的，经双方协商一致，也可以抵销。

第一百零一条 有下列情形之一，难以履行债务的，债务人可以将标的物提存：

（一）债权人无正当理由拒绝受领；

（二）债权人下落不明；

（三）债权人死亡未确定继承人或者丧失民事行为能力未确定监护人；

（四）法律规定的其他情形。

标的物不适于提存或者提存费用过高的，债务人依法可以拍卖或者变卖标的物，提存所得的价款。

第一百零二条 标的物提存后，除债权人下落不明的以外，债务人应当及时通知债权人或者债权人的继承人、监护人。

第一百零三条 标的物提存后，毁损、灭失的风险由债权人承担。提存期间，标的物的孳息归债权人所有。提存费用由债权人负担。

第一百零四条 债权人可以随时领取提存物，但债权人对债务人负有到期债务的，在债权人未履行债务或者提供担保之前，提存部门根据债务人的要求应当拒绝其领取提存物。

债权人领取提存物的权利，自提存之日起五年内不行使而消灭，提存物扣除提存费用后归国家所有。

第一百零五条 债权人免除债务人部分或者全部债务的，合同的权利义务部分或者全部终止。

第一百零六条 债权和债务同归于一人的，合同的权利义务终止，但涉及第三人利益的除外。

第七章 违约责任

第一百零七条 当事人一方不履行合同义务或者履行合同义务不符合约定的，应当承担继续履行、采取补救措施或者赔偿损失等违约责任。

第一百零八条 当事人一方明确表示或者以自己的行为表明不履行合同义务的，对方可以在履行期限届满之前要求其承担违约责任。

第一百零九条 当事人一方未支付价款或者报酬的，对方可以要求其支付价款或者报酬。

第一百一十条 当事人一方不履行非金钱债务或者履行非金钱债务不符合约定的，对方可以要求履行，但有下列情形之一的除外：

（一）法律上或者事实上不能履行；

（二）债务的标的不适于强制履行或者履行费用过高；

（三）债权人在合理期限内未要求履行。

第一百一十一条 质量不符合约定的，应当按照当事人的约定承担违约责任。对违约责任没有约定或者约定不明确，依照本法第六十一条的规定仍不能确定的，受损害方根据标的的性质以及损失的大小，可以合理选择要求对方承担修理、更换、重作、退货、减少价款或者报酬等违约责任。

第一百一十二条 当事人一方不履行合同义务或者履行合同义务不符合约定的，在履行义务或者采取补救措施后，对方还有其他损失的，应当赔偿损失。

第一百一十三条 当事人一方不履行合同义务或者履行合同义务不符合约定，给对方造成损失的，损失赔偿额应当相当于因违约所造成的损失，包括合同履行后可以获得的利益，但不得超过违反合同一方订立合同时预见到或者应当预见到的因违反合同可能造成的损失。

经营者对消费者提供商品或者服务有欺诈行为的，依照《中华人民共和国消费者权益保护法》的规定承担损害赔偿责任。

第一百一十四条 当事人可以约定一方违约时应当根据违约情况向对方支付一定数额的违约金，也可以约定因违约产生的损失赔偿额的计算方法。

约定的违约金低于造成的损失的，当事人可以请求人民法院或者仲裁机构予以增加；约定的违约金过分高于造成的损失的，当事人可以请求人民法院或者仲裁机构予以适当减少。

当事人就迟延履行约定违约金的，违约方支付违约金后，还应当履行债务。

第一百一十五条 当事人可以依照《中华人民共和国担保法》约定一方向对方给付定金作为债权的担保。债务人履行债务后，定金应当抵作价款或者收回。给付定金的一方不履行约定的债务的，无权要求返还定金；收受定金的一方不履行约定的债务的，应当双倍返还定金。

第一百一十六条 当事人既约定违约金，又约定定金的，一方违约时，对方可以选择适用违约金或者定金条款。

第一百一十七条 因不可抗力不能履行合同的，根据不可抗力的影响，部分或者全部免除责任，但法律另有规定的除外。当事人迟延履行后发生不可抗力的，不能免除责任。

本法所称不可抗力，是指不能预见、不能避免并不能克服的客观情况。

第一百一十八条 当事人一方因不可抗力不能履行合同的，应当及时通知对方，以减轻可能给对方造成的损失，并应当在合理期限内提供证明。

第一百一十九条 当事人一方违约后，对方应当采取适当措施防止损失的扩大；没有采取适当措施致使损失扩大的，不得就扩大的损失要求赔偿。

当事人因防止损失扩大而支出的合理费用，由违约方承担。

第一百二十条 当事人双方都违反合同的，应当各自承担相应的责任。

第一百二十一条 当事人一方因第三人的原因造成违约的，应当向对方承担违约责任。当事人一方和第三人之间的纠纷，依照法律规定或者按照约定解决。

第一百二十二条 因当事人一方的违约行为，侵害对方人身、财产权益的，受损害方有权选择依照本法要求其承担违约责任或者依照其他法律要求其承担侵权责任。

第八章 其他规定

第一百二十三条 其他法律对合同另有规定的，依照其规定。

第一百二十四条 本法分则或者其他法律没有明文规定的合同，适用本法总则的规定，并可以参照本法分则或者其他法律最相类似的规定。

第一百二十五条 当事人对合同条款的理解有争议的，应当按照合同所使用的词句、合同的有关条款、合同的目的、交易习惯以及诚实信用原则，确定该条款的真实意思。

合同文本采用两种以上文字订立并约定具有同等效力的，对各文本使用的词句推定具有相同含义。各文本使用的词句不一致的，应当根据合同的目的予以解释。

第一百二十六条 涉外合同的当事人可以选择处理合同争议所适用的法律，但法律另有规定的除外。涉外合同的当事人没有选择的，适用与合同有最密切联系的国家的法律。

在中华人民共和国境内履行的中外合资经营企业合同、中外合作经营企业合同、中外合作勘探开发自然资源合同，适用中华人民共和国法律。

第一百二十七条 工商行政管理部门和其他有关行政主管部门在各自的职权范围内，依照法律、行政法规的规定，对利用合同危害国家利益、社会公共利益的违法行为，负责监督处理；构成犯罪的，依法追究刑事责任。

第一百二十八条 当事人可以通过和解或者调解解决合同争议。

当事人不愿和解、调解或者和解、调解不成的，可以根据仲裁协议向仲裁机构申请仲裁。涉外合同的当事人可以根据仲裁协议向中国仲裁机构或者其他仲裁机构申请仲裁。当事人没有订立仲裁协议或者仲裁协议无效的，可以向人民法院起诉。当事人应当履行发生法律效力的判决、仲裁裁决、调解书；拒不履行的，对方可以请求人民法院执行。

第一百二十九条 因国际货物买卖合同和技术进出口合同争议提起诉讼或者申请仲裁的期限为四年，自当事人知道或者应当知道其权利受到侵害之日起计算。因其他合同争议提起诉讼或者申请仲裁的期限，依照有关法律的规定。

分　则

第九章　买卖合同

第一百三十条　买卖合同是出卖人转移标的物的所有权于买受人，买受人支付价款的合同。

第一百三十一条　买卖合同的内容除依照本法第十二条的规定以外，还可以包括包装方式、检验标准和方法、结算方式、合同使用的文字及其效力等条款。

第一百三十二条　出卖的标的物，应当属于出卖人所有或者出卖人有权处分。

法律、行政法规禁止或者限制转让的标的物，依照其规定。

第一百三十三条　标的物的所有权自标的物交付时起转移，但法律另有规定或者当事人另有约定的除外。

第一百三十四条　当事人可以在买卖合同中约定买受人未履行支付价款或者其他义务的，标的物的所有权属于出卖人。

第一百三十五条　出卖人应当履行向买受人交付标的物或者交付提取标的物的单证，并转移标的物所有权的义务。

第一百三十六条　出卖人应当按照约定或者交易习惯向买受人交付提取标的物单证以外的有关单证和资料。

第一百三十七条　出卖具有知识产权的计算机软件等标的物的，除法律另有规定或者当事人另有约定的以外，该标的物的知识产权不属于买受人。

第一百三十八条　出卖人应当按照约定的期限交付标的物。约定交付期间的，出卖人可以在该交付期间内的任何时间交付。

第一百三十九条　当事人没有约定标的物的交付期限或者约定不明确的，适用本法第六十一条、第六十二条第四项的规定。

第一百四十条　标的物在订立合同之前已为买受人占有的，合同生效的时间为交付时间。

第一百四十一条　出卖人应当按照约定的地点交付标的物。

当事人没有约定交付地点或者约定不明确，依照本法第六十一条的规定仍不能确定的，适用下列规定：

（一）标的物需要运输的，出卖人应当将标的物交付给第一承运人以运交给买受人；

（二）标的物不需要运输，出卖人和买受人订立合同时知道标的物在某一地点的，出卖人应当在该地点交付标的物；不知道标的物在某一地点的，应当在出卖人订立合同时的营业地交付标的物。

第一百四十二条　标的物毁损、灭失的风险，在标的物交付之前由出卖人承担，交付之后由买受人承担，但法律另有规定或者当事人另有约定的除外。

第一百四十三条　因买受人的原因致使标的物不能按照约定的期限交付的，买受人应当自违反约定之日起承担标的物毁损、灭失的风险。

第一百四十四条 出卖人出卖交由承运人运输的在途标的物，除当事人另有约定的以外，毁损、灭失的风险自合同成立时起由买受人承担。

第一百四十五条 当事人没有约定交付地点或者约定不明确，依照本法第一百四十一条第二款第一项的规定标的物需要运输的，出卖人将标的物交付给第一承运人后，标的物毁损、灭失的风险由买受人承担。

第一百四十六条 出卖人按照约定或者依照本法第一百四十一条第二款第二项的规定将标的物置于交付地点，买受人违反约定没有收取的，标的物毁损、灭失的风险自违反约定之日起由买受人承担。

第一百四十七条 出卖人按照约定未交付有关标的物的单证和资料的，不影响标的物毁损、灭失风险的转移。

第一百四十八条 因标的物质量不符合质量要求，致使不能实现合同目的的，买受人可以拒绝接受标的物或者解除合同。买受人拒绝接受标的物或者解除合同的，标的物毁损、灭失的风险由出卖人承担。

第一百四十九条 标的物毁损、灭失的风险由买受人承担的，不影响因出卖人履行债务不符合约定，买受人要求其承担违约责任的权利。

第一百五十条 出卖人就交付的标的物，负有保证第三人不得向买受人主张任何权利的义务，但法律另有规定的除外。

第一百五十一条 买受人订立合同时知道或者应当知道第三人对买卖的标的物享有权利的，出卖人不承担本法第一百五十条规定的义务。

第一百五十二条 买受人有确切证据证明第三人可能就标的物主张权利的，可以中止支付相应的价款，但出卖人提供适当担保的除外。

第一百五十三条 出卖人应当按照约定的质量要求交付标的物。出卖人提供有关标的物质量说明的，交付的标的物应当符合该说明的质量要求。

第一百五十四条 当事人对标的物的质量要求没有约定或者约定不明确，依照本法第六十一条的规定仍不能确定的，适用本法第六十二条第一项的规定。

第一百五十五条 出卖人交付的标的物不符合质量要求的，买受人可以依照本法第一百一十一条的规定要求承担违约责任。

第一百五十六条 出卖人应当按照约定的包装方式交付标的物。对包装方式没有约定或者约定不明确，依照本法第六十一条的规定仍不能确定的，应当按照通用的方式包装，没有通用方式的，应当采取足以保护标的物的包装方式。

第一百五十七条 买受人收到标的物时应当在约定的检验期间内检验。没有约定检验期间的，应当及时检验。

第一百五十八条 当事人约定检验期间的，买受人应当在检验期间内将标的物的数量或者质量不符合约定的情形通知出卖人。买受人怠于通知的，视为标的物的数量或者质量符合约定。

当事人没有约定检验期间的，买受人应当在发现或者应当发现标的物的数量或者质量不符合约定的合理期间内通知出卖人。买受人在合理期间内未通知或者自标的物收到之日起两年内未通知出卖人的，视为标的物的数量或者质量符合约定，但对标的物有质量保证期的，适用质量保证期，不适用该两年的规定。

出卖人知道或者应当知道提供的标的物不符合约定的，买受人不受前两款规定的通知时间的限制。

第一百五十九条　买受人应当按照约定的数额支付价款。对价款没有约定或者约定不明确的，适用本法第六十一条、第六十二条第二项的规定。

第一百六十条　买受人应当按照约定的地点支付价款。对支付地点没有约定或者约定不明确，依照本法第六十一条的规定仍不能确定的，买受人应当在出卖人的营业地支付，但约定支付价款以交付标的物或者交付提取标的物单证为条件的，在交付标的物或者交付提取标的物单证的所在地支付。

第一百六十一条　买受人应当按照约定的时间支付价款。对支付时间没有约定或者约定不明确，依照本法第六十一条的规定仍不能确定的，买受人应当在收到标的物或者提取标的物单证的同时支付。

第一百六十二条　出卖人多交标的物的，买受人可以接收或者拒绝接收多交的部分。买受人接收多交部分的，按照合同的价格支付价款；买受人拒绝接收多交部分的，应当及时通知出卖人。

第一百六十三条　标的物在交付之前产生的孳息，归出卖人所有，交付之后产生的孳息，归买受人所有。

第一百六十四条　因标的物的主物不符合约定而解除合同的，解除合同的效力及于从物。因标的物的从物不符合约定被解除的，解除的效力不及于主物。

第一百六十五条　标的物为数物，其中一物不符合约定的，买受人可以就该物解除，但该物与他物分离使标的物的价值显受损害的，当事人可以就数物解除合同。

第一百六十六条　出卖人分批交付标的物的，出卖人对其中一批标的物不交付或者交付不符合约定，致使该批标的物不能实现合同目的的，买受人可以就该批标的物解除。

出卖人不交付其中一批标的物或者交付不符合约定，致使今后其他各批标的物的交付不能实现合同目的的，买受人可以就该批以及今后其他各批标的物解除。

买受人如果就其中一批标的物解除，该批标的物与其他各批标的物相互依存的，可以就已经交付和未交付的各批标的物解除。

第一百六十七条　分期付款的买受人未支付到期价款的金额达到全部价款的五分之一的，出卖人可以要求买受人支付全部价款或者解除合同。

出卖人解除合同的，可以向买受人要求支付该标的物的使用费。

第一百六十八条　凭样品买卖的当事人应当封存样品，并可以对样品质量予以说明。出卖人交付的标的物应当与样品及其说明的质量相同。

第一百六十九条　凭样品买卖的买受人不知道样品有隐蔽瑕疵的，即使交付的标的物与样品相同，出卖人交付的标的物的质量仍然应当符合同种物的通常标准。

第一百七十条　试用买卖的当事人可以约定标的物的试用期间。对试用期间没有约定或者约定不明确，依照本法第六十一条的规定仍不能确定的，由出卖人确定。

第一百七十一条　试用买卖的买受人在试用期内可以购买标的物，也可以拒绝购买。试用期间届满，买受人对是否购买标的物未作表示的，视为购买。

第一百七十二条 招标投标买卖的当事人的权利和义务以及招标投标程序等，依照有关法律、行政法规的规定。

第一百七十三条 拍卖的当事人的权利和义务以及拍卖程序等，依照有关法律、行政法规的规定。

第一百七十四条 法律对其他有偿合同有规定的，依照其规定；没有规定的，参照买卖合同的有关规定。

第一百七十五条 当事人约定易货交易，转移标的物的所有权的，参照买卖合同的有关规定。

第二十一章 委托合同

第三百九十六条 委托合同是委托人和受托人约定，由受托人处理委托人事务的合同。

第三百九十七条 委托人可以特别委托受托人处理一项或者数项事务，也可以概括委托受托人处理一切事务。

第三百九十八条 委托人应当预付处理委托事务的费用。受托人为处理委托事务垫付的必要费用，委托人应当偿还该费用及其利息。

第三百九十九条 受托人应当按照委托人的指示处理委托事务。需要变更委托人指示的，应当经委托人同意；因情况紧急，难以和委托人取得联系的，受托人应当妥善处理委托事务，但事后应当将该情况及时报告委托人。

第四百条 受托人应当亲自处理委托事务。经委托人同意，受托人可以转委托。转委托经同意的，委托人可以就委托事务直接指示转委托的第三人，受托人仅就第三人的选任及其对第三人的指示承担责任。转委托未经同意的，受托人应当对转委托的第三人的行为承担责任，但在紧急情况下受托人为维护委托人的利益需要转委托的除外。

第四百零一条 受托人应当按照委托人的要求，报告委托事务的处理情况。委托合同终止时，受托人应当报告委托事务的结果。

第四百零二条 受托人以自己的名义，在委托人的授权范围内与第三人订立的合同，第三人在订立合同时知道受托人与委托人之间的代理关系的，该合同直接约束委托人和第三人，但有确切证据证明该合同只约束受托人和第三人的除外。

第四百零三条 受托人以自己的名义与第三人订立合同时，第三人不知道受托人与委托人之间的代理关系的，受托人因第三人的原因对委托人不履行义务，受托人应当向委托人披露第三人，委托人因此可以行使受托人对第三人的权利，但第三人与受托人订立合同时如果知道该委托人就不会订立合同的除外。

受托人因委托人的原因对第三人不履行义务，受托人应当向第三人披露委托人，第三人因此可以选择受托人或者委托人作为相对人主张其权利，但第三人不得变更选定的相对人。

委托人行使受托人对第三人的权利的，第三人可以向委托人主张其对受托人的抗辩。第三人选定委托人作为其相对人的，委托人可以向第三人主张其对受托人的抗辩以及受托人对第三人的抗辩。

第四百零四条　受托人处理委托事务取得的财产，应当转交给委托人。

第四百零五条　受托人完成委托事务的，委托人应当向其支付报酬。因不可归责于受托人的事由，委托合同解除或者委托事务不能完成的，委托人应当向受托人支付相应的报酬。当事人另有约定的，按照其约定。

第四百零六条　有偿的委托合同，因受托人的过错给委托人造成损失的，委托人可以要求赔偿损失。无偿的委托合同，因受托人的故意或者重大过失给委托人造成损失的，委托人可以要求赔偿损失。

受托人超越权限给委托人造成损失的，应当赔偿损失。

第四百零七条　受托人处理委托事务时，因不可归责于自己的事由受到损失的，可以向委托人要求赔偿损失。

第四百零八条　委托人经受托人同意，可以在受托人之外委托第三人处理委托事务。因此给受托人造成损失的，受托人可以向委托人要求赔偿损失。

第四百零九条　两个以上的受托人共同处理委托事务的，对委托人承担连带责任。

第四百一十条　委托人或者受托人可以随时解除委托合同。因解除合同给对方造成损失的，除不可归责于该当事人的事由以外，应当赔偿损失。

第四百一十一条　委托人或者受托人死亡、丧失民事行为能力或者破产的，委托合同终止，但当事人另有约定或者根据委托事务的性质不宜终止的除外。

第四百一十二条　因委托人死亡、丧失民事行为能力或者破产，致使委托合同终止将损害委托人利益的，在委托人的继承人、法定代理人或者清算组织承受委托事务之前，受托人应当继续处理委托事务。

第四百一十三条　因受托人死亡、丧失民事行为能力或者破产，致使委托合同终止的，受托人的继承人、法定代理人或者清算组织应当及时通知委托人。因委托合同终止将损害委托人利益的，在委托人作出善后处理之前，受托人的继承人、法定代理人或者清算组织应当采取必要措施。

第二十二章　行纪合同

第四百一十四条　行纪合同是行纪人以自己的名义为委托人从事贸易活动，委托人支付报酬的合同。

第四百一十五条　行纪人处理委托事务支出的费用，由行纪人负担，但当事人另有约定的除外。

第四百一十六条　行纪人占有委托物的，应当妥善保管委托物。

第四百一十七条　委托物交付给行纪人时有瑕疵或者容易腐烂、变质的，经委托人同意，行纪人可以处分该物；和委托人不能及时取得联系的，行纪人可以合理处分。

第四百一十八条　行纪人低于委托人指定的价格卖出或者高于委托人指定的价格买入的，应当经委托人同意。未经委托人同意，行纪人补偿其差额的，该买卖对委托人发生效力。

行纪人高于委托人指定的价格卖出或者低于委托人指定的价格买入的，可以按照约定增加报酬。没有约定或者约定不明确，依照本法第六十一条的规定仍不能确定的，该利益属于委托人。

委托人对价格有特别指示的，行纪人不得违背该指示卖出或者买入。

第四百一十九条 行纪人卖出或者买入具有市场定价的商品，除委托人有相反的意思表示的以外，行纪人自己可以作为买受人或者出卖人。

行纪人有前款规定情形的，仍然可以要求委托人支付报酬。

第四百二十条 行纪人按照约定买入委托物，委托人应当及时受领。经行纪人催告，委托人无正当理由拒绝受领的，行纪人依照本法第一百零一条的规定可以提存委托物。

委托物不能卖出或者委托人撤回出卖，经行纪人催告，委托人不取回或者不处分该物的，行纪人依照本法第一百零一条的规定可以提存委托物。

第四百二十一条 行纪人与第三人订立合同的，行纪人对该合同直接享有权利、承担义务。

第三人不履行义务致使委托人受到损害的，行纪人应当承担损害赔偿责任，但行纪人与委托人另有约定的除外。

第四百二十二条 行纪人完成或者部分完成委托事务的，委托人应当向其支付相应的报酬。委托人逾期不支付报酬的，行纪人对委托物享有留置权，但当事人另有约定的除外。

第四百二十三条 本章没有规定的，适用委托合同的有关规定。

第二十三章　居间合同

第四百二十四条 居间合同是居间人向委托人报告订立合同的机会或者提供订立合同的媒介服务，委托人支付报酬的合同。

第四百二十五条 居间人应当就有关订立合同的事项向委托人如实报告。

居间人故意隐瞒与订立合同有关的重要事实或者提供虚假情况，损害委托人利益的，不得要求支付报酬并应当承担损害赔偿责任。

第四百二十六条 居间人促成合同成立的，委托人应当按照约定支付报酬。对居间人的报酬没有约定或者约定不明确，依照本法第六十一条的规定仍不能确定的，根据居间人的劳务合理确定。因居间人提供订立合同的媒介服务而促成合同成立的，由该合同的当事人平均负担居间人的报酬。

居间人促成合同成立的，居间活动的费用，由居间人负担。

第四百二十七条 居间人未促成合同成立的，不得要求支付报酬，但可以要求委托人支付从事居间活动支出的必要费用。

附　则

第四百二十八条 本法自 1999 年 10 月 1 日起施行，《中华人民共和国经济合同法》、《中华人民共和国涉外经济合同法》《中华人民共和国技术合同法》同时废止。

中华人民共和国物权法

1. 2007年3月16日第十届全国人民代表大会第五次会议通过
2. 2007年3月16日中华人民共和国主席令第六十二号公布
3. 2007年10月1日起施行

目 录

第一编　总　　则

第一章　基本原则

第一条　为了维护国家基本经济制度，维护社会主义市场经济秩序，明确物的归属，发挥物的效用，保护权利人的物权，根据宪法，制定本法。

第二条　因物的归属和利用而产生的民事关系，适用本法。

本法所称物，包括不动产和动产。法律规定权利作为物权客体的，依照其规定。

本法所称物权，是指权利人依法对特定的物享有直接支配和排他的权利，包括所有权、用益物权和担保物权。

第三条　国家在社会主义初级阶段，坚持公有制为主体、多种所有制经济共同发展的基本经济制度。

国家巩固和发展公有制经济，鼓励、支持和引导非公有制经济的发展。

国家实行社会主义市场经济，保障一切市场主体的平等法律地位和发展权利。

第四条　国家、集体、私人的物权和其他权利人的物权受法律保护，任何单位和个人不得侵犯。

第五条　物权的种类和内容，由法律规定。

第六条　不动产物权的设立、变更、转让和消灭，应当依照法律规定登记。动产物权的设立和转让，应当依照法律规定交付。

第七条　物权的取得和行使，应当遵守法律，尊重社会公德，不得损害公共利益和他人合法权益。

第八条　其他相关法律对物权另有特别规定的，依照其规定。

第二章　物权的设立、变更、转让和消灭

第一节　不动产登记

第九条　不动产物权的设立、变更、转让和消灭，经依法登记，发生效力；未经登记，不发生效力，但法律另有规定的除外。

依法属于国家所有的自然资源，所有权可以不登记。

第十条　不动产登记，由不动产所在地的登记机构办理。

国家对不动产实行统一登记制度。统一登记的范围、登记机构和登记办法，由法律、行政法规规定。

第十一条　当事人申请登记，应当根据不同登记事项提供权属证明和不动产界址、面积等必要材料。

第十二条　登记机构应当履行下列职责：

（一）查验申请人提供的权属证明和其他必要材料；

（二）就有关登记事项询问申请人；

（三）如实、及时登记有关事项；

（四）法律、行政法规规定的其他职责。

申请登记的不动产的有关情况需要进一步证明的，登记机构可以要求申请人补充材料，必要时可以实地查看。

第十三条 登记机构不得有下列行为：

（一）要求对不动产进行评估；

（二）以年检等名义进行重复登记；

（三）超出登记职责范围的其他行为。

第十四条 不动产物权的设立、变更、转让和消灭，依照法律规定应当登记的，自记载于不动产登记簿时发生效力。

第十五条 当事人之间订立有关设立、变更、转让和消灭不动产物权的合同，除法律另有规定或者合同另有约定外，自合同成立时生效；未办理物权登记的，不影响合同效力。

第十六条 不动产登记簿是物权归属和内容的根据。不动产登记簿由登记机构管理。

第十七条 不动产权属证书是权利人享有该不动产物权的证明。不动产权属证书记载的事项，应当与不动产登记簿一致；记载不一致的，除有证据证明不动产登记簿确有错误外，以不动产登记簿为准。

第十八条 权利人、利害关系人可以申请查询、复制登记资料，登记机构应当提供。

第十九条 权利人、利害关系人认为不动产登记簿记载的事项错误的，可以申请更正登记。不动产登记簿记载的权利人书面同意更正或者有证据证明登记确有错误的，登记机构应当予以更正。

不动产登记簿记载的权利人不同意更正的，利害关系人可以申请异议登记。登记机构予以异议登记的，申请人在异议登记之日起十五日内不起诉，异议登记失效。异议登记不当，造成权利人损害的，权利人可以向申请人请求损害赔偿。

第二十条 当事人签订买卖房屋或者其他不动产物权的协议，为保障将来实现物权，按照约定可以向登记机构申请预告登记。预告登记后，未经预告登记的权利人同意，处分该不动产的，不发生物权效力。

预告登记后，债权消灭或者自能够进行不动产登记之日起三个月内未申请登记的，预告登记失效。

第二十一条 当事人提供虚假材料申请登记，给他人造成损害的，应当承担赔偿责任。

因登记错误，给他人造成损害的，登记机构应当承担赔偿责任。登记机构赔偿后，可以向造成登记错误的人追偿。

第二十二条 不动产登记费按件收取，不得按照不动产的面积、体积或者价款的比例收取。具体收费标准由国务院有关部门会同价格主管部门规定。

第二节 动产交付

第二十三条 动产物权的设立和转让，自交付时发生效力，但法律另有规定的除外。

第二十四条 船舶、航空器和机动车等物权的设立、变更、转让和消灭，未经登记，不得对抗善意第三人。

第二十五条 动产物权设立和转让前，权利人已经依法占有该动产的，物权自法律行为生效时发生效力。

第二十六条 动产物权设立和转让前，第三人依法占有该动产的，负有交付义务的人可以通过转让请求第三人返还原物的权利代替交付。

第二十七条 动产物权转让时，双方又约定由出让人继续占有该动产的，物权自该约定生效时发生效力。

第三节 其他规定

第二十八条 因人民法院、仲裁委员会的法律文书或者人民政府的征收决定等，导致物权设立、变更、转让或者消灭的，自法律文书或者人民政府的征收决定等生效时发生效力。

第二十九条 因继承或者受遗赠取得物权的，自继承或者受遗赠开始时发生效力。

第三十条 因合法建造、拆除房屋等事实行为设立或者消灭物权的，自事实行为成就时发生效力。

第三十一条 依照本法第二十八条至第三十条规定享有不动产物权的，处分该物权时，依照法律规定需要办理登记的，未经登记，不发生物权效力。

第三章 物权的保护

第三十二条 物权受到侵害的，权利人可以通过和解、调解、仲裁、诉讼等途径解决。

第三十三条 因物权的归属、内容发生争议的，利害关系人可以请求确认权利。

第三十四条 无权占有不动产或者动产的，权利人可以请求返还原物。

第三十五条 妨害物权或者可能妨害物权的，权利人可以请求排除妨害或者消除危险。

第三十六条 造成不动产或者动产毁损的，权利人可以请求修理、重作、更换或者恢复原状。

第三十七条 侵害物权，造成权利人损害的，权利人可以请求损害赔偿，也可以请求承担其他民事责任。

第三十八条 本章规定的物权保护方式，可以单独适用，也可以根据权利被侵害的情形合并适用。

侵害物权，除承担民事责任外，违反行政管理规定的，依法承担行政责任；构成犯罪的，依法追究刑事责任。

第二编 所有权

第四章 一般规定

第三十九条 所有权人对自己的不动产或者动产，依法享有占有、使用、收益和处分的权利。

第四十条 所有权人有权在自己的不动产或者动产上设立用益物权和担保物权。用益物权人、担保物权人行使权利，不得损害所有权人的权益。

第四十一条 法律规定专属于国家所有的不动产和动产，任何单位和个人不能取得所有权。

第四十二条 为了公共利益的需要，依照法律规定的权限和程序可以征收集体所有的土地和单位、个人的房屋及其他不动产。

征收集体所有的土地，应当依法足额支付土地补偿费、安置补助费、地上附着物和青苗的补偿费等费用，安排被征地农民的社会保障费用，保障被征地农民的生活，维护被征地农民的合法权益。

征收单位、个人的房屋及其他不动产，应当依法给予拆迁补偿，维护被征收人的合法权益；征收个人住宅的，还应当保障被征收人的居住条件。

任何单位和个人不得贪污、挪用、私分、截留、拖欠征收补偿费等费用。

第四十三条 国家对耕地实行特殊保护，严格限制农用地转为建设用地，控制建设用地总量。不得违反法律规定的权限和程序征收集体所有的土地。

第四十四条 因抢险、救灾等紧急需要，依照法律规定的权限和程序可以征用单位、个人的不动产或者动产。被征用的不动产或者动产使用后，应当返还被征用人。单位、个人的不动产或者动产被征用或者征用后毁损、灭失的，应当给予补偿。

第五章 国家所有权和集体所有权、私人所有权

第四十五条 法律规定属于国家所有的财产，属于国家所有即全民所有。

国有财产由国务院代表国家行使所有权；法律另有规定的，依照其规定。

第四十六条 矿藏、水流、海域属于国家所有。

第四十七条 城市的土地，属于国家所有。法律规定属于国家所有的农村和城市郊区的土地，属于国家所有。

第四十八条 森林、山岭、草原、荒地、滩涂等自然资源，属于国家所有，但法律规定属于集体所有的除外。

第四十九条 法律规定属于国家所有的野生动植物资源，属于国家所有。

第五十条 无线电频谱资源属于国家所有。

第五十一条 法律规定属于国家所有的文物，属于国家所有。

第五十二条 国防资产属于国家所有。

铁路、公路、电力设施、电信设施和油气管道等基础设施，依照法律规定为国家所有的，属于国家所有。

第五十三条 国家机关对其直接支配的不动产和动产，享有占有、使用以及依照法律和国务院的有关规定处分的权利。

第五十四条 国家举办的事业单位对其直接支配的不动产和动产，享有占有、使用以及依照法律和国务院的有关规定收益、处分的权利。

第五十五条 国家出资的企业，由国务院、地方人民政府依照法律、行政法规规定分别代表国家履行出资人职责，享有出资人权益。

第五十六条 国家所有的财产受法律保护，禁止任何单位和个人侵占、哄抢、私分、截留、破坏。

第五十七条 履行国有财产管理、监督职责的机构及其工作人员，应当依法加强对国有财产的管理、监督，促进国有财产保值增值，防止国有财产损失；滥用职权，玩忽职守，造成国有财产损失的，应当依法承担法律责任。

违反国有财产管理规定，在企业改制、合并分立、关联交易等过程中，低价转让、合谋私分、擅自担保或者以其他方式造成国有财产损失的，应当依法承担法律责任。

第五十八条 集体所有的不动产和动产包括：

（一）法律规定属于集体所有的土地和森林、山岭、草原、荒地、滩涂；

（二）集体所有的建筑物、生产设施、农田水利设施；

（三）集体所有的教育、科学、文化、卫生、体育等设施；

（四）集体所有的其他不动产和动产。

第五十九条 农民集体所有的不动产和动产，属于本集体成员集体所有。

下列事项应当依照法定程序经本集体成员决定：

（一）土地承包方案以及将土地发包给本集体以外的单位或者个人承包；

（二）个别土地承包经营权人之间承包地的调整；

（三）土地补偿费等费用的使用、分配办法；

（四）集体出资的企业的所有权变动等事项；

（五）法律规定的其他事项。

第六十条 对于集体所有的土地和森林、山岭、草原、荒地、滩涂等，依照下列规定行使所有权：

（一）属于村农民集体所有的，由村集体经济组织或者村民委员会代表集体行使所有权；

（二）分别属于村内两个以上农民集体所有的，由村内各该集体经济组织或者村民小组代表集体行使所有权；

（三）属于乡镇农民集体所有的，由乡镇集体经济组织代表集体行使所有权。

第六十一条 城镇集体所有的不动产和动产，依照法律、行政法规的规定由本集体享有占有、使用、收益和处分的权利。

第六十二条 集体经济组织或者村民委员会、村民小组应当依照法律、行政法规以及章程、村规民约向本集体成员公布集体财产的状况。

第六十三条 集体所有的财产受法律保护，禁止任何单位和个人侵占、哄抢、私分、破坏。

集体经济组织、村民委员会或者其负责人作出的决定侵害集体成员合法权益的，受侵害的集体成员可以请求人民法院予以撤销。

第六十四条 私人对其合法的收入、房屋、生活用品、生产工具、原材料等不动产和动产享有所有权。

第六十五条 私人合法的储蓄、投资及其收益受法律保护。

国家依照法律规定保护私人的继承权及其他合法权益。

第六十六条　私人的合法财产受法律保护，禁止任何单位和个人侵占、哄抢、破坏。

第六十七条　国家、集体和私人依法可以出资设立有限责任公司、股份有限公司或者其他企业。国家、集体和私人所有的不动产或者动产，投到企业的，由出资人按照约定或者出资比例享有资产收益、重大决策以及选择经营管理者等权利并履行义务。

第六十八条　企业法人对其不动产和动产依照法律、行政法规以及章程享有占有、使用、收益和处分的权利。

企业法人以外的法人，对其不动产和动产的权利，适用有关法律、行政法规以及章程的规定。

第六十九条　社会团体依法所有的不动产和动产，受法律保护。

第六章　业主的建筑物区分所有权

第七十条　业主对建筑物内的住宅、经营性用房等专有部分享有所有权，对专有部分以外的共有部分享有共有和共同管理的权利。

第七十一条　业主对其建筑物专有部分享有占有、使用、收益和处分的权利。业主行使权利不得危及建筑物的安全，不得损害其他业主的合法权益。

第七十二条　业主对建筑物专有部分以外的共有部分，享有权利，承担义务；不得以放弃权利不履行义务。

业主转让建筑物内的住宅、经营性用房，其对共有部分享有的共有和共同管理的权利一并转让。

第七十三条　建筑区划内的道路，属于业主共有，但属于城镇公共道路的除外。建筑区划内的绿地，属于业主共有，但属于城镇公共绿地或者明示属于个人的除外。建筑区划内的其他公共场所、公用设施和物业服务用房，属于业主共有。

第七十四条　建筑区划内，规划用于停放汽车的车位、车库应当首先满足业主的需要。

建筑区划内，规划用于停放汽车的车位、车库的归属，由当事人通过出售、附赠或者出租等方式约定。

占用业主共有的道路或者其他场地用于停放汽车的车位，属于业主共有。

第七十五条　业主可以设立业主大会，选举业主委员会。

地方人民政府有关部门应当对设立业主大会和选举业主委员会给予指导和协助。

第七十六条　下列事项由业主共同决定：

（一）制定和修改业主大会议事规则；

（二）制定和修改建筑物及其附属设施的管理规约；

（三）选举业主委员会或者更换业主委员会成员；

（四）选聘和解聘物业服务企业或者其他管理人；

（五）筹集和使用建筑物及其附属设施的维修资金；

（六）改建、重建建筑物及其附属设施；

（七）有关共有和共同管理权利的其他重大事项。

决定前款第五项和第六项规定的事项，应当经专有部分占建筑物总面积三分之二以上的业主且占总人数三分之二以上的业主同意。决定前款其他事项，应当经专有部分占建筑物总面积过半数的业主且占总人数过半数的业主同意。

第七十七条 业主不得违反法律、法规以及管理规约，将住宅改变为经营性用房。业主将住宅改变为经营性用房的，除遵守法律、法规以及管理规约外，应当经有利害关系的业主同意。

第七十八条 业主大会或者业主委员会的决定，对业主具有约束力。

业主大会或者业主委员会作出的决定侵害业主合法权益的，受侵害的业主可以请求人民法院予以撤销。

第七十九条 建筑物及其附属设施的维修资金，属于业主共有。经业主共同决定，可以用于电梯、水箱等共有部分的维修。维修资金的筹集、使用情况应当公布。

第八十条 建筑物及其附属设施的费用分摊、收益分配等事项，有约定的，按照约定；没有约定或者约定不明确的，按照业主专有部分占建筑物总面积的比例确定。

第八十一条 业主可以自行管理建筑物及其附属设施，也可以委托物业服务企业或者其他管理人管理。

对建设单位聘请的物业服务企业或者其他管理人，业主有权依法更换。

第八十二条 物业服务企业或者其他管理人根据业主的委托管理建筑区划内的建筑物及其附属设施，并接受业主的监督。

第八十三条 业主应当遵守法律、法规以及管理规约。

业主大会和业主委员会，对任意弃置垃圾、排放污染物或者噪声、违反规定饲养动物、违章搭建、侵占通道、拒付物业费等损害他人合法权益的行为，有权依照法律、法规以及管理规约，要求行为人停止侵害、消除危险、排除妨害、赔偿损失。业主对侵害自己合法权益的行为，可以依法向人民法院提起诉讼。

第七章　相邻关系

第八十四条 不动产的相邻权利人应当按照有利生产、方便生活、团结互助、公平合理的原则，正确处理相邻关系。

第八十五条 法律、法规对处理相邻关系有规定的，依照其规定；法律、法规没有规定的，可以按照当地习惯。

第八十六条 不动产权利人应当为相邻权利人用水、排水提供必要的便利。

对自然流水的利用，应当在不动产的相邻权利人之间合理分配。对自然流水的排放，应当尊重自然流向。

第八十七条 不动产权利人对相邻权利人因通行等必须利用其土地的，应当提供必要的便利。

第八十八条 不动产权利人因建造、修缮建筑物以及铺设电线、电缆、水管、暖气和燃气管线等必须利用相邻土地、建筑物的，该土地、建筑物的权利人应当提供必要的便利。

第八十九条 建造建筑物，不得违反国家有关工程建设标准，妨碍相邻建筑物的通风、采光和日照。

第九十条　不动产权利人不得违反国家规定弃置固体废物，排放大气污染物、水污染物、噪声、光、电磁波辐射等有害物质。

第九十一条　不动产权利人挖掘土地、建造建筑物、铺设管线以及安装设备等，不得危及相邻不动产的安全。

第九十二条　不动产权利人因用水、排水、通行、铺设管线等利用相邻不动产的，应当尽量避免对相邻的不动产权利人造成损害；造成损害的，应当给予赔偿。

第八章　共　　有

第九十三条　不动产或者动产可以由两个以上单位、个人共有。共有包括按份共有和共同共有。

第九十四条　按份共有人对共有的不动产或者动产按照其份额享有所有权。

第九十五条　共同共有人对共有的不动产或者动产共同享有所有权。

第九十六条　共有人按照约定管理共有的不动产或者动产；没有约定或者约定不明确的，各共有人都有管理的权利和义务。

第九十七条　处分共有的不动产或者动产以及对共有的不动产或者动产作重大修缮的，应当经占份额三分之二以上的按份共有人或者全体共同共有人同意，但共有人之间另有约定的除外。

第九十八条　对共有物的管理费用以及其他负担，有约定的，按照约定；没有约定或者约定不明确的，按份共有人按照其份额负担，共同共有人共同负担。

第九十九条　共有人约定不得分割共有的不动产或者动产，以维持共有关系的，应当按照约定，但共有人有重大理由需要分割的，可以请求分割；没有约定或者约定不明确的，按份共有人可以随时请求分割，共同共有人在共有的基础丧失或者有重大理由需要分割时可以请求分割。因分割对其他共有人造成损害的，应当给予赔偿。

第一百条　共有人可以协商确定分割方式。达不成协议，共有的不动产或者动产可以分割并且不会因分割减损价值的，应当对实物予以分割；难以分割或者因分割会减损价值的，应当对折价或者拍卖、变卖取得的价款予以分割。

共有人分割所得的不动产或者动产有瑕疵的，其他共有人应当分担损失。

第一百零一条　按份共有人可以转让其享有的共有的不动产或者动产份额。其他共有人在同等条件下享有优先购买的权利。

第一百零二条　因共有的不动产或者动产产生的债权债务，在对外关系上，共有人享有连带债权、承担连带债务，但法律另有规定或者第三人知道共有人不具有连带债权债务关系的除外；在共有人内部关系上，除共有人另有约定外，按份共有人按照份额享有债权、承担债务，共同共有人共同享有债权、承担债务。偿还债务超过自己应当承担份额的按份共有人，有权向其他共有人追偿。

第一百零三条　共有人对共有的不动产或者动产没有约定为按份共有或者共同共有，或者约定不明确的，除共有人具有家庭关系等外，视为按份共有。

第一百零四条　按份共有人对共有的不动产或者动产享有的份额，没有约定或者约定不明确的，按照出资额确定；不能确定出资额的，视为等额享有。

第一百零五条 两个以上单位、个人共同享有用益物权、担保物权的，参照本章规定。

第九章 所有权取得的特别规定

第一百零六条 无处分权人将不动产或者动产转让给受让人的，所有权人有权追回；除法律另有规定外，符合下列情形的，受让人取得该不动产或者动产的所有权：

（一）受让人受让该不动产或者动产时是善意的；

（二）以合理的价格转让；

（三）转让的不动产或者动产依照法律规定应当登记的已经登记，不需要登记的已经交付给受让人。

受让人依照前款规定取得不动产或者动产的所有权的，原所有权人有权向无处分权人请求赔偿损失。

当事人善意取得其他物权的，参照前两款规定。

第一百零七条 所有权人或者其他权利人有权追回遗失物。该遗失物通过转让被他人占有的，权利人有权向无处分权人请求损害赔偿，或者自知道或者应当知道受让人之日起二年内向受让人请求返还原物，但受让人通过拍卖或者向具有经营资格的经营者购得该遗失物的，权利人请求返还原物时应当支付受让人所付的费用。权利人向受让人支付所付费用后，有权向无处分权人追偿。

第一百零八条 善意受让人取得动产后，该动产上的原有权利消灭，但善意受让人在受让时知道或者应当知道该权利的除外。

第一百零九条 拾得遗失物，应当返还权利人。拾得人应当及时通知权利人领取，或者送交公安等有关部门。

第一百一十条 有关部门收到遗失物，知道权利人的，应当及时通知其领取；不知道的，应当及时发布招领公告。

第一百一十一条 拾得人在遗失物送交有关部门前，有关部门在遗失物被领取前，应当妥善保管遗失物。因故意或者重大过失致使遗失物毁损、灭失的，应当承担民事责任。

第一百一十二条 权利人领取遗失物时，应当向拾得人或者有关部门支付保管遗失物等支出的必要费用。

权利人悬赏寻找遗失物的，领取遗失物时应当按照承诺履行义务。

拾得人侵占遗失物的，无权请求保管遗失物等支出的费用，也无权请求权利人按照承诺履行义务。

第一百一十三条 遗失物自发布招领公告之日起六个月内无人认领的，归国家所有。

第一百一十四条 拾得漂流物、发现埋藏物或者隐藏物的，参照拾得遗失物的有关规定。文物保护法等法律另有规定的，依照其规定。

第一百一十五条 主物转让的，从物随主物转让，但当事人另有约定的除外。

第一百一十六条 天然孳息，由所有权人取得；既有所有权人又有用益物权人的，由用益物权人取得。当事人另有约定的，按照约定。

法定孳息，当事人有约定的，按照约定取得；没有约定或者约定不明确的，按照交易习惯取得。

第三编 用益物权

第十章 一般规定

第一百一十七条 用益物权人对他人所有的不动产或者动产，依法享有占有、使用和收益的权利。

第一百一十八条 国家所有或者国家所有由集体使用以及法律规定属于集体所有的自然资源，单位、个人依法可以占有、使用和收益。

第一百一十九条 国家实行自然资源有偿使用制度，但法律另有规定的除外。

第一百二十条 用益物权人行使权利，应当遵守法律有关保护和合理开发利用资源的规定。所有权人不得干涉用益物权人行使权利。

第一百二十一条 因不动产或者动产被征收、征用致使用益物权消灭或者影响用益物权行使的，用益物权人有权依照本法第四十二条、第四十四条的规定获得相应补偿。

第一百二十二条 依法取得的海域使用权受法律保护。

第一百二十三条 依法取得的探矿权、采矿权、取水权和使用水域、滩涂从事养殖、捕捞的权利受法律保护。

第十一章 土地承包经营权

第一百二十四条 农村集体经济组织实行家庭承包经营为基础、统分结合的双层经营体制。

农民集体所有和国家所有由农民集体使用的耕地、林地、草地以及其他用于农业的土地，依法实行土地承包经营制度。

第一百二十五条 土地承包经营权人依法对其承包经营的耕地、林地、草地等享有占有、使用和收益的权利，有权从事种植业、林业、畜牧业等农业生产。

第一百二十六条 耕地的承包期为三十年。草地的承包期为三十年至五十年。林地的承包期为三十年至七十年；特殊林木的林地承包期，经国务院林业行政主管部门批准可以延长。

前款规定的承包期届满，由土地承包经营权人按照国家有关规定继续承包。

第一百二十七条 土地承包经营权自土地承包经营权合同生效时设立。

县级以上地方人民政府应当向土地承包经营权人发放土地承包经营权证、林权证、草原使用权证，并登记造册，确认土地承包经营权。

第一百二十八条 土地承包经营权人依照农村土地承包法的规定，有权将土地承包经营权采取转包、互换、转让等方式流转。流转的期限不得超过承包期的剩余期限。未经依法批准，不得将承包地用于非农建设。

第一百二十九条 土地承包经营权人将土地承包经营权互换、转让，当事人要求登记的，应当向县级以上地方人民政府申请土地承包经营权变更登记；未经登记，不得对抗善意第三人。

第一百三十条 承包期内发包人不得调整承包地。

因自然灾害严重毁损承包地等特殊情形，需要适当调整承包的耕地和草地的，应当依照农村土地承包法等法律规定办理。

第一百三十一条 承包期内发包人不得收回承包地。农村土地承包法等法律另有规定的，依照其规定。

第一百三十二条 承包地被征收的，土地承包经营权人有权依照本法第四十二条第二款的规定获得相应补偿。

第一百三十三条 通过招标、拍卖、公开协商等方式承包荒地等农村土地，依照农村土地承包法等法律和国务院的有关规定，其土地承包经营权可以转让、入股、抵押或者以其他方式流转。

第一百三十四条 国家所有的农用地实行承包经营的，参照本法的有关规定。

第十二章 建设用地使用权

第一百三十五条 建设用地使用权人依法对国家所有的土地享有占有、使用和收益的权利，有权利用该土地建造建筑物、构筑物及其附属设施。

第一百三十六条 建设用地使用权可以在土地的地表、地上或者地下分别设立。新设立的建设用地使用权，不得损害已设立的用益物权。

第一百三十七条 设立建设用地使用权，可以采取出让或者划拨等方式。

工业、商业、旅游、娱乐和商品住宅等经营性用地以及同一土地有两个以上意向用地者的，应当采取招标、拍卖等公开竞价的方式出让。

严格限制以划拨方式设立建设用地使用权。采取划拨方式的，应当遵守法律、行政法规关于土地用途的规定。

第一百三十八条 采取招标、拍卖、协议等出让方式设立建设用地使用权的，当事人应当采取书面形式订立建设用地使用权出让合同。

建设用地使用权出让合同一般包括下列条款：

（一）当事人的名称和住所；

（二）土地界址、面积等；

（三）建筑物、构筑物及其附属设施占用的空间；

（四）土地用途；

（五）使用期限；

（六）出让金等费用及其支付方式；

（七）解决争议的方法。

第一百三十九条 设立建设用地使用权的，应当向登记机构申请建设用地使用权登记。建设用地使用权自登记时设立。登记机构应当向建设用地使用权人发放建设用地使用权证书。

第一百四十条 建设用地使用权人应当合理利用土地，不得改变土地用途；需要改变土地用途的，应当依法经有关行政主管部门批准。

第一百四十一条 建设用地使用权人应当依照法律规定以及合同约定支付出让金等费用。

第一百四十二条　建设用地使用权人建造的建筑物、构筑物及其附属设施的所有权属于建设用地使用权人，但有相反证据证明的除外。

第一百四十三条　建设用地使用权人有权将建设用地使用权转让、互换、出资、赠与或者抵押，但法律另有规定的除外。

第一百四十四条　建设用地使用权转让、互换、出资、赠与或者抵押的，当事人应当采取书面形式订立相应的合同。使用期限由当事人约定，但不得超过建设用地使用权的剩余期限。

第一百四十五条　建设用地使用权转让、互换、出资或者赠与的，应当向登记机构申请变更登记。

第一百四十六条　建设用地使用权转让、互换、出资或者赠与的，附着于该土地上的建筑物、构筑物及其附属设施一并处分。

第一百四十七条　建筑物、构筑物及其附属设施转让、互换、出资或者赠与的，该建筑物、构筑物及其附属设施占用范围内的建设用地使用权一并处分。

第一百四十八条　建设用地使用权期间届满前，因公共利益需要提前收回该土地的，应当依照本法第四十二条的规定对该土地上的房屋及其他不动产给予补偿，并退还相应的出让金。

第一百四十九条　住宅建设用地使用权期间届满的，自动续期。

非住宅建设用地使用权期间届满后的续期，依照法律规定办理。该土地上的房屋及其他不动产的归属，有约定的，按照约定；没有约定或者约定不明确的，依照法律、行政法规的规定办理。

第一百五十条　建设用地使用权消灭的，出让人应当及时办理注销登记。登记机构应当收回建设用地使用权证书。

第一百五十一条　集体所有的土地作为建设用地的，应当依照土地管理法等法律规定办理。

第十三章　宅基地使用权

第一百五十二条　宅基地使用权人依法对集体所有的土地享有占有和使用的权利，有权依法利用该土地建造住宅及其附属设施。

第一百五十三条　宅基地使用权的取得、行使和转让，适用土地管理法等法律和国家有关规定。

第一百五十四条　宅基地因自然灾害等原因灭失的，宅基地使用权消灭。对失去宅基地的村民，应当重新分配宅基地。

第一百五十五条　已经登记的宅基地使用权转让或者消灭的，应当及时办理变更登记或者注销登记。

第十四章　地役权

第一百五十六条　地役权人有权按照合同约定，利用他人的不动产，以提高自己的不动产的效益。

前款所称他人的不动产为供役地，自己的不动产为需役地。

第一百五十七条　设立地役权，当事人应当采取书面形式订立地役权合同。

地役权合同一般包括下列条款：

（一）当事人的姓名或者名称和住所；

（二）供役地和需役地的位置；

（三）利用目的和方法；

（四）利用期限；

（五）费用及其支付方式；

（六）解决争议的方法。

第一百五十八条 地役权自地役权合同生效时设立。当事人要求登记的，可以向登记机构申请地役权登记；未经登记，不得对抗善意第三人。

第一百五十九条 供役地权利人应当按照合同约定，允许地役权人利用其土地，不得妨害地役权人行使权利。

第一百六十条 地役权人应当按照合同约定的利用目的和方法利用供役地，尽量减少对供役地权利人物权的限制。

第一百六十一条 地役权的期限由当事人约定，但不得超过土地承包经营权、建设用地使用权等用益物权的剩余期限。

第一百六十二条 土地所有权人享有地役权或者负担地役权的，设立土地承包经营权、宅基地使用权时，该土地承包经营权人、宅基地使用权人继续享有或者负担已设立的地役权。

第一百六十三条 土地上已设立土地承包经营权、建设用地使用权、宅基地使用权等权利的，未经用益物权人同意，土地所有权人不得设立地役权。

第一百六十四条 地役权不得单独转让。土地承包经营权、建设用地使用权等转让的，地役权一并转让，但合同另有约定的除外。

第一百六十五条 地役权不得单独抵押。土地承包经营权、建设用地使用权等抵押的，在实现抵押权时，地役权一并转让。

第一百六十六条 需役地以及需役地上的土地承包经营权、建设用地使用权部分转让时，转让部分涉及地役权的，受让人同时享有地役权。

第一百六十七条 供役地以及供役地上的土地承包经营权、建设用地使用权部分转让时，转让部分涉及地役权的，地役权对受让人具有约束力。

第一百六十八条 地役权人有下列情形之一的，供役地权利人有权解除地役权合同，地役权消灭：

（一）违反法律规定或者合同约定，滥用地役权；

（二）有偿利用供役地，约定的付款期间届满后在合理期限内经两次催告未支付费用。

第一百六十九条 已经登记的地役权变更、转让或者消灭的，应当及时办理变更登记或者注销登记。

第四编　担保物权

第十五章　一般规定

第一百七十条　担保物权人在债务人不履行到期债务或者发生当事人约定的实现担保物权的情形，依法享有就担保财产优先受偿的权利，但法律另有规定的除外。

第一百七十一条　债权人在借贷、买卖等民事活动中，为保障实现其债权，需要担保的，可以依照本法和其他法律的规定设立担保物权。

第三人为债务人向债权人提供担保的，可以要求债务人提供反担保。反担保适用本法和其他法律的规定。

第一百七十二条　设立担保物权，应当依照本法和其他法律的规定订立担保合同。担保合同是主债权债务合同的从合同。主债权债务合同无效，担保合同无效，但法律另有规定的除外。

担保合同被确认无效后，债务人、担保人、债权人有过错的，应当根据其过错各自承担相应的民事责任。

第一百七十三条　担保物权的担保范围包括主债权及其利息、违约金、损害赔偿金、保管担保财产和实现担保物权的费用。当事人另有约定的，按照约定。

第一百七十四条　担保期间，担保财产毁损、灭失或者被征收等，担保物权人可以就获得的保险金、赔偿金或者补偿金等优先受偿。被担保债权的履行期未届满的，也可以提存该保险金、赔偿金或者补偿金等。

第一百七十五条　第三人提供担保，未经其书面同意，债权人允许债务人转移全部或者部分债务的，担保人不再承担相应的担保责任。

第一百七十六条　被担保的债权既有物的担保又有人的担保的，债务人不履行到期债务或者发生当事人约定的实现担保物权的情形，债权人应当按照约定实现债权；没有约定或者约定不明确，债务人自己提供物的担保的，债权人应当先就该物的担保实现债权；第三人提供物的担保的，债权人可以就物的担保实现债权，也可以要求保证人承担保证责任。提供担保的第三人承担担保责任后，有权向债务人追偿。

第一百七十七条　有下列情形之一的，担保物权消灭：

（一）主债权消灭；

（二）担保物权实现；

（三）债权人放弃担保物权；

（四）法律规定担保物权消灭的其他情形。

第一百七十八条　担保法与本法的规定不一致的，适用本法。

第十六章　抵押权

第一节　一般抵押权

第一百七十九条　为担保债务的履行，债务人或者第三人不转移财产的占有，将该财产抵押给债权人的，债务人不履行到期债务或者发生当事人约定的实现抵押权的情形，债权人有权就该财产优先受偿。

前款规定的债务人或者第三人为抵押人，债权人为抵押权人，提供担保的财产为抵押财产。

第一百八十条 债务人或者第三人有权处分的下列财产可以抵押：

（一）建筑物和其他土地附着物；

（二）建设用地使用权；

（三）以招标、拍卖、公开协商等方式取得的荒地等土地承包经营权；

（四）生产设备、原材料、半成品、产品；

（五）正在建造的建筑物、船舶、航空器；

（六）交通运输工具；

（七）法律、行政法规未禁止抵押的其他财产。

抵押人可以将前款所列财产一并抵押。

第一百八十一条 经当事人书面协议，企业、个体工商户、农业生产经营者可以将现有的以及将有的生产设备、原材料、半成品、产品抵押，债务人不履行到期债务或者发生当事人约定的实现抵押权的情形，债权人有权就实现抵押权时的动产优先受偿。

第一百八十二条 以建筑物抵押的，该建筑物占用范围内的建设用地使用权一并抵押。以建设用地使用权抵押的，该土地上的建筑物一并抵押。

抵押人未依照前款规定一并抵押的，未抵押的财产视为一并抵押。

第一百八十三条 乡镇、村企业的建设用地使用权不得单独抵押。以乡镇、村企业的厂房等建筑物抵押的，其占用范围内的建设用地使用权一并抵押。

第一百八十四条 下列财产不得抵押：

（一）土地所有权；

（二）耕地、宅基地、自留地、自留山等集体所有的土地使用权，但法律规定可以抵押的除外；

（三）学校、幼儿园、医院等以公益为目的的事业单位、社会团体的教育设施、医疗卫生设施和其他社会公益设施；

（四）所有权、使用权不明或者有争议的财产；

（五）依法被查封、扣押、监管的财产；

（六）法律、行政法规规定不得抵押的其他财产。

第一百八十五条 设立抵押权，当事人应当采取书面形式订立抵押合同。

抵押合同一般包括下列条款：

（一）被担保债权的种类和数额；

（二）债务人履行债务的期限；

（三）抵押财产的名称、数量、质量、状况、所在地、所有权归属或者使用权归属；

（四）担保的范围。

第一百八十六条 抵押权人在债务履行期届满前，不得与抵押人约定债务人不履行到期债务时抵押财产归债权人所有。

第一百八十七条 以本法第一百八十条第一款第一项至第三项规定的财产或者第五项规定的正在建造的建筑物抵押的，应当办理抵押登记。抵押权自登记时设立。

第一百八十八条　以本法第一百八十条第一款第四项、第六项规定的财产或者第五项规定的正在建造的船舶、航空器抵押的，抵押权自抵押合同生效时设立；未经登记，不得对抗善意第三人。

第一百八十九条　企业、个体工商户、农业生产经营者以本法第一百八十一条规定的动产抵押的，应当向抵押人住所地的工商行政管理部门办理登记。抵押权自抵押合同生效时设立；未经登记，不得对抗善意第三人。

依照本法第一百八十一条规定抵押的，不得对抗正常经营活动中已支付合理价款并取得抵押财产的买受人。

第一百九十条　订立抵押合同前抵押财产已出租的，原租赁关系不受该抵押权的影响。抵押权设立后抵押财产出租的，该租赁关系不得对抗已登记的抵押权。

第一百九十一条　抵押期间，抵押人经抵押权人同意转让抵押财产的，应当将转让所得的价款向抵押权人提前清偿债务或者提存。转让的价款超过债权数额的部分归抵押人所有，不足部分由债务人清偿。

抵押期间，抵押人未经抵押权人同意，不得转让抵押财产，但受让人代为清偿债务消灭抵押权的除外。

第一百九十二条　抵押权不得与债权分离而单独转让或者作为其他债权的担保。债权转让的，担保该债权的抵押权一并转让，但法律另有规定或者当事人另有约定的除外。

第一百九十三条　抵押人的行为足以使抵押财产价值减少的，抵押权人有权要求抵押人停止其行为。抵押财产价值减少的，抵押权人有权要求恢复抵押财产的价值，或者提供与减少的价值相应的担保。抵押人不恢复抵押财产的价值也不提供担保的，抵押权人有权要求债务人提前清偿债务。

第一百九十四条　抵押权人可以放弃抵押权或者抵押权的顺位。抵押权人与抵押人可以协议变更抵押权顺位以及被担保的债权数额等内容，但抵押权的变更，未经其他抵押权人书面同意，不得对其他抵押权人产生不利影响。

债务人以自己的财产设定抵押，抵押权人放弃该抵押权、抵押权顺位或者变更抵押权的，其他担保人在抵押权人丧失优先受偿权益的范围内免除担保责任，但其他担保人承诺仍然提供担保的除外。

第一百九十五条　债务人不履行到期债务或者发生当事人约定的实现抵押权的情形，抵押权人可以与抵押人协议以抵押财产折价或者以拍卖、变卖该抵押财产所得的价款优先受偿。协议损害其他债权人利益的，其他债权人可以在知道或者应当知道撤销事由之日起一年内请求人民法院撤销该协议。

抵押权人与抵押人未就抵押权实现方式达成协议的，抵押权人可以请求人民法院拍卖、变卖抵押财产。

抵押财产折价或者变卖的，应当参照市场价格。

第一百九十六条　依照本法第一百八十一条规定设定抵押的，抵押财产自下列情形之一发生时确定：

（一）债务履行期届满，债权未实现；

（二）抵押人被宣告破产或者被撤销；

（三）当事人约定的实现抵押权的情形；

（四）严重影响债权实现的其他情形。

第一百九十七条 债务人不履行到期债务或者发生当事人约定的实现抵押权的情形，致使抵押财产被人民法院依法扣押的，自扣押之日起抵押权人有权收取该抵押财产的天然孳息或者法定孳息，但抵押权人未通知应当清偿法定孳息的义务人的除外。

前款规定的孳息应当先充抵收取孳息的费用。

第一百九十八条 抵押财产折价或者拍卖、变卖后，其价款超过债权数额的部分归抵押人所有，不足部分由债务人清偿。

第一百九十九条 同一财产向两个以上债权人抵押的，拍卖、变卖抵押财产所得的价款依照下列规定清偿：

（一）抵押权已登记的，按照登记的先后顺序清偿；顺序相同的，按照债权比例清偿；

（二）抵押权已登记的先于未登记的受偿；

（三）抵押权未登记的，按照债权比例清偿。

第二百条 建设用地使用权抵押后，该土地上新增的建筑物不属于抵押财产。该建设用地使用权实现抵押权时，应当将该土地上新增的建筑物与建设用地使用权一并处分，但新增建筑物所得的价款，抵押权人无权优先受偿。

第二百零一条 依照本法第一百八十条第一款第三项规定的土地承包经营权抵押的，或者依照本法第一百八十三条规定以乡镇、村企业的厂房等建筑物占用范围内的建设用地使用权一并抵押的，实现抵押权后，未经法定程序，不得改变土地所有权的性质和土地用途。

第二百零二条 抵押权人应当在主债权诉讼时效期间行使抵押权；未行使的，人民法院不予保护。

第二节 最高额抵押权

第二百零三条 为担保债务的履行，债务人或者第三人对一定期间内将要连续发生的债权提供担保财产的，债务人不履行到期债务或者发生当事人约定的实现抵押权的情形，抵押权人有权在最高债权额限度内就该担保财产优先受偿。

最高额抵押权设立前已经存在的债权，经当事人同意，可以转入最高额抵押担保的债权范围。

第二百零四条 最高额抵押担保的债权确定前，部分债权转让的，最高额抵押权不得转让，但当事人另有约定的除外。

第二百零五条 最高额抵押担保的债权确定前，抵押权人与抵押人可以通过协议变更债权确定的期间、债权范围以及最高债权额，但变更的内容不得对其他抵押权人产生不利影响。

第二百零六条 有下列情形之一的，抵押权人的债权确定：

（一）约定的债权确定期间届满；

（二）没有约定债权确定期间或者约定不明确，抵押权人或者抵押人自最高额抵押权设立之日起满二年后请求确定债权；

（三）新的债权不可能发生；

（四）抵押财产被查封、扣押；

（五）债务人、抵押人被宣告破产或者被撤销；

（六）法律规定债权确定的其他情形。

第二百零七条 最高额抵押权除适用本节规定外，适用本章第一节一般抵押权的规定。

第十七章 质 权

第一节 动产质权

第二百零八条 为担保债务的履行，债务人或者第三人将其动产出质给债权人占有的，债务人不履行到期债务或者发生当事人约定的实现质权的情形，债权人有权就该动产优先受偿。

前款规定的债务人或者第三人为出质人，债权人为质权人，交付的动产为质押财产。

第二百零九条 法律、行政法规禁止转让的动产不得出质。

第二百一十条 设立质权，当事人应当采取书面形式订立质权合同。

质权合同一般包括下列条款：

（一）被担保债权的种类和数额；

（二）债务人履行债务的期限；

（三）质押财产的名称、数量、质量、状况；

（四）担保的范围；

（五）质押财产交付的时间。

第二百一十一条 质权人在债务履行期届满前，不得与出质人约定债务人不履行到期债务时质押财产归债权人所有。

第二百一十二条 质权自出质人交付质押财产时设立。

第二百一十三条 质权人有权收取质押财产的孳息，但合同另有约定的除外。

前款规定的孳息应当先充抵收取孳息的费用。

第二百一十四条 质权人在质权存续期间，未经出质人同意，擅自使用、处分质押财产，给出质人造成损害的，应当承担赔偿责任。

第二百一十五条 质权人负有妥善保管质押财产的义务；因保管不善致使质押财产毁损、灭失的，应当承担赔偿责任。

质权人的行为可能使质押财产毁损、灭失的，出质人可以要求质权人将质押财产提存，或者要求提前清偿债务并返还质押财产。

第二百一十六条 因不能归责于质权人的事由可能使质押财产毁损或者价值明显减少，足以危害质权人权利的，质权人有权要求出质人提供相应的担保；出质人不提供的，质权人可以拍卖、变卖质押财产，并与出质人通过协议将拍卖、变卖所得的价款提前清偿债务或者提存。

第二百一十七条 质权人在质权存续期间，未经出质人同意转质，造成质押财产毁损、灭失的，应当向出质人承担赔偿责任。

第二百一十八条 质权人可以放弃质权。债务人以自己的财产出质，质权人放弃该质权的，其他担保人在质权人丧失优先受偿权益的范围内免除担保责任，但其他担保人承诺仍然提供担保的除外。

第二百一十九条 债务人履行债务或者出质人提前清偿所担保的债权的，质权人应当返还质押财产。

债务人不履行到期债务或者发生当事人约定的实现质权的情形，质权人可以与出质人协议以质押财产折价，也可以就拍卖、变卖质押财产所得的价款优先受偿。

质押财产折价或者变卖的，应当参照市场价格。

第二百二十条 出质人可以请求质权人在债务履行期届满后及时行使质权；质权人不行使的，出质人可以请求人民法院拍卖、变卖质押财产。

出质人请求质权人及时行使质权，因质权人怠于行使权利造成损害的，由质权人承担赔偿责任。

第二百二十一条 质押财产折价或者拍卖、变卖后，其价款超过债权数额的部分归出质人所有，不足部分由债务人清偿。

第二百二十二条 出质人与质权人可以协议设立最高额质权。

最高额质权除适用本节有关规定外，参照本法第十六章第二节最高额抵押权的规定。

第二节　权利质权

第二百二十三条 债务人或者第三人有权处分的下列权利可以出质：

（一）汇票、支票、本票；

（二）债券、存款单；

（三）仓单、提单；

（四）可以转让的基金份额、股权；

（五）可以转让的注册商标专用权、专利权、著作权等知识产权中的财产权；

（六）应收账款；

（七）法律、行政法规规定可以出质的其他财产权利。

第二百二十四条 以汇票、支票、本票、债券、存款单、仓单、提单出质的，当事人应当订立书面合同。质权自权利凭证交付质权人时设立；没有权利凭证的，质权自有关部门办理出质登记时设立。

第二百二十五条 汇票、支票、本票、债券、存款单、仓单、提单的兑现日期或者提货日期先于主债权到期的，质权人可以兑现或者提货，并与出质人协议将兑现的价款或者提取的货物提前清偿债务或者提存。

第二百二十六条 以基金份额、股权出质的，当事人应当订立书面合同。以基金份额、证券登记结算机构登记的股权出质的，质权自证券登记结算机构办理出质登记时设立；以其他股权出质的，质权自工商行政管理部门办理出质登记时设立。

基金份额、股权出质后，不得转让，但经出质人与质权人协商同意的除外。出质人转让基金份额、股权所得的价款，应当向质权人提前清偿债务或者提存。

第二百二十七条　以注册商标专用权、专利权、著作权等知识产权中的财产权出质的，当事人应当订立书面合同。质权自有关主管部门办理出质登记时设立。

知识产权中的财产权出质后，出质人不得转让或者许可他人使用，但经出质人与质权人协商同意的除外。出质人转让或者许可他人使用出质的知识产权中的财产权所得的价款，应当向质权人提前清偿债务或者提存。

第二百二十八条　以应收账款出质的，当事人应当订立书面合同。质权自信贷征信机构办理出质登记时设立。

应收账款出质后，不得转让，但经出质人与质权人协商同意的除外。出质人转让应收账款所得的价款，应当向质权人提前清偿债务或者提存。

第二百二十九条　权利质权除适用本节规定外，适用本章第一节动产质权的规定。

第十八章　留置权

第二百三十条　债务人不履行到期债务，债权人可以留置已经合法占有的债务人的动产，并有权就该动产优先受偿。

前款规定的债权人为留置权人，占有的动产为留置财产。

第二百三十一条　债权人留置的动产，应当与债权属于同一法律关系，但企业之间留置的除外。

第二百三十二条　法律规定或者当事人约定不得留置的动产，不得留置。

第二百三十三条　留置财产为可分物的，留置财产的价值应当相当于债务的金额。

第二百三十四条　留置权人负有妥善保管留置财产的义务；因保管不善致使留置财产毁损、灭失的，应当承担赔偿责任。

第二百三十五条　留置权人有权收取留置财产的孳息。

前款规定的孳息应当先充抵收取孳息的费用。

第二百三十六条　留置权人与债务人应当约定留置财产后的债务履行期间；没有约定或者约定不明确的，留置权人应当给债务人两个月以上履行债务的期间，但鲜活易腐等不易保管的动产除外。债务人逾期未履行的，留置权人可以与债务人协议以留置财产折价，也可以就拍卖、变卖留置财产所得的价款优先受偿。

留置财产折价或者变卖的，应当参照市场价格。

第二百三十七条　债务人可以请求留置权人在债务履行期届满后行使留置权；留置权人不行使的，债务人可以请求人民法院拍卖、变卖留置财产。

第二百三十八条　留置财产折价或者拍卖、变卖后，其价款超过债权数额的部分归债务人所有，不足部分由债务人清偿。

第二百三十九条　同一动产上已设立抵押权或者质权，该动产又被留置的，留置权人优先受偿。

第二百四十条　留置权人对留置财产丧失占有或者留置权人接受债务人另行提供担保的，留置权消灭。

第五编 占 有

第十九章 占 有

第二百四十一条 基于合同关系等产生的占有，有关不动产或者动产的使用、收益、违约责任等，按照合同约定；合同没有约定或者约定不明确的，依照有关法律规定。

第二百四十二条 占有人因使用占有的不动产或者动产，致使该不动产或者动产受到损害的，恶意占有人应当承担赔偿责任。

第二百四十三条 不动产或者动产被占有人占有的，权利人可以请求返还原物及其孳息，但应当支付善意占有人因维护该不动产或者动产支出的必要费用。

第二百四十四条 占有的不动产或者动产毁损、灭失，该不动产或者动产的权利人请求赔偿的，占有人应当将因毁损、灭失取得的保险金、赔偿金或者补偿金等返还给权利人；权利人的损害未得到足够弥补的，恶意占有人还应当赔偿损失。

第二百四十五条 占有的不动产或者动产被侵占的，占有人有权请求返还原物；对妨害占有的行为，占有人有权请求排除妨害或者消除危险；因侵占或者妨害造成损害的，占有人有权请求损害赔偿。

占有人返还原物的请求权，自侵占发生之日起一年内未行使的，该请求权消灭。

附 则

第二百四十六条 法律、行政法规对不动产统一登记的范围、登记机构和登记办法作出规定前，地方性法规可以依照本法有关规定作出规定。

第二百四十七条 本法自 2007 年 10 月 1 日起施行。

中华人民共和国城市房地产管理法

1. 1994 年 7 月 5 日第八届全国人民代表大会常务委员会第八次会议通过
2. 1994 年 7 月 5 日中华人民共和国主席令第二十九号公布
3. 自 1995 年 1 月 1 日起施行
4. 根据 2007 年 8 月 30 日第十届全国人民代表大会常务委员会第二十九次会议《关于修改〈中华人民共和国城市房地产管理法〉的决定》第一次修正
5. 根据 2009 年 8 月 27 日中华人民共和国主席令第十八号第十一届全国人民代表大会常务委员会第十次会议《关于修改部分法律的决定》第二次修正

目 录

第一章 总 则

第一条 为了加强对城市房地产的管理，维护房地产市场秩序，保障房地产权利人的合法权益，促进房地产业的健康发展，制定本法。

第二条 在中华人民共和国城市规划区国有土地（以下简称国有土地）范围内取得房地产开发用地的土地使用权，从事房地产开发、房地产交易，实施房地产管理，应当遵守本法。

本法所称房屋，是指土地上的房屋等建筑物及构筑物。

本法所称房地产开发，是指在依据本法取得国有土地使用权的土地上进行基础设施、房屋建设的行为。

本法所称房地产交易，包括房地产转让、房地产抵押和房屋租赁。

第三条 国家依法实行国有土地有偿、有限期使用制度。但是，国家在本法规定的范围内划拨国有土地使用权的除外。

第四条 国家根据社会、经济发展水平，扶持发展居民住宅建设，逐步改善居民的居住条件。

第五条 房地产权利人应当遵守法律和行政法规，依法纳税。房地产权利人的合法权益受法律保护，任何单位和个人不得侵犯。

第六条 为了公共利益的需要，国家可以征收国有土地上单位和个人的房屋，并依法给予拆迁补偿，维护被征收人的合法权益；征收个人住宅的，还应当保障被征收人的居住条件。具体办法由国务院规定。

第七条 国务院建设行政主管部门、土地管理部门依照国务院规定的职权划分，各司其职，密切配合，管理全国房地产工作。

县级以上地方人民政府房产管理、土地管理部门的机构设置及其职权由省、自治区、直辖市人民政府确定。

第二章 房地产开发用地

第一节 土地使用权出让

第八条 土地使用权出让，是指国家将国有土地使用权（以下简称土地使用权）在一定年限内出让给土地使用者，由土地使用者向国家支付土地使用权出让金的行为。

第九条 城市规划区内的集体所有的土地，经依法征收转为国有土地后，该幅国有土地的使用权方可有偿出让。

第十条 土地使用权出让，必须符合土地利用总体规划、城市规划和年度建设用地计划。

第十一条 县级以上地方人民政府出让土地使用权用于房地产开发的，须根据省级以上人民政府下达的控制指标拟订年度出让土地使用权总面积方案，按照国务院规定，报国务院或者省级人民政府批准。

第十二条 土地使用权出让，由市、县人民政府有计划、有步骤地进行。出让的每幅地块、用途、年限和其他条件，由市、县人民政府土地管理部门会同城市规划、建设、房产管理部门共同拟定方案，按照国务院规定，报经有批准权的人民政府批准后，由市、县人民政府土地管理部门实施。

直辖市的县人民政府及其有关部门行使前款规定的权限，由直辖市人民政府规定。

第十三条 土地使用权出让，可以采取拍卖、招标或者双方协议的方式。

商业、旅游、娱乐和豪华住宅用地，有条件的，必须采取拍卖、招标方式；没有条件，不能采取拍卖、招标方式的，可以采取双方协议的方式。

采取双方协议方式出让土地使用权的出让金不得低于按国家规定所确定的最低价。

第十四条 土地使用权出让最高年限由国务院规定。

第十五条 土地使用权出让，应当签订书面出让合同。

土地使用权出让合同由市、县人民政府土地管理部门与土地使用者签订。

第十六条 土地使用者必须按照出让合同约定，支付土地使用权出让金；未按照出让合同约定支付土地使用权出让金的，土地管理部门有权解除合同，并可以请求违约赔偿。

第十七条 土地使用者按照出让合同约定支付土地使用权出让金的，市、县人民政府土地管理部门必须按照出让合同约定，提供出让的土地；未按照出让合同约定提供出让的土地的，土地使用者有权解除合同，由土地管理部门返还土地使用权出让金，土地使用者并可以请求违约赔偿。

第十八条 土地使用者需要改变土地使用权出让合同约定的土地用途的，必须取得出让方和市、县人民政府城市规划行政主管部门的同意，签订土地使用权出让合同变更协议或者重新签订土地使用权出让合同，相应调整土地使用权出让金。

第十九条 土地使用权出让金应当全部上缴财政，列入预算，用于城市基础设施建设和土地开发。土地使用权出让金上缴和使用的具体办法由国务院规定。

第二十条 国家对土地使用者依法取得的土地使用权，在出让合同约定的使用年限届满前不收回；在特殊情况下，根据社会公共利益的需要，可以依照法律程序提前收回，并根据土地使用者使用土地的实际年限和开发土地的实际情况给予相应的补偿。

第二十一条 土地使用权因土地灭失而终止。

第二十二条 土地使用权出让合同约定的使用年限届满，土地使用者需要继续使用土地的，应当至迟于届满前一年申请续期，除根据社会公共利益需要收回该幅土地的，应当予以批准。经批准准予续期的，应当重新签订土地使用权出让合同，依照规定支付土地使用权出让金。

土地使用权出让合同约定的使用年限届满，土地使用者未申请续期或者虽申请续期但依照前款规定未获批准的，土地使用权由国家无偿收回。

第二节 土地使用权划拨

第二十三条 土地使用权划拨，是指县级以上人民政府依法批准，在土地使用者缴纳补偿、安置等费用后将该幅土地交付其使用，或者将土地使用权无偿交付给土地使用者使用的行为。

依照本法规定以划拨方式取得土地使用权的，除法律、行政法规另有规定外，没有使用期限的限制。

第二十四条 下列建设用地的土地使用权，确属必需的，可以由县级以上人民政府依法批准划拨：

（一）国家机关用地和军事用地；

（二）城市基础设施用地和公益事业用地；

（三）国家重点扶持的能源、交通、水利等项目用地；

（四）法律、行政法规规定的其他用地。

第三章 房地产开发

第二十五条 房地产开发必须严格执行城市规划，按照经济效益、社会效益、环境效益相统一的原则，实行全面规划、合理布局、综合开发、配套建设。

第二十六条 以出让方式取得土地使用权进行房地产开发的，必须按照土地使用权出让合同约定的土地用途、动工开发期限开发土地。超过出让合同约定的动工开发日期满一年未动工开发的，可以征收相当于土地使用权出让金百分之二十以下的土地闲置费；满二年未动工开发的，可以无偿收回土地使用权；但是，因不可抗力或者政府、政府有关部门的行为或者动工开发必需的前期工作造成动工开发迟延的除外。

第二十七条 房地产开发项目的设计、施工，必须符合国家的有关标准和规范。

房地产开发项目竣工，经验收合格后，方可交付使用。

第二十八条 依法取得的土地使用权，可以依照本法和有关法律、行政法规的规定，作价入股，合资、合作开发经营房地产。

第二十九条 国家采取税收等方面的优惠措施鼓励和扶持房地产开发企业开发建设居民住宅。

第三十条 房地产开发企业是以营利为目的，从事房地产开发和经营的企业。设立房地产开发企业，应当具备下列条件：

（一）有自己的名称和组织机构；

（二）有固定的经营场所；

（三）有符合国务院规定的注册资本；

（四）有足够的专业技术人员；

（五）法律、行政法规规定的其他条件。

设立房地产开发企业，应当向工商行政管理部门申请设立登记。工商行政管理部门对符合本法规定条件的，应当予以登记，发给营业执照；对不符合本法规定条件的，不予登记。

设立有限责任公司、股份有限公司，从事房地产开发经营的，还应当执行公司法的有关规定。

房地产开发企业在领取营业执照后的一个月内，应当到登记机关所在地的县级以上地方人民政府规定的部门备案。

第三十一条 房地产开发企业的注册资本与投资总额的比例应当符合国家有关规定。

房地产开发企业分期开发房地产的，分期投资额应当与项目规模相适应，并按照土地使用权出让合同的约定，按期投入资金，用于项目建设。

第四章 房地产交易

第一节 一般规定

第三十二条 房地产转让、抵押时，房屋的所有权和该房屋占用范围内的土地使用权同时转让、抵押。

第三十三条 基准地价、标定地价和各类房屋的重置价格应当定期确定并公布。具体办法由国务院规定。

第三十四条 国家实行房地产价格评估制度。

房地产价格评估，应当遵循公正、公平、公开的原则，按照国家规定的技术标准和评估程序，以基准地价、标定地价和各类房屋的重置价格为基础，参照当地的市场价格进行评估。

第三十五条 国家实行房地产成交价格申报制度。

房地产权利人转让房地产，应当向县级以上地方人民政府规定的部门如实申报成交价，不得瞒报或者作不实的申报。

第三十六条 房地产转让、抵押，当事人应当依照本法第五章的规定办理权属登记。

第二节 房地产转让

第三十七条 房地产转让，是指房地产权利人通过买卖、赠与或者其他合法方式将其房地产转移给他人的行为。

第三十八条 下列房地产，不得转让：

（一）以出让方式取得土地使用权的，不符合本法第三十九条规定的条件的；

（二）司法机关和行政机关依法裁定、决定查封或者以其他形式限制房地产权利的；

（三）依法收回土地使用权的；

（四）共有房地产，未经其他共有人书面同意的；

（五）权属有争议的；

（六）未依法登记领取权属证书的；

（七）法律、行政法规规定禁止转让的其他情形。

第三十九条　以出让方式取得土地使用权的，转让房地产时，应当符合下列条件：

（一）按照出让合同约定已经支付全部土地使用权出让金，并取得土地使用权证书；

（二）按照出让合同约定进行投资开发，属于房屋建设工程的，完成开发投资总额的百分之二十五以上，属于成片开发土地的，形成工业用地或者其他建设用地条件。

转让房地产时房屋已经建成的，还应当持有房屋所有权证书。

第四十条　以划拨方式取得土地使用权的，转让房地产时，应当按照国务院规定，报有批准权的人民政府审批。有批准权的人民政府准予转让的，应当由受让方办理土地使用权出让手续，并依照国家有关规定缴纳土地使用权出让金。

以划拨方式取得土地使用权的，转让房地产报批时，有批准权的人民政府按照国务院规定决定可以不办理土地使用权出让手续的，转让方应当按照国务院规定将转让房地产所获收益中的土地收益上缴国家或者作其他处理。

第四十一条　房地产转让，应当签订书面转让合同，合同中应当载明土地使用权取得的方式。

第四十二条　房地产转让时，土地使用权出让合同载明的权利、义务随之转移。

第四十三条　以出让方式取得土地使用权的，转让房地产后，其土地使用权的使用年限为原土地使用权出让合同约定的使用年限减去原土地使用者已经使用年限后的剩余年限。

第四十四条　以出让方式取得土地使用权的，转让房地产后，受让人改变原土地使用权出让合同约定的土地用途的，必须取得原出让方和市、县人民政府城市规划行政主管部门的同意，签订土地使用权出让合同变更协议或者重新签订土地使用权出让合同，相应调整土地使用权出让金。

第四十五条　商品房预售，应当符合下列条件：

（一）已交付全部土地使用权出让金，取得土地使用权证书；

（二）持有建设工程规划许可证；

（三）按提供预售的商品房计算，投入开发建设的资金达到工程建设总投资的百分之二十五以上，并已经确定施工进度和竣工交付日期；

（四）向县级以上人民政府房产管理部门办理预售登记，取得商品房预售许可证明。

商品房预售人应当按照国家有关规定将预售合同报县级以上人民政府房产管理部门和土地管理部门登记备案。

商品房预售所得款项，必须用于有关的工程建设。

第四十六条　商品房预售的，商品房预购人将购买的未竣工的预售商品房再行转让的问题，由国务院规定。

第三节　房地产抵押

第四十七条　房地产抵押，是指抵押人以其合法的房地产以不转移占有的方式向抵押权人提供债务履行担保的行为。债务人不履行债务时，抵押权人有权依法以抵押的房地产拍卖所得的价款优先受偿。

第四十八条　依法取得的房屋所有权连同该房屋占用范围内的土地使用权，可以设定抵押权。

以出让方式取得的土地使用权，可以设定抵押权。

第四十九条　房地产抵押，应当凭土地使用权证书、房屋所有权证书办理。

第五十条　房地产抵押，抵押人和抵押权人应当签订书面抵押合同。

第五十一条　设定房地产抵押权的土地使用权是以划拨方式取得的，依法拍卖该房地产后，应当从拍卖所得的价款中缴纳相当于应缴纳的土地使用权出让金的款额后，抵押权人方可优先受偿。

第五十二条　房地产抵押合同签订后，土地上新增的房屋不属于抵押财产。需要拍卖该抵押的房地产时，可以依法将土地上新增的房屋与抵押财产一同拍卖，但对拍卖新增房屋所得，抵押权人无权优先受偿。

第四节　房屋租赁

第五十三条　房屋租赁，是指房屋所有权人作为出租人将其房屋出租给承租人使用，由承租人向出租人支付租金的行为。

第五十四条　房屋租赁，出租人和承租人应当签订书面租赁合同，约定租赁期限、租赁用途、租赁价格、修缮责任等条款，以及双方的其他权利和义务，并向房产管理部门登记备案。

第五十五条　住宅用房的租赁，应当执行国家和房屋所在城市人民政府规定的租赁政策。租用房屋从事生产、经营活动的，由租赁双方协商议定租金和其他租赁条款。

第五十六条　以营利为目的，房屋所有权人将以划拨方式取得使用权的国有土地上建成的房屋出租的，应当将租金中所含土地收益上缴国家。具体办法由国务院规定。

第五节　中介服务机构

第五十七条　房地产中介服务机构包括房地产咨询机构、房地产价格评估机构、房地产经纪机构等。

第五十八条　房地产中介服务机构应当具备下列条件：

（一）有自己的名称和组织机构；

（二）有固定的服务场所；

（三）有必要的财产和经费；

（四）有足够数量的专业人员；

（五）法律、行政法规规定的其他条件。

设立房地产中介服务机构，应当向工商行政管理部门申请设立登记，领取营业执照后，方可开业。

第五十九条　国家实行房地产价格评估人员资格认证制度。

第五章　房地产权属登记管理

第六十条　国家实行土地使用权和房屋所有权登记发证制度。

第六十一条　以出让或者划拨方式取得土地使用权，应当向县级以上地方人民政府土地管理部门申请登记，经县级以上地方人民政府土地管理部门核实，由同级人民政府颁发土地使用权证书。

在依法取得的房地产开发用地上建成房屋的，应当凭土地使用权证书向县级以上地方人民政府房产管理部门申请登记，由县级以上地方人民政府房产管理部门核实并颁发房屋所有权证书。

房地产转让或者变更时，应当向县级以上地方人民政府房产管理部门申请房产变更登记，并凭变更后的房屋所有权证书向同级人民政府土地管理部门申请土地使用权变更登记，经同级人民政府土地管理部门核实，由同级人民政府更换或者更改土地使用权证书。

法律另有规定的，依照有关法律的规定办理。

第六十二条　房地产抵押时，应当向县级以上地方人民政府规定的部门办理抵押登记。

因处分抵押房地产而取得土地使用权和房屋所有权的，应当依照本章规定办理过户登记。

第六十三条　经省、自治区、直辖市人民政府确定，县级以上地方人民政府由一个部门统一负责房产管理和土地管理工作的，可以制作、颁发统一的房地产权证书，依照本法第六十一条的规定，将房屋的所有权和该房屋占用范围内的土地使用权的确认和变更，分别载入房地产权证书。

第六章　法律责任

第六十四条　违反本法第十一条、第十二条的规定，擅自批准出让或者擅自出让土地使用权用于房地产开发的，由上级机关或者所在单位给予有关责任人员行政处分。

第六十五条　违反本法第三十条的规定，未取得营业执照擅自从事房地产开发业务的，由县级以上人民政府工商行政管理部门责令停止房地产开发业务活动，没收违法所得，可以并处罚款。

第六十六条　违反本法第三十九条第一款的规定转让土地使用权的，由县级以上人民政府土地管理部门没收违法所得，可以并处罚款。

第六十七条　违反本法第四十条第一款的规定转让房地产的，由县级以上人民政府土地管理部门责令缴纳土地使用权出让金，没收违法所得，可以并处罚款。

第六十八条　违反本法第四十五条第一款的规定预售商品房的，由县级以上人民政府房产管理部门责令停止预售活动，没收违法所得，可以并处罚款。

第六十九条　违反本法第五十八条的规定，未取得营业执照擅自从事房地产中介服务业务的，由县级以上人民政府工商行政管理部门责令停止房地产中介服务业务活动，没收违法所得，可以并处罚款。

第七十条 没有法律、法规的依据，向房地产开发企业收费的，上级机关应当责令退回所收取的钱款；情节严重的，由上级机关或者所在单位给予直接责任人员行政处分。

第七十一条 房产管理部门、土地管理部门工作人员玩忽职守、滥用职权，构成犯罪的，依法追究刑事责任；不构成犯罪的，给予行政处分。

房产管理部门、土地管理部门工作人员利用职务上的便利，索取他人财物，或者非法收受他人财物为他人谋取利益，构成犯罪的，依法追究刑事责任；不构成犯罪的，给予行政处分。

第七章 附 则

第七十二条 在城市规划区外的国有土地范围内取得房地产开发用地的土地使用权，从事房地产开发、交易活动以及实施房地产管理，参照本法执行。

第七十三条 本法自1995年1月1日起施行。

最高人民法院
关于适用《中华人民共和国合同法》若干问题的解释（一）

1. 1999年12月1日最高人民法院审判委员会第1090次会议通过
2. 1999年12月19日公告公布
3. 1999年12月29日起施行
4. 法释〔1999〕19号

为了正确审理合同纠纷案件，根据《中华人民共和国合同法》（以下简称合同法）的规定，对人民法院适用合同法的有关问题作出如下解释：

一、法律适用范围

第一条 合同法实施以后成立的合同发生纠纷起诉到人民法院的，适用合同法的规定；合同法实施以前成立的合同发生纠纷起诉到人民法院的，除本解释另有规定的以外，适用当时的法律规定，当时没有法律规定的，可以适用合同法的有关规定。

第二条 合同成立于合同法实施之前，但合同约定的履行期限跨越合同法实施之日或者履行期限在合同法实施之后，因履行合同发生的纠纷，适用合同法第四章的有关规定。

第三条 人民法院确认合同效力时，对合同法实施以前成立的合同，适用当时的法律合同无效而适用合同法合同有效的，则适用合同法。

第四条 合同法实施以后，人民法院确认合同无效，应当以全国人大及其常委会制定的法律和国务院制定的行政法规为依据，不得以地方性法规、行政规章为依据。

第五条 人民法院对合同法实施以前已经作出终审裁决的案件进行再审，不适用合同法。

二、诉讼时效

第六条　技术合同争议当事人的权利受到侵害的事实发生在合同法实施之前，自当事人知道或者应当知道其权利受到侵害之日起至合同法实施之日超过一年的，人民法院不予保护；尚未超过一年的，其提起诉讼的时效期间为二年。

第七条　技术进出口合同争议当事人的权利受到侵害的事实发生在合同法实施之前，自当事人知道或者应当知道其权利受到侵害之日起至合同法施行之日超过二年的，人民法院不予保护；尚未超过二年的，其提起诉讼的时效期间为四年。

第八条　合同法第五十五条规定的“一年”、第七十五条和第一百零四条第二款规定的“五年”为不变期间，不适用诉讼时效中止、中断或者延长的规定。

三、合同效力

第九条　依照合同法第四十四条第二款的规定，法律、行政法规规定合同应当办理批准手续，或者办理批准、登记等手续才生效，在一审法庭辩论终结前当事人仍未办理批准手续的，或者仍未办理批准、登记等手续的，人民法院应当认定该合同未生效；法律、行政法规规定合同应当办理登记手续，但未规定登记后生效的，当事人未办理登记手续不影响合同的效力，合同标的物所有权及其他物权不能转移。

合同法第七十七条第二款、第八十七条、第九十六条第二款所列合同变更、转让、解除等情形，依照前款规定处理。

第十条　当事人超越经营范围订立合同，人民法院不因此认定合同无效。但违反国家限制经营、特许经营以及法律、行政法规禁止经营规定的除外。

四、代位权

第十一条　债权人依照合同法第七十三条的规定提起代位权诉讼，应当符合下列条件：

（一）债权人对债务人的债权合法；

（二）债务人怠于行使其到期债权，对债权人造成损害；

（三）债务人的债权已到期；

（四）债务人的债权不是专属于债务人自身的债权。

第十二条　合同法第七十三条第一款规定的专属于债务人自身的债权，是指基于扶养关系、抚养关系、赡养关系、继承关系产生的给付请求权和劳动报酬、退休金、养老金、抚恤金、安置费、人寿保险、人身伤害赔偿请求权等权利。

第十三条　合同法第七十三条规定的“债务人怠于行使其到期债权，对债权人造成损害的”，是指债务人不履行其对债权人的到期债务，又不以诉讼方式或者仲裁方式向其债务人主张其享有的具有金钱给付内容的到期债权，致使债权人的到期债权未能实现。

次债务人（即债务人的债务人）不认为债务人有怠于行使其到期债权情况的，应当承担举证责任。

第十四条　债权人依照合同法第七十三条的规定提起代位权诉讼的，由被告住所地人民法院管辖。

第十五条　债权人向人民法院起诉债务人以后，又向同一人民法院对次债务人提起代位权诉讼，符合本解释第十四条的规定和《中华人民共和国民事诉讼法》第一百零八条规定的起诉条件的，应当立案受理；不符合本解释第十四条规定的，告知债权人向次债务人住所地人民法院另行起诉。

受理代位权诉讼的人民法院在债权人起诉债务人的诉讼裁决发生法律效力以前，应当依照《中华人民共和国民事诉讼法》第一百三十六条第（五）项的规定中止代位权诉讼。

第十六条 债权人以次债务人为被告向人民法院提起代位权诉讼，未将债务人列为第三人的，人民法院可以追加债务人为第三人。

两个或者两个以上债权人以同一次债务人为被告提起代位权诉讼的，人民法院可以合并审理。

第十七条 在代位权诉讼中，债权人请求人民法院对次债务人的财产采取保全措施的，应当提供相应的财产担保。

第十八条 在代位权诉讼中，次债务人对债务人的抗辩，可以向债权人主张。

债务人在代位权诉讼中对债权人的债权提出异议，经审查异议成立的，人民法院应当裁定驳回债权人的起诉。

第十九条 在代位权诉讼中，债权人胜诉的，诉讼费由次债务人负担，从实现的债权中优先支付。

第二十条 债权人向次债务人提起的代位权诉讼经人民法院审理后认定代位权成立的，由次债务人向债权人履行清偿义务，债权人与债务人、债务人与次债务人之间相应的债权债务关系即予消灭。

第二十一条 在代位权诉讼中，债权人行使代位权的请求数额超过债务人所负债务额或者超过次债务人对债务人所负债务额的，对超出部分人民法院不予支持。

第二十二条 债务人在代位权诉讼中，对超过债权人代位请求数额的债权部分起诉次债务人的，人民法院应当告知其向有管辖权的人民法院另行起诉。

债务人的起诉符合法定条件的，人民法院应当受理；受理债务人起诉的人民法院在代位权诉讼裁决发生法律效力以前，应当依法中止。

五、撤销权

第二十三条 债权人依照合同法第七十四条的规定提起撤销权诉讼的，由被告住所地人民法院管辖。

第二十四条 债权人依照合同法第七十四条的规定提起撤销权诉讼时只以债务人为被告，未将受益人或者受让人列为第三人的，人民法院可以追加该受益人或者受让人为第三人。

第二十五条 债权人依照合同法第七十四条的规定提起撤销权诉讼，请求人民法院撤销债务人放弃债权或转让财产的行为，人民法院应当就债权人主张的部分进行审理，依法撤销的，该行为自始无效。

两个或者两个以上债权人以同一债务人为被告，就同一标的提起撤销权诉讼的，人民法院可以合并审理。

第二十六条 债权人行使撤销权所支付的律师代理费、差旅费等必要费用，由债务人负担；第三人有过错的，应当适当分担。

六、合同转让中的第三人

第二十七条　债权人转让合同权利后，债务人与受让人之间因履行合同发生纠纷诉至人民法院，债务人对债权人的权利提出抗辩的，可以将债权人列为第三人。

第二十八条　经债权人同意，债务人转移合同义务后，受让人与债权人之间因履行合同发生纠纷诉至人民法院，受让人就债务人对债权人的权利提出抗辩的，可以将债务人列为第三人。

第二十九条　合同当事人一方经对方同意将其在合同中的权利义务一并转让给受让人，对方与受让人因履行合同发生纠纷诉至人民法院，对方就合同权利义务提出抗辩的，可以将出让方列为第三人。

七、请求权竞合

第三十条　债权人依照合同法第一百二十二条的规定向人民法院起诉时作出选择后，在一审开庭以前又变更诉讼请求的，人民法院应当准许。对方当事人提出管辖权异议，经审查异议成立的，人民法院应当驳回起诉。

最高人民法院
关于适用《中华人民共和国合同法》若干问题的解释（二）

1. 2009年2月9日最高人民法院审判委员会第1462次会议通过
2. 2009年4月24日公布
3. 2009年5月13日起施行
4. 法释〔2009〕5号

为了正确审理合同纠纷案件，根据《中华人民共和国合同法》的规定，对人民法院适用合同法的有关问题作出如下解释：

一、合同的订立

第一条　当事人对合同是否成立存在争议，人民法院能够确定当事人名称或者姓名、标的和数量的，一般应当认定合同成立。但法律另有规定或者当事人另有约定的除外。

对合同欠缺的前款规定以外的其他内容，当事人达不成协议的，人民法院依照合同法第六十一条、第六十二条、第一百二十五条等有关规定予以确定。

第二条　当事人未以书面形式或者口头形式订立合同，但从双方从事的民事行为能够推定双方有订立合同意愿的，人民法院可以认定是以合同法第十条第一款中的“其他形式”订立的合同。但法律另有规定的除外。

第三条　悬赏人以公开方式声明对完成一定行为的人支付报酬，完成特定行为的人请求悬赏人支付报酬的，人民法院依法予以支持。但悬赏有合同法第五十二条规定情形的除外。

第四条　采用书面形式订立合同，合同约定的签订地与实际签字或者盖章地点不符的，人民法院应当认定约定的签订地为合同签订地；合同没有约定签订地，双方当事人签字或者盖章不在同一地点的，人民法院应当认定最后签字或者盖章的地点为合同签订地。

第五条 当事人采用合同书形式订立合同的，应当签字或者盖章。当事人在合同书上摁手印的，人民法院应当认定其具有与签字或者盖章同等的法律效力。

第六条 提供格式条款的一方对格式条款中免除或者限制其责任的内容，在合同订立时采用足以引起对方注意的文字、符号、字体等特别标识，并按照对方的要求对该格式条款予以说明的，人民法院应当认定符合合同法第三十九条所称“采取合理的方式”。

提供格式条款一方对已尽合理提示及说明义务承担举证责任。

第七条 下列情形，不违反法律、行政法规强制性规定的，人民法院可以认定为合同法所称“交易习惯”：

（一）在交易行为当地或者某一领域、某一行业通常采用并为交易对方订立合同时所知道或者应当知道的做法；

（二）当事人双方经常使用的习惯做法。

对于交易习惯，由提出主张的一方当事人承担举证责任。

第八条 依照法律、行政法规的规定经批准或者登记才能生效的合同成立后，有义务办理申请批准或者申请登记等手续的一方当事人未按照法律规定或者合同约定办理申请批准或者未申请登记的，属于合同法第四十二条第（三）项规定的“其他违背诚实信用原则的行为”，人民法院可以根据案件的具体情况和相对人的请求，判决相对人自己办理有关手续；对方当事人对由此产生的费用和给相对人造成的实际损失，应当承担损害赔偿责任。

二、合同的效力

第九条 提供格式条款的一方当事人违反合同法第三十九条第一款关于提示和说明义务的规定，导致对方没有注意免除或者限制其责任的条款，对方当事人申请撤销该格式条款的，人民法院应当支持。

第十条 提供格式条款的一方当事人违反合同法第三十九条第一款的规定，并具有合同法第四十条规定的情形之一的，人民法院应当认定该格式条款无效。

第十一条 根据合同法第四十七条、第四十八条的规定，追认的意思表示自到达相对人时生效，合同自订立时起生效。

第十二条 无权代理人以被代理人的名义订立合同，被代理人已经开始履行合同义务的，视为对合同的追认。

第十三条 被代理人依照合同法第四十九条的规定承担有效代理行为所产生的责任后，可以向无权代理人追偿因代理行为而遭受的损失。

第十四条 合同法第五十二条第（五）项规定的“强制性规定”，是指效力性强制性规定。

第十五条 出卖人就同一标的物订立多重买卖合同，合同均不具有合同法第五十二条规定的无效情形，买受人因不能按照合同约定取得标的物所有权，请求追究出卖人违约责任的，人民法院应予支持。

三、合同的履行

第十六条　人民法院根据具体案情可以将合同法第六十四条、第六十五条规定的第三人列为无独立请求权的第三人，但不得依职权将其列为该合同诉讼案件的被告或者有独立请求权的第三人。

第十七条　债权人以境外当事人为被告提起的代位权诉讼，人民法院根据《中华人民共和国民事诉讼法》第二百四十一条的规定确定管辖。

第十八条　债务人放弃其未到期的债权或者放弃债权担保，或者恶意延长到期债权的履行期，对债权人造成损害，债权人依照合同法第七十四条的规定提起撤销权诉讼的，人民法院应当支持。

第十九条　对于合同法第七十四条规定的“明显不合理的低价”，人民法院应当以交易当地一般经营者的判断，并参考交易当时交易地的物价部门指导价或者市场交易价，结合其他相关因素综合考虑予以确认。

转让价格达不到交易时交易地的指导价或者市场交易价百分之七十的，一般可以视为明显不合理的低价；对转让价格高于当地指导价或者市场交易价百分之三十的，一般可以视为明显不合理的高价。

债务人以明显不合理的高价收购他人财产，人民法院可以根据债权人的申请，参照合同法第七十四条的规定予以撤销。

第二十条　债务人的给付不足以清偿其对同一债权人所负的数笔相同种类的全部债务，应当优先抵充已到期的债务；几项债务均到期的，优先抵充对债权人缺乏担保或者担保数额最少的债务；担保数额相同的，优先抵充债务负担较重的债务；负担相同的，按照债务到期的先后顺序抵充；到期时间相同的，按比例抵充。但是，债权人与债务人对清偿的债务或者清偿抵充顺序有约定的除外。

第二十一条　债务人除主债务之外还应当支付利息和费用，当其给付不足以清偿全部债务时，并且当事人没有约定的，人民法院应当按照下列顺序抵充：

（一）实现债权的有关费用；

（二）利息；

（三）主债务。

四、合同的权利义务终止

第二十二条　当事人一方违反合同法第九十二条规定的义务，给对方当事人造成损失，对方当事人请求赔偿实际损失的，人民法院应当支持。

第二十三条　对于依照合同法第九十九条的规定可以抵销的到期债权，当事人约定不得抵销的，人民法院可以认定该约定有效。

第二十四条　当事人对合同法第九十六条、第九十九条规定的合同解除或者债务抵销虽有异议，但在约定的异议期限届满后才提出异议并向人民法院起诉的，人民法院不予支持；当事人没有约定异议期间，在解除合同或者债务抵销通知到达之日起三个月以后才向人民法院起诉的，人民法院不予支持。

第二十五条　依照合同法第一百零一条的规定，债务人将合同标的物或者标的物拍卖、变卖所得价款交付提存部门时，人民法院应当认定提存成立。

提存成立的，视为债务人在其提存范围内已经履行债务。

第二十六条 合同成立以后客观情况发生了当事人在订立合同时无法预见的、非不可抗力造成的不属于商业风险的重大变化，继续履行合同对于一方当事人明显不公平或者不能实现合同目的，当事人请求人民法院变更或者解除合同的，人民法院应当根据公平原则，并结合案件的实际情况确定是否变更或者解除。

五、违约责任

第二十七条 当事人通过反诉或者抗辩的方式，请求人民法院依照合同法第一百一十四条第二款的规定调整违约金的，人民法院应予支持。

第二十八条 当事人依照合同法第一百一十四条第二款的规定，请求人民法院增加违约金的，增加后的违约金数额以不超过实际损失额为限。增加违约金以后，当事人又请求对方赔偿损失的，人民法院不予支持。

第二十九条 当事人主张约定的违约金过高请求予以适当减少的，人民法院应当以实际损失为基础，兼顾合同的履行情况、当事人的过错程度以及预期利益等综合因素，根据公平原则和诚实信用原则予以衡量，并作出裁决。

当事人约定的违约金超过造成损失的百分之三十的，一般可以认定为合同法第一百一十四条第二款规定的“过分高于造成的损失”。

六、附则

第三十条 合同法施行后成立的合同发生纠纷的案件，本解释施行后尚未终审的，适用本解释；本解释施行前已经终审，当事人申请再审或者按照审判监督程序决定再审的，不适用本解释。

最高人民法院
关于审理商品房买卖合同纠纷案件适用法律若干问题的解释

1. 2003年3月24日最高人民法院审判委员会第1267次会议通过
2. 2003年4月28日公布
3. 2003年6月1日起施行
4. 法释〔2003〕7号

为正确、及时审理商品房买卖合同纠纷案件，根据《中华人民共和国民法通则》、《中华人民共和国合同法》《中华人民共和国城市房地产管理法》《中华人民共和国担保法》等相关法律，结合民事审判实践，制定本解释。

第一条 本解释所称的商品房买卖合同，是指房地产开发企业（以下统称为出卖人）将尚未建成或者已竣工的房屋向社会销售并转移房屋所有权于买受人，买受人支付价款的合同。

第二条 出卖人未取得商品房预售许可证明，与买受人订立的商品房预售合同，应当认定无效，但是在起诉前取得商品房预售许可证明的，可以认定有效。

第三条 商品房的销售广告和宣传资料为要约邀请，但是出卖人就商品房开发规划范围内的房屋及相关设施所作的说明和允诺具体确定，并对商品房买卖合同的订立以及房屋价格的确定有重大影响的，应当视为要约。该说明和允诺即使未载入商品房买卖合同，亦应当视为合同内容，当事人违反的，应当承担违约责任。

第四条 出卖人通过认购、订购、预订等方式向买受人收受定金作为订立商品房买卖合同担保的，如果因当事人一方原因未能订立商品房买卖合同，应当按照法律关于定金的规定处理；因不可归责于当事人双方的事由，导致商品房买卖合同未能订立的，出卖人应当将定金返还买受人。

第五条 商品房的认购、订购、预订等协议具备《商品房销售管理办法》第十六条规定的商品房买卖合同的主要内容，并且出卖人已经按照约定收受购房款的，该协议应当认定为商品房买卖合同。

第六条 当事人以商品房预售合同未按照法律、行政法规规定办理登记备案手续为由，请求确认合同无效的，不予支持。

当事人约定以办理登记备案手续为商品房预售合同生效条件的，从其约定，但当事人一方已经履行主要义务，对方接受的除外。

第七条 拆迁人与被拆迁人按照所有权调换形式订立拆迁补偿安置协议，明确约定拆迁人以位置、用途特定的房屋对被拆迁人予以补偿安置，如果拆迁人将该补偿安置房屋另行出卖给第三人，被拆迁人请求优先取得补偿安置房屋的，应予支持。

被拆迁人请求解除拆迁补偿安置协议的，按照本解释第八条的规定处理。

第八条 具有下列情形之一，导致商品房买卖合同目的不能实现的，无法取得房屋的买受人可以请求解除合同、返还已付购房款及利息、赔偿损失，并可以请求出卖人承担不超过已付购房款一倍的赔偿责任：

（一）商品房买卖合同订立后，出卖人未告知买受人又将该房屋抵押给第三人；

（二）商品房买卖合同订立后，出卖人又将该房屋出卖给第三人。

第九条 出卖人订立商品房买卖合同时，具有下列情形之一，导致合同无效或者被撤销、解除的，买受人可以请求返还已付购房款及利息、赔偿损失，并可以请求出卖人承担不超过已付购房款一倍的赔偿责任：

（一）故意隐瞒没有取得商品房预售许可证明的事实或者提供虚假商品房预售许可证明；

（二）故意隐瞒所售房屋已经抵押的事实；

（三）故意隐瞒所售房屋已经出卖给第三人或者为拆迁补偿安置房屋的事实。

第十条 买受人以出卖人与第三人恶意串通，另行订立商品房买卖合同并将房屋交付使用，导致其无法取得房屋为由，请求确认出卖人与第三人订立的商品房买卖合同无效的，应予支持。

第十一条 对房屋的转移占有，视为房屋的交付使用，但当事人另有约定的除外。

房屋毁损、灭失的风险，在交付使用前由出卖人承担，交付使用后由买受人承担；买受人接到出卖人的书面交房通知，无正当理由拒绝接收的，房屋毁损、灭失的风险自书面交房通知确定的交付使用之日起由买受人承担，但法律另有规定或者当事人另有约定的除外。

第十二条 因房屋主体结构质量不合格不能交付使用，或者房屋交付使用后，房屋主体结构质量经核验确属不合格，买受人请求解除合同和赔偿损失的，应予支持。

第十三条 因房屋质量问题严重影响正常居住使用，买受人请求解除合同和赔偿损失的，应予支持。

交付使用的房屋存在质量问题，在保修期内，出卖人应当承担修复责任；出卖人拒绝修复或者在合理期限内拖延修复的，买受人可以自行或者委托他人修复。修复费用及修复期间造成的其他损失由出卖人承担。

第十四条 出卖人交付使用的房屋套内建筑面积或者建筑面积与商品房买卖合同约定面积不符，合同有约定的，按照约定处理；合同没有约定或者约定不明确的，按照以下原则处理：

（一）面积误差比绝对值在3%以内（含3%），按照合同约定的价格据实结算，买受人请求解除合同的，不予支持；

（二）面积误差比绝对值超出3%，买受人请求解除合同、返还已付购房款及利息的，应予支持。买受人同意继续履行合同，房屋实际面积大于合同约定面积的，面积误差比在3%以内（含3%）部分的房价款由买受人按照约定的价格补足，面积误差比超出3%部分的房价款由出卖人承担，所有权归买受人；房屋实际面积小于合同约定面积的，面积误差比在3%以内（含3%）部分的房价款及利息由出卖人返还买受人，面积误差比超过3%部分的房价款由出卖人双倍返还买受人。

第十五条 根据《合同法》第九十四条的规定，出卖人迟延交付房屋或者买受人迟延支付购房款，经催告后在三个月的合理期限内仍未履行，当事人一方请求解除合同的，应予支持，但当事人另有约定的除外。

法律没有规定或者当事人没有约定，经对方当事人催告后，解除权行使的合理期限为三个月。对方当事人没有催告的，解除权应当在解除权发生之日起一年内行使；逾期不行使的，解除权消灭。

第十六条 当事人以约定的违约金过高为由请求减少的，应当以违约金超过造成的损失30%为标准适当减少；当事人以约定的违约金低于造成的损失为由请求增加的，应当以违约造成的损失确定违约金数额。

第十七条 商品房买卖合同没有约定违约金数额或者损失赔偿额计算方法，违约金数额或者损失赔偿额可以参照以下标准确定：

逾期付款的，按照未付购房款总额，参照中国人民银行规定的金融机构计收逾期贷款利息的标准计算。

逾期交付使用房屋的，按照逾期交付使用房屋期间有关主管部门公布或者有资格的房地产评估机构评定的同地段同类房屋租金标准确定。

第十八条 由于出卖人的原因，买受人在下列期限届满未能取得房屋权属证书的，除当事人有特殊约定外，出卖人应当承担违约责任：

（一）商品房买卖合同约定的办理房屋所有权登记的期限；

（二）商品房买卖合同的标的物为尚未建成房屋的，自房屋交付使用之日起90日；

（三）商品房买卖合同的标的物为已竣工房屋的，自合同订立之日起90日。

合同没有约定违约金或者损失数额难以确定的，可以按照已付购房款总额，参照中国人民银行规定的金融机构计收逾期贷款利息的标准计算。

第十九条　商品房买卖合同约定或者《城市房地产开发经营管理条例》第三十三条规定的办理房屋所有权登记的期限届满后超过一年，由于出卖人的原因，导致买受人无法办理房屋所有权登记，买受人请求解除合同和赔偿损失的，应予支持。

第二十条　出卖人与包销人订立商品房包销合同，约定出卖人将其开发建设的房屋交由包销人以出卖人的名义销售的，包销期满未销售的房屋，由包销人按照合同约定的包销价格购买，但当事人另有约定的除外。

第二十一条　出卖人自行销售已经约定由包销人包销的房屋，包销人请求出卖人赔偿损失的，应予支持，但当事人另有约定的除外。

第二十二条　对于买受人因商品房买卖合同与出卖人发生的纠纷，人民法院应当通知包销人参加诉讼；出卖人、包销人和买受人对各自的权利义务有明确约定的，按照约定的内容确定各方的诉讼地位。

第二十三条　商品房买卖合同约定，买受人以担保贷款方式付款、因当事人一方原因未能订立商品房担保贷款合同并导致商品房买卖合同不能继续履行的，对方当事人可以请求解除合同和赔偿损失。因不可归责于当事人双方的事由未能订立商品房担保贷款合同并导致商品房买卖合同不能继续履行的，当事人可以请求解除合同，出卖人应当将收受的购房款本金及其利息或者定金返还买受人。

第二十四条　因商品房买卖合同被确认无效或者被撤销、解除，致使商品房担保贷款合同的目的无法实现，当事人请求解除商品房担保贷款合同的，应予支持。

第二十五条　以担保贷款为付款方式的商品房买卖合同的当事人一方请求确认商品房买卖合同无效或者撤销、解除合同的，如果担保权人作为有独立请求权第三人提出诉讼请求，应当与商品房担保贷款合同纠纷合并审理；未提出诉讼请求的，仅处理商品房买卖合同纠纷。担保权人就商品房担保贷款合同纠纷另行起诉的，可以与商品房买卖合同纠纷合并审理。

商品房买卖合同被确认无效或者被撤销、解除后，商品房担保贷款合同也被解除的、出卖人应当将收受的购房贷款和购房款的本金及利息分别返还担保权人和买受人。

第二十六条　买受人未按照商品房担保贷款合同的约定偿还贷款，亦未与担保权人办理商品房抵押登记手续，担保权人起诉买受人，请求处分商品房买卖合同项下买受人合同权利的，应当通知出卖人参加诉讼；担保权人同时起诉出卖人时，如果出卖人为商品房担保贷款合同提供保证的，应当列为共同被告。

第二十七条　买受人未按照商品房担保贷款合同的约定偿还贷款，但是已经取得房屋权属证书并与担保权人办理了商品房抵押登记手续，抵押权人请求买受人偿还贷款或者就抵押的房屋优先受偿的，不应当追加出卖人为当事人，但出卖人提供保证的除外。

第二十八条 本解释自 2003 年 6 月 1 日起施行。

《中华人民共和国城市房地产管理法》施行后订立的商品房买卖合同发生的纠纷案件，本解释公布施行后尚在一审、二审阶段的，适用本解释。

《中华人民共和国城市房地产管理法》施行后订立的商品房买卖合同发生的纠纷案件，在本解释公布施行前已经终审，当事人申请再审或者按照审判监督程序决定再审的，不适用本解释。

《中华人民共和国城市房地产管理法》施行前发生的商品房买卖行为，适用当时的法律、法规和《最高人民法院〈关于审理房地产管理法施行前房地产开发经营案件若干问题的解答〉》。